여행필수 ~ 유럽편

6개국어 회화

머 리 말

  우리나라는 외교활동을 강화해야 할 것이며, 경제적으로 가능한 한 광범위한 지역에 진출해야 한다는 필요성이 절실한 이때에 세계에서 널리 통용되는 외국어의 보급이 더욱 요청된다.
  이러한 현실적인 요청에 따라 문예림에서 6개국어를 출판하게 된것은 무척 다행한 일이다.
  본서「6개국어」는 해외여행을 하시는 여러분께 필요한 간단한 회화와 단어를 엄선하여 엮은 책입니다.
  회화는 되도록 짧은 문장을 선택하였습니다. 완전한 문장이 되지않는것도 있지만 오히려 그쪽이 기억하기 쉽고 실용적일 것입니다. 문장이 짧아도 결코 예의에 어긋나는 것은 아닙니다. 본서는 초보자를 위하여 자세하게 편집되어 실용적이고 편리하게 사용하실수 있는 책자라고 생각합니다. 잘 이용하시면 즉석에서 도움을 얻을 수 있는 회화집이 될 것입니다.
  여행하시는 여러분께 큰 도움이 되었으면 합니다.

외국어 대화시 중요사항

 외국어는 귀에 익지 않으면 알아 듣기가 대단히 어렵습니다. 그러나 건성으로 대답하면 생각지 않은 오해를 불러 실례를 하는 경우가 종종 있습니다.

 말이 통하지 않을 때는 몸짓, 손짓도 뜻을 전하는 좋은 수단이 됩니다.

 그러나 손가락으로 사람을 가르키는 것은 실례가 되므로 유의해야 합니다.

 대답을 해야 하는데, 말을 할 수가 없을 경우에는 가만히 있는 것보다 한국어라도 좋으니 몸짓, 손짓과 같이 표현하는 것이 좋습니다.

 상대방이 말의 어조와 행동에서 이쪽의 말을 알아 들을 수 있습니다.

 또한 어떠한 나라를 가든지 최소한 '미안합니다' '고맙습니다'하는 말은 기억해 두는 것이 편리합니다.

 '안녕하세요' 같은 간단한 인사말도 기억해두고 적절히 사용하면 생각지 않은 득을 볼 수가 있습니다.

외국인이 한마디라도 자기 나라 말을 한다면, 어떤 국민이든 기쁘게 생각할 것이기 때문입니다. 또한 '예'와 '아니오'는 확실히 해야 합니다. 애매한 태도는 엉뚱한 오해를 가져옵니다.

그리고 어떠한 일이든 레이디 퍼스트, 남녀간의 악수도 여성이 손을 내밀때만 해야 합니다.

▰▰▰▰ 여행하기 전에 ▰▰▰▰

* 출발전의 준비는 가능한 정성을 다하여 주요 휴대품 등을 챙기고 확인하여야 한다. 일단 출발한 뒤에는 아쉬워 해도 이미 늦는다.
* 여행가방은 될 수 있는 한 바퀴가 붙은 슈트케이스와 비행기 안에 가지고 들어갈 수 있는 간편한 백을 준비하는 것이 좋다.
  또한 주소·성명을 쓴 명찰을 반드시 두개의 가방에 붙여둔다.
* 안내책자나 관광공사 등을 통해서 방문할 나라의 이모저모를 알아두는 것이 좋다. 기후에 따라서 옷차림이 달라지고 전압이 달라서 가져갔던 전자제품을 사용하지 못할때도 있고 또 그 계절이 아니고는 먹을 수 없는 향토요리며 특산물을 모르고 지나치지 않게 하기 위함이다.
* 복장은 정장용으로 1벌과 그밖에 시내관광 할때 입을 수 있는 편한 캐주얼한 것으로 한두벌 준비하고 갈아 입을 옷을 엄선하여 가능한한 짐을 적게 하고 세탁은 호텔의 론드리 서비스를 이용하고 속옷 종류는 스스로 빨아서 욕실에 말리면 하룻밤 사이에 마른다.

* 귀중품 종류는 절대로 슈트 케이스에 넣지 않도록 하고 현금은 분산해서 넣어둔다.

* 참고로 주요 휴대품은 다음과 같다.
  ◇ 양복, 드레스, 와이셔츠, 블라우스, 바지, 타운웨어, 코트 및 속옷종류
  ◇ 손수건, 구두, 양말, 잠옷, 슬리퍼
  ◇ 세면도구, 화장품, 세탁용품, 비닐봉지, 바느질 세트, 필기용구
  ◇ 카메라, 필림, 돈(현금·여행자수표)
  ◇ 패스포드, 항공서류, 여권용사진
  ◇ 기타(상비약, 모자, 비옷, 우산)

차례 CONTENTS

머리말 ——————————— 3
외국어 대화시 중요사항 ——————— 4
여행하기 전에 ——————————— 6

1. **기본회화** ——————————— 10
   ◇ 질문방법
   ◇ 인 사
   ◇ 숫 자
   ◇ 직 업
   ◇ 반 의 어

2. **기내에서** ——————————— 56

3. **공항에서** ——————————— 66
   ◇ 도착·입국심사
   ◇ 세 관
   ◇ 환 전
   ◇ 안 내 소
   ◇ 출국수속

4. **호텔에서** ——————————— 106
   ◇ 체크인등록
   ◇ 방 에서
   ◇ 불 평
   ◇ 드라이크리닝
   ◇ 미장원·이발소

5. **레스토랑에서** ———————— 144
   ◇ 안 내
   ◇ 주 문

6. **1인 안내** ——————————— 174
   ◇ 길을 묻다
   ◇ 화 장 실
   ◇ 택 시
   ◇ 지 하 철

◇ 버스 · 전차
◇ 철　　도
◇ 렌 트 카
◇ 배

7. **관광안내소에서** ──────── 220
   ◇ 안 내 소
   ◇ 관광버스
   ◇ 지　　도
   ◇ 사　　진
   ◇ 카메라 상점
   ◇ 오　　락

8. **쇼핑센타에서** ──────── 252
   ◇ 안　　내
   ◇ 물건고르기
   ◇ 배　　달
   ◇ 지　　불

◇ 피혁제품 및 양화점
◇ 보석 · 시계 장식점
◇ 화장품점
◇ 가 구 점
◇ 골동품 및 시장 · 문구점
◇ 면세점 및 담배 식료품점
◇ 색

9. **우편 · 전화** ──────── 292
   ◇ 우　　편
   ◇ 전　　보
   ◇ 전　　화

10. **분실 · 병원** ──────── 310
    ◇ 분실 · 도난
    ◇ 병
    ◇ 약　　국

한국어 韓國語	불란서어 FRANÇAIS	독일어 DEUTSCH
기본 회화	CONVERSATION 꽁베르싸씨옹 ELEMENTAIRE 엘레망떼르	ALLGEMEINES 알게마이네스
네/아니오	Qui./Non. 위/농	Ja./Nein. 야-/나인
자/어서/부디	S'il vous plaît. 씰 부 쁘래	Bitte ! 빗 테 !
고마워요.	Merci(beaucoup). 메르씨(보꾸)	Danke(schön). 당케(슈엔)
천만에요.	Je vous en prie. 쥬부 정 프리	Bitte schön. 빗테 슈엔
잠깐 실례하겠습니다.	Pardon. 빠르동	Entschuldigen Sie mich bitte ! 엔트슐디겐 지이 미히 빗테
실례했습니다.	Excusez-moi. 엑스뀌제-므와	Entschuldigen Sie ! 엔트슐디겐 지이
괜찮아요.	ça ne fait rien. 싸 느 패 리엥	Gut ! /Schon Gut ! 굿-/숀-굿-
제 이름은 ~입니다.	Je m'appelle~. 쥬 마뻴르	Ich heiβe~. 이히 하이쎄~
당신의 성함은 ?	Comment vous appelez-vous ? 꼬망 부 자뻴래-브	Wie heiβen Sie ? 뷔이 하이쎈 지이
저는 한국 사람입니다.	Je suis Coréen. 쥬 쉬이 꼬레엥	Ich bin Koreaner. 이히 빈 꼬래아너

이태리어 ITALIANO	포루투칼어 PORTUGUÊS	스페인어 ESPAÑOL
CONVERSAZIONE DI BASE 꼰베르싸찌오네 디 바재	**CONVERSACAO BÁSICA** 꼬붸르사씨웅 바지까	**CONVERSACIONES BÁSICAS** 꼼베르사씨오~네스 바~시까스
Si./No. 씨/노	Sim./Não. 씽/나웅	Si./No. 시/노
Per favore. 뻬르 화보래	Por favor. 뽀~르 화보~르	Por favor. 뽀~르 화보~르
Grazie. 그라찌애	Obrigado.(남자가 말할 때) obrigada. 오브리가두/오브리가다(여자가 말할 때)	Muchas gracias. 무~챠스 그라~씨아스
Prego. 쁘래~고	De nada. 지 나다	De nada. 데 나~다
Mi scusi, un po'. 미 스꾸찌, 운 뽀	Com licença. 꽁 리센싸	Perdón. 뻬르돈~
Mi scusi. 미 수꾸지	Desculpe. 디스꿀뻬	Discúlpeme. 디스꿀~뻬매
Fa niente. 화 니앤때	Não faz mal. 나웅 화스 마우	Está bien. 에스따 비엔
Mi chiamo~. 미 끼아모	Chamo me~. 샤무 미~	Me llamo~. 메 이야~모
Come si chiama ? 꼬메 씨 끼아마	Como se chama ? 꼬무 씨 샤마	¿ Cómo se llama usted ? 꼬~모 세 이야~마 우스 뗃~
Is sono coreano. 이오 쏘노 꼬래아노	Eu sou coreano 에우 쏘우 코레아누	Soy coreano. 소이 꼬레아~노

기본 회화

한국어　韓國語	불란서어　FRANÇAIS	독일어　DEUTSCH
한국말을 하는 사람이 있습니까?	Ya-t-il quelqu'un qui parle Coréen? 야 딸 껠껑 끼 빠를르 꼬래앵	Spricht hier jemand Koreanisch? 슈프리히트 히어 예만트 코레아니쉬
말씀하시는 걸 모르겠습니다.	Je ne comprends pas(ce que vous dites). 쥬 느 꽁프랑 빠(스끄부 디뜨)	Ich verstehe Sie nicht. 이히 훼어슈테에~ 지이 니히트
좀더 천천히 말해 주세요.	Parlez plus lentement, s'il vous plaît. 빠를래 쁠뤼 랑뜨망, 씰부쁘래	Sprechen Sie bitte noch langsamer. 슈프렉헨 지이 빗테 녹흐 랑잠어
다시 한 번 말해 주세요.	Pardon? Répétez s'il vous plaît. 빠르동, 레뻬때, 씰 부 쁘래	Sagen Sie bitte noch einmal. 자겐 지이 빗테 녹흐 아인말
잠깐만 기다려 주세요.	Un monent, s'il vous plaît. 앙 모망, 씰 부 쁘래	Einen Moment bitte! 아이넨 모멘트 비테
여기에 써 주세요	Pouvez-vous l'écrire ici? 뿌베~부 레크리르 이씨	Bitte, shcreiben Sie das hier einmal auf. 비테, 슈라이벤 지이 다스 히어 아인말 아웃후
이것은 무슨 의미입니까?	Qu'est ce-que ça veut dire? 께스끄 싸 브 디르	Was bedutet das? 봐스 베도이텟 다스

이태리어 ITALIANO	포루투칼어 PORTUGUÊS	스페인어 ESPAÑOL
Qualcuno capisce il Coreano ? 꾸알꾸노 까뻬쉐 일 꼬래아노	Alguém fala Coreano aqui ? 알갱 활라 꼬래아누 아끼	¿ Hay alguien que hable Coreano ? 아이 알기엔 께 아~블레 꼬레아~노
Non capisco cosa dice. 논 까뻬스꼬 꼬자 디체	Não entendi. 나웅 인땐지	No le entiendo. 노 레 엔띠엔~도
Parli piú lentamente. 빠를리 쀼 랜따맨때	Fale mais devagar, por favor. 활리 마이스 대봐가르, 뽀르 화보르	Hable más despacio, por favor. 아블레 마~스 데스빠~씨오, 뽀~르 화보~르
Prego ? / Puó ripeter ? 쁘래고/뿌오 리배때르	Outra ves, por favor. 오우뜨라 붸즈, 뽀르 화 보르	Otra vez, por favor. 오뜨라 베쓰, 뽀~르 화보~르
Un momento. 운 모맨또	Um momento, por favor. 웅 모멘뚜, 뽀르 화 보르	Espere un momento. 에스뻬~레 움 모멘~또
Puó scriver qui ? 뿌오 스끄리배르 뀌	Escreva aqui, por favor. 이스끄래봐 아끼, 뽀르 화-보르	Escriba aquí, por favor. 에스끄리~바 아끼~, 뽀~르 화보~르
Che vuol dire ? 께 부올 디래	O que significa ? 우 끼 씨그니휘까	¿ Qué significa esto ? 께 시그니휘~까 에~스또

기본회화

한국어 韓國語	불란서어 FRANÇAIS	독일어 DEUTSCH
이것은 무엇입니까?	Qu'est-ce que c'est? 께스 끄 쎄	Was ist das? 봐스 이스트 다스
물을 주세요.	Un verre d'eau, s'il vous plaît. 앙 베르도 씰 부 쁘래	Wasser bitte. 봐써 빗테
조금 / 많이	un peu 엉 쁘 beaucoup 보꾸	ein wenig 아인 베니히 viele 휠레
화장실은 어디 있습니까?	Où sont les toilettes? 우 쏭 레 뜨와레뜨	Wo ist die Toilette? 보오 이스트 디이 토알렛테
저는 길을 잃었습니다.	Je me suis perdu. 쥬 므 쉬이 뻬르뒤	Ich habe den Weg verloren. 이히 하베 덴 브엑 훼어로렌
의사(경찰관)를 불러 주세요.	Appelez le *médecin*. (l'agent de police), 아쁠래 르 메드쌩 (라정 드 뿔리스). s'il vous plaît· 씰 부 쁘래	Rufen Sie *einen Arzt*. 루우펜 지이 아이넨 아르쯔트 (den Polizisten) bitte. (덴 폴리찌이스텐) 빗테
서둘러 주세요	Dépêchez-vous, s'il vous plaît. 데뻬쎄~부 씰 뿌 쁘래	Schnell bitte! 슈넬 빗테
~이 필요합니다.	Je voudrais~ 쥬 부드래	Ich möchte~ 이히 뫼히테~
얼마입니까?	Combien? 꽁 비앵	Wie teuer ist das? 뷔이 토이어 이스트 다스

이태리어 ITALIANO	포루투칼어 PORTUGUÊS	스페인어 ESPAÑOL
Che cosa é ? 께 꼬자 애	O que é isto ? 우 끼 에 이스 뚜	¿ Qué es esto ? 께~에스 에~스또
Mi da un bicchiere d'acqua ? 미 다 운 비끼애래 다구아	Um copo de água, por favor. 웅 꼬뿌 지 아구아, 뽀르 화 보르	Agua, por favor 아~구아, 뽀~르 화보~르
Un poco 운 뽀꼬	um pouco. 웅 뽀우꾸	un poco 움 뽀~꼬
tanto 딴또	muito 무이뚜	mucho 무~쵸
Dov'éil gabinetto ? 도베일 가비네또	Onde é o banheiro ? 온지 에 우 빠네이루	¿ Dónde está los servicios 돈~데 에스따~ 로스 세르비~씨오스 [el baño] ? (엘 바~뇨)
Ho perduto la strada. 오 빼르두또 라 스뜨라다	Estou perdido meu caminho. 이스또우 빼르지두 메우 까민뉴	Estoy perdido. 에스또이 빼르디~도
Mi chiama *un dottore*[un 미 끼아마 운 도또래 (운 poliziotto] ? 뽈리지오또)	Chame *um médico*[a polícia], 샤미 웅 매디꾸[아 뽈리씨아], por favor. 뽀르 화보르	Llame *al medico*[al polícia], 이야~메 알 메~디꼬(알 뽈라씨~아), por favor. 뽀~르 화보~르
Presto, per favore. 쁘래스또, 빼르 화보래	Depressa, por favor. 지쁘래싸, 뽀르 화보르	Dése prisa, por favor. 데~세 쁘리~사, 뽀~르 화보~르
Vorrei~. 붜래이	Eu quero~. 에우 께루~	Quiero(comprar)~. 끼에~로(꼼쁘라~르)
Quanto costa ? 꽌또 꼬스따	Quanto custa ? 꽌뚜 꾸스따	¿ Cuánto cuesta ? 꾸안~또 꾸에~스따

15

한국어　韓國語	불란서어　FRANÇAIS	독일어　DEUTSCH
~이 있습니까?	Y a-t-il~ ? 야~띨	Gibt es ? / Haben Sie~ ? 깁트 에스~/하벤 지이~
~을 잃어 버렸습니다.	J'ai perdu~ 재 뻬르뒤	Ich habe~ verloren. 이히 하베~훼어로렌
~을 찾고 있습니다.	Je cherche~. 쥬 셰르슈	Ich suche~. 이히 죽헤~
누구에게 물으면 좋겠습니까?	A qui puisje m'adresser ? 아끼 쀠~쥬 마드레쎄	Wen soll ich fragen ? 벤 졸 이히 프라겐
좋습니다.	D'accord. / Entendu. 다꼬르/앙땅뒤	In Ordnung / Alles klar. 인 오르드눙/알레스 클라ー르
알겠습니다.	Je comprends. 쥬 꽁프랑	Ich verstehe. / Alles klar. 이히 훼어슈테에./알레스 클라ー르
질문 방법	COMMENT POSER 꼬망 뽀제 UNE QUESTION 윈느 께스티옹	FRAGEWÖRTER 후라게 뵈르터
누구?	Qui ? 끼	Wer ? 붸어
어디?	Où ? 우	Wo ? 보오
무엇?	*Que* ? [Quel ?, Quelle ?] 끄[껠, 껠르]	Was ? 봐스

이태리어 ITALIANO	포루투칼어 PORTUGUÊS	스페인어 ESPAÑOL
C'é~ ? 체~	Tem~ ? 뗑~	¿ Hay~ ? 아이
Ho perduto. 오 뻬르두또	Eu perdi~ 에우 뻬르지~	He perdido~. 에 뻬르디~도
Sto cercando~. 스또 체르깐도~	Estou procurando~. 이스또우 쁘로꾸란두~	Estoy buscando~. 에스또이 부스깐~도
A chi posso chiedere ? 아 끼 뽀쏘 끼에데레	A quem posso perguntar ? 아 껭 뽀쑤 뻬르군따르	¿ A quién puedo preguntar ? 아 끼엔~뿌에~도 쁘레군따~르
D'accordo. 다꼬르도	Está bem. 이스따 뱅	Estoy de acuerdo. 에스또이 데 아꾸에~르도
Ho capito 오 가삐~또	Entendi 인뗀지	Entendido. 엔뗀디~도
COME DOMANDARE 꼬매 도만다래	**COMO PERGUNTAR** 꼬무 뻬르군따르	**COMO PREGUNTAR** 꼬~모 쁘레군따~르
Chi ? 끼	Quem ? 껭	¿ Quién ? 끼엔~
Dove ? 도~붸	Onde ? 온지	¿ Dónde ? 돈~데
Che (cosa) ? 께 (꼬자)	O que ? 우 께	¿ Qué (cosa) ? 께~ (꼬~사)

기본 회화

한국어　韓國語	불란서어　FRANÇAIS	독일어　DEUTSCH
언제 ?	Quand ? 껑	Wann ? 빤
왜 ?	Pourquoi ? 뿌르꽈	Warum ? 봐룸
몇 시에 ?	A quelle heure ? 아 껠 뢰르	Um wieviel Uhr ? 움 비필 우어
어떤 방법으로 ?	Comment ? 꼬망	Wie ? 뷔이
얼마 ?	Combien ? 꽁비앵	Wie viel ? 뷔이 필~
얼마동안이나 ?	Combien de temps~ ? 꽁비앵 드 떵	Wie *lange*[lang] ? 뷔 랑에[랑]
얼마나 ?	Combien de~ 꽁비앵 드	Wie viele ? 뷔휠레
얼마나 ?	Combien de~ ? 꽁비앵 드	Wieviel ? 뷔필
얼마나 ?	A quelle distance~ ? 아 껠 디스땅스	Wie weit ? 뷔이 바이트
어느 쪽 ?	*Lequel* ? [Laquelle ?, Lesquels ?] 르껠[라껠, 레껠]	Welche~ ? 벨헤~

이태리어 ITALIANO	포루투칼어 PORTUGUÊS	스페인어 ESPAÑOL
Quando ? 꾸안도	Quando ? 꽌두	¿ Cuándo ? 꾸안~도
Perché ? 뻬르께	Por que ? 쁘르 께	¿ Por qué ? 뽀~르 께~
A che ora ? 아 께 오라	A que horas ? 아 께 오라쓰	¿ A qué hora ? 아 께~ 오~라
Come ? 꼬메	Come ? 꼬무	¿ De qué manera ? 데 께~마네~라
Quanto ? 꾸안또	Quanto 꽌두	¿ Cuánto ? 꾸안~또
Quanto *tempo*[lungo] ? 꾸안또 땜뽀(룽고)	Quanto tempo ? 꽌두 땜뿌	¿ Cuánto tiempo ? 꾸안~또 띠엠~뽀
Quanti ? 꾸안띠	Quanto ? 꽌두	¿ Qué cantidad ? 께~ 깐띠닫~
Quanto ? 꾸안또	Quanto ? 꽌두	¿ Qué cantidad ? 께~ 깐띠닫~
Quanto(lontano) ? 꾸안또(론따노)	Quanto ? 꽌두	¿ Qué distancia ? 께~디스딴~씨아
Quale ? 꾸알래	Para que lado ? 빠라 끼 라두	¿ Cuál ? 꾸알~

한국어　韓國語	불란서어　FRANÇAIS	독일어　DEUTSCH
인사	**SALUTATION** 쌀뤼따씨옹	**GRUβFORMELN** 구르쓰 포멜른
안녕하십니까? (아침 인사)	Bonjour. 봉쥬르	Guten Morgen. 굿텐 모르겐
안녕하십니까? (오후 인사)	Bonsoir. 봉스와	Guten Tag. 굿텐 탁(탁)
안녕하십니까? (저녁 인사)	Bonsoir. 봉스와	Guten Abend. 굿텐 아벤트
안녕히 주무세요.	*Bonne nuit*[Bonsoir]. 본 뉘[봉스와]	Gute Nacht. 굿테 낙흐트
안녕히 가세요.〔계세요〕	Au revoir. 오 르브와	Auf Wiedersehen! 아우프 비이더제~엔
~씨 (남자에게)	Monsieur~. 므슈	Herr~. 헤어~
~씨 (부인에게)	Madame~. 마담	Frau~. 프라우
~씨〔미스~. ~양〕	Mademoiselle~. 마드모와젤	Fräulein~. 프로일라인
처음 뵙겠습니다.	Enchanté. 앙성떼	Ich freue mich, Siekennenzu- 이히 프로이에 미히 지이켄넨쭈우~ lernen. 레르넨
별고 없으십니까?	Comment allez-vous? 꼬망 딸래-부	Wie geht es Ihnen? 뷔이게~트 에스 이넨

이태리어 ITALIANO	포루투칼어 PORTUGUÊS	스페인어 ESPAÑOL
SALUTARE 쌀루따래	**CUMPRIMENTOS** 꿈쁘리맨뚜쓰	**SALUDO** 살루~도
Buon giorno. 부온 죠르노	Bom dia. 봉 지아	Buenos días. 부에~노스 디~아스
Buon giorno. 부온 죠르노	Boa tarde. 보아 따르지	Buenas tardes. 부에~나스 따~르데스
Buona sera. 부오나 쎄라	Boa noite. 보아 노이찌	Buenas noches. 부에~나스 노~체스
Buona notte. 부오나 노때	Boa noite. 보아 노이찌	Buenas noches. 부에~나스 노~체스
Arrivederci. 아리베데르치	Até logo. 아때 로구	Adiós. 아디오~스
Signor~. 씨뇨르	Senhor~. 쎄뇨르	Señor~. 세뇨~르
Signora~. 씨뇨라	Senhora~. 쎄뇨라	Señora~. 세뇨~라
Signorina~. 씨뇨리나	Senhorita~. 쎄뇨리따	Señorita.~ 세뇨리~따
Piacere. 삐아체레	Muito Prazer. 무이뚜 쁘라재르	Mucho gusto. 무~쵸 구~스또
Come sta ? 꼬메스따	Como vai ? 꼬무 봐이	¿ Cómo está usted ? 꼬~모 에스따~우스뗀~

한국어 韓國語	불란서어 FRANÇAIS	독일어 DEUTSCH
만나뵈서 기쁩니다.	Je suis trés *heureux*[heureuse] de vous voir 쥬 쒸이 트레 죄래 (죄래즈) 드 부 브와	Ich freue mich, Sie zu sehen. 이히 프로이에 미히, 지이 쭈~제~엔
자 먼저.	Aprés vous. 아프레 부	Bitte nach Ihnen. 빗테 나흐하 이~넨
축하해요.	Toutes mes félicitations. 뚜드 메 펠리시따씨옹	Ich gratuliere. 이히 그라툴리~래~
건배!	A votre santé ! 아 보트르 쌍떼	Zum Wohl ! 쭘 볼~
좋은 날씨군요.	Il fait beau. 일 패 보	Schönes Wetter, nicht wahr ? 쉐~네스 베터, 니히트 바아르
덥[춥]군요.	Il fait *chaud*[froid]. 일 패 쇼[프르와]	Es ist *warm*[kalt], nicht wahr ? 에스 이스트 바름[칼트] 니히트 바아르
실례합니다. 여보세요.	*Excusez-moi*[Pardon], Mons ieur 엑스뀌제~므와 [빠르동] 므슈	Entschudigen Sie mich bitte. 엔트슐디겐 지이 미히 빗테
즐거운 여행을 !	Bon voyage ! 봉 브와야쥬	Gute Reise ! 굿테 라이제
또 만납시다 !	A bientôt ! 아 비엥또	Auf Wiedersehen ! 아웃후 비더제~엔

이태리어 ITALIANO	포루투칼어 PORTUGUÊS	스페인어 ESPAÑOL
Sono lieto di vederla. 쏘노 리에또 디 베대를라	Prazer em conhecê-lo(la). 쁘라재르 잉 꼬네셀루 (꼬네셀라)	Me alegro de verle. 메 알레~그로 데 베~를레
Dopo di Lei. 도 뽀 디 래이	Primeiro você. 쁘리매이루 보쎄	Usted Primero. 우스뗀 쁘리메~로
Auguri. 아우구~리	Parabéns ! 빠라뱅쓰	Felicitaciones. Enhorabuena. 휄리씨따씨오~네스 에노~라부에~나
Salute ! 쌀루때	Saúde ! 싸우지	¡ Salud ! 쌀룬~
Fa bel tempo, vero ? 화 밸 땜뽀, 베로	Que tempo bom, não ? 끼 땜뿌 봉 나웅	¿ Hace buen timpo, no ? 아~쎄 부엔 띠엠~뽀, 노
Fa *caldo*[freddo], vero ? 화 깔도(후래또), 베로	Faz *calor*[frio], não ? 휘고쓰 깔로르(후리우) 나웅	¡ Hace *calor*[frio] no ? 아~쎄 깔로~르(후리~오) 노
Mi scusi. Senta. 미 스꾸지 쎈따	Cam licenca. 꽁 리쎈싸	Perdón. Oiga usted. 뻬르돈~ 오~이가 우스뗀~
Buon viaggio ! 부온 비아쪼	Boa viagem ! 보아 뷔아젱	¡ Buen viaje ! 부엔 비아~헤
Ci vediamo ! 치 베디아모	Até a vista ! 아때 아 뷔스따	Nos veremos otra vez. 노스 베레~모스 오~뜨라 베쓰

한국어　韓國語	불란서어　FRANÇAIS	독일어　DEUTSCH
숫　자	CHIFFRES 쉬프르	DIE ZAHL 디이 짜알
기수	nombres cardinaux 농브르 까르디노	die Grundzahl 디이 그룬트짜알
서수	nombres ordinaux 농브르 오르디노	die Ordnungszahl 디이 오르드눙스짜알
영	zéro 제로	null 눌
일/제 일	un/premier 엉/프르미에	eins/(der, die, das)erste 아인스/(데어, 디이, 다스)에-르스터
이/제 이	deux/deuxième 되/되지엠므	zwei/zweite 쯔바이/쯔바이테
삼/제 삼	trois/troisième 트로와/트와지엠므	drei/dritte 드라이/드릿테
사/제 사	quatre/quatrième 꺄트르/꺄트리엠므	vier/vierte 휘어/휘어테
오/제 오	cinq/cinquième 쎙끄/쎙끼엠므	fünf/fünfte 휜프/휜프테
육/제 육	six/sixième 씨스/씨지엠므	sechs/sechste 젝스/젝스테
칠/제 칠	sept/septième 쎕/쎄띠엠므	sieben/siebte 지-븐/지-프테
팔/제 팔	huit/huiteime 위/위떠엠므	acht/achte 아흐흐트/아흐흐테

이태리어 ITALIANO	포루투칼어 PORTUGUÊS	스페인어 ESPAÑOL
NUMERI 누메리	**NÚMEROS** 누매루스	**NÚMEROS** 누~메로스
numeri cardinari 누~매리 까르디나리	números cardinais 누매루스 까르지나이스	números cardinales 누~메로스 까르디날~레스
numeri ordinari 누매리 오르디나리	números ordinais 누매루스 오르지나이스	cero 쎄로
zero 재로	zero 재루	
uno/primo 우노/쁘리모	um/primeiro 웅/쁘리매이루	uno/primero 우~노/쁘리메~로
due/secondo 두애/쎄꼰도	dois/segundo 도이스/쎄군두	dos/segundo 도스 세군~도
tre/terzo 뜨래/때르쪼	três/terceiro 뜨래스/때르쎄이루	tres/tercero 뜨레스/떼르쎄~로
quattro/quarto 꾸아뜨로/꾸아르또	quatro/quarto 꽈뜨루/꽈르뚜	cuatro/cuarto 꾸아~뜨로/꾸아~르또
cinque/quinto 친꿰/낀또	cinco/quinto 씽꾸/낀뚜	cinco/quinto 씽꼬/낀또
sei/sesto 쎄이/쎄스또	seis/sexto 쎄이스/쎄스뚜	seis/sexto 세이스/섹스또
sette/settimo 쎄때/쎌띠모	sete/sétimo 쌔찌/쌔찌무	siete/séptimo 시에~떼/셉띠모
otto/ottavo 오또/오따보	oito/oitavo 오이뚜/오이따부	ocho/octavo 오~쵸/옥따~보

한국어　韓國語	불란서어　FRANÇAIS	독일어　DEUTSCH
구/제 구	neuf/neuvième 뇌프/뇌버엠프	neun/neunte 노인/노인테
십/제 십	dix/dixième 디/디지엠프	zehn/zehnte 쯔엔/쯔엔테
십일/제 십일	onze/onzième 옹즈/옹지엠프	elf/elfte 엘프/엘프테
십이/제 십이	douze/douzième 두즈/두지엠프	zwölf/zwölfte 쯔뵐프/쯔뵐프테
십삼/제 십삼	treize/treizième 트래즈/트래지엠프	dreizehn/dreizehnte 드라이쯔엔/드라이 쯔엔테
십사/제 십사	quatorze/quatorzième 까또즈/까또지엠프	vierzehn/vierzehnte 휘어쯔엔/휘어쯔엔테
십오/제 십오	quinze/quinzième 깽즈/깽지엠프	fünfzehn/fünfzehnte 휜프쯔엔/휜프쯔엔테
십육/제 십육	seize/seizième 쎄즈/쎄지엠프	sechzehe/sechzehnte 재히쯔엔/재히쯔엔테
십칠/제 십칠	dix-sept/dix-septième 디셉/디 쎕 디엠프	siebzehn/siebzehnte 집쯔엔/집쯔엔테
십팔/제 십팔	dix-huit/dix-huitième 디즈위/디즈위떠엠프	achtzehn/achtzehnte 아홋쯔엔/아홋쯔엔테
십구/제 십구	dix-neuf/dix-neuvième 디즈뇌프/디즈뇌비엠프	neunzehn/neunzehnte 노인쯔엔/노인쯔엔테
이십/제 이십	vingt/vingtième 뱅/뱅떠엠프	zwanzig/zwanzigste 쯔반찌히/쯔반찌히스테

이태리어 ITALIANO	포루투칼어 PORTUGUÊS	스페인어 ESPAÑOL
nove/nono 노~베/노~노	nove/nono 노뷔/노누	nueve/noveno 누에베/노베~노
dieci/decimo 디에치/데치모	dez/décimo 데즈/대씨무	diez/décimo 디에쓰/데씨모
undici/undicesimo 운디치/운디체지모	onze/décimo-primeiro 온지/댓씨무-쁘리매이루	once/undécimo 온쎄/운데~씨모
dodici/dodicesimo 도디치/도디체지모	doze/décimo-segundo 도지/댓씨무-쎄군두	doce/duodécimo 도쎄/두오데~씨모
tredici/tredicesimo 뜨래디치/뜨래디체지모	treze/décimo-terceiro 뜨래지/댓씨무-때르쎄이루	trece/décimo tercero 뜨레쎄/데씨모 떼르쎄~로
quattordici/quattordicesimo 꾸아또르디치/꾸아또르디체지모	catorze/décimo-quarto 까또르지/댓씨무-파르뚜	catorce/décimo cuarto. 까또~르쎄/데씨모 꾸아르또
quindici/quindicesimo 뀐디치/뀐디체지모	quinze/décimo-quinto 낀지/댓씨무-낀뚜	quince/décimo quinto 낀쎄/데씨모 낀또
sedici/sedicesimo 쌔디치/쌔디체지모	dezesseis/décimo-sexto 대재쎄이스/댓씨무-쌔스뚜	dieciséis/décimo sexto 디에씨세~이스/데씨모 섹스또
deciasette/diciasettesimo 디챠쌔때/디챠쌔때씨모	dezesete/décimo-sétimo 대재쌔치/댓씨무-쌔찌무	diecisiete/décimo séptimo 디에씨시에~떼/데씨모 셉띠모
diciotto/diciottesimo 디죠또/디죠때씨모	dezoito/décimo-oitavo 대조이뚜/댓씨무-오이따부	dieciocho/décimo octavo 디에씨오~쵸/데씨모 옥따~보
diciannove/diciannovesimo 디챤노배/디챤노배씨모	dezenove/décimo-nono 대재노뷔/댓씨무-노누	diecinueve/décimo nono 디에씨누에~베/데씨모 노~노
venti/ventesimo 밴떼/밴때씨모	vinte/vigésimo 뷘치/뷔재지무	veinte/vigésimo 베인떼/비헤~씨모

한국어　韓國語	불란서어　FRANÇAIS	독일어　DEUTSCH
삼십/제 삼십	trente/trentième 트랑뜨/트랑띠엠므	dreißig/dreißigste 드라이씨히/드라이씨히스테
삼십일/제 삼십일	trente-et-un/trente-et-unième 트랑떼땡/트랑뜨에 위니엠므	einunddreißing/einunddreißig-ste 아인운트드라이씨히/아인운트드라이씨히스테
사십/제 사십	quarante/quarantième 꺄랑뜨/꺄랑띠엠므	vierzig/vierzigste 휘어찌히/휘어찌히스테
오십/제 오십	cinquante/cinquantième 쌩껑드/쌩껑띠엠므	fünfzig/fünfzigste 휜프찌히/휜프찌히스테
육십/제 육십	soixante/soixantieme. 스와썽뜨/스와 썽띠엠므	sechzig/sechzigste 제히찌히/제히찌히스테
칠십/제 칠십	soixante-dix/soixante-dixième 스와썽뜨-디/스와 썽뜨 디지엠므	siebzig/siebzigste 집찌히/집지히스테
팔십/제 팔십	quatre-vings/quatre-vingtième 꺄트르 뱅/꺄트르 뱅띠엠므	
구십/제 구십	quatre-vingt-dix/quatre-vingt-dixième 꺄트르 뱅디/꺄트르 뱅 디지엠므	neunzig/neunzigste 노인쯔이히/노인쯔이히스테
백/제 백	cent/centième 쌩/쌩띠엠므	hundert/hundertste 훈데르트/훈데릇스테
천	mille 밀	tausend 타우젠트
만	dix-mille 디 밀	zehntausend 쯔엔타우젠트
십 만	cent-mille 쌩밀	hunderttausend 훈데릇타우젠트

이태리어 ITALIANO	포루투칼어 PORTUGUÊS	스페인어 ESPAÑOL
trenta/trentesimo 뜨랜따/뜨랜때지모	trinta/trigésimo 뜨린따/뜨리재지무	treinta/trigésimo 뜨레인따/뜨리헤~씨모
trentuno/trentunesimo 뜨랜뚜노/뜨랜뚜네지모	trinta e um/trigésimo primeiro 뜨린따 이 웅/뜨리재지무 쁘리매이루	treinta y uno/trigésimo primero 뜨레인따이우~노/뜨리헤~씨모쁘리메~로
quaranta/quarantesimo 꾸아란따/꾸아란때지모	quarenta/quadragésimo 꽈랜대/꽈드라재지무	cuarenta/cuadragésimo 꾸아렌~따/꾸아드라헤~시모
cinquanta/cinquantesimo 친꾸안따/친꾸안때지모	cinquenta/quinquagésimo 씽꿴따/낀꽈재지무	cincuenta/quincuagésimo 씽꾸엔~따/낀꾸아헤~씨모
sessanta/sessantesimo 쎄싼따/쎄싼때지모	sessenta/sexagésimo 쎄쎈따/쎄싸지지무	sesenta/sexagésimo 세센따/섹사헤~시모
settanta/settantesimo 쎄따따/쎄딴때지모	setenta/septuagésimo 쎄쎈따/쎕뚜아재지무	setenta/septuagésimo 세뗀따/셉뚜아헤~시모
ottanta/ottantesimo 오딴따/오딴때지모	oitenta/octogésimo 오이땐따/옥또재지우	ochenta/octogésimo 오첸따/옥또헤~시모
novanta/novantesimo 노반따/노반때지모	noventa/nonagésimo 노벤따/노나재지무	noventa/nonagésimo 노벤따/노나헤~시모
cento/centesimo 첸또/첸때지모	cem/centésimo 쌩/샌때지무	ciento/centéimo 씨엔또/쎈떼~씨모
mille 밀래	mil 미우	mil 밀
diecimila 디에치밀라	dez mil 대즈 미우	diez mil 디에쓰 밀
centomila 첸또밀라	cem mil 쎙 미우	cien mil 씨엔 밀

한국어 韓國語	불란서어 FRANÇAIS	독일어 DEUTSCH
두 배	le double 르 두블	doppelt/zweifach 돕펠트/쯔바이화흐
세 배	le triple 르 트리쁠	dreifach 드라이화흐
이분의 일	la moitié 라 모와띠에	halb 할프
사분의 일	un quart 엉 꺄르	ein Viertel 아인 휘어텔
한 번/두 번/세 번	une fois/deux fois/trois fois 윈느프와/듀프와/트로와 프와	einmal/zweimal/dreimal 아인말/쯔바이말/드라이말
한 다스/두 다스	une douzaine/deux douzaines 윈느 두잰느/듀 두잰느	ein Dutzend/zwei Dutzend 아인 둣첸트/쯔바이 둣첸트
시각, 일, 주	**HEURE, JOUR, SEMAINE** 웨르, 주르, 스맨느	**ZEIT, TAG, WOCHE** 짜이트, 탁, 보흐헤
한[세] 시간	une heure/trois heures 윈 웨르/트로와제르	eine Stunde/drei Stunden 아이네 슈툰데/드라이 슈툰덴
반 시간	une demi-heure 윈 드미웨르	eine halbe Stunde 아이네 할베 슈툰데
오 분	cinq minutes 쎙끄 미뉴뜨	fünf Minuten 휜프 미누텐
오 초	cinq secondes 쎙끄스 꽁드	fünf Sekunden 휜프 제쿤덴
오늘 아침	ce matin 스마땡	heute morgen 호이테 모르겐

이태리어 ITALIANO	포루투칼어 PORTUGUÊS	스페인어 ESPAÑOL
il doppio 일 도삐오	o dobro 우 도브루	el doble 엘 도블레
il triplo 일 뜨리쁠로	o triplo 우 뜨리쁠루	el triple 엘 뜨리쁠레
una metà 우나 매따	a metade 아 매따지	la mitad 라 미딷~
un quarto 운 꾸아르또	um quarto 웅 꽈르뚜	un cuarto 운 꾸아르또
una volta/due volte/tre volte 우나 볼따/두에 볼때/뜨래 볼때	uma/duas/três vezes 우마/두아스/뜨래스 붸지스	una vez/dos veces/tres veces 우나 베쓰/도스 베쎄스/뜨레스 베쎄스
una dozzina/due dozzine 우나 도찌나/두에 도찌내	uma dúzia/dúas dúzias 우마 두지아/두아스 두지아스	una docena/dos docenas 우나 도쎄~나/도스 도쎄~나스
ORA, GIORNO, SETTIMANA 오~라 죠루노, 샛띠이 마~나	**HORA, DIA, SEMANA** 오라, 지아, 쎄마나	**HORA, DÍA, SEMANA** 오~라, 디아, 쎄마~나
una ora/tre ore 우나 오~라/뜨래오래	uma hora/três horas 우마 오라/뜨래스 오라스	una [tres]/hora[s] 우나 뜨레스/오~라 오~라스
mezz'ora 맷쪼~라	meia hora 매이아 오라	media hora 메디아 오~라
cinque 친꿰	cinco minutos 씽꾸 미누뚜스	cinco minutos 씽꼬 마누~또스
cinque secondi 친꿰 쎄꼰디	cinco segundos 씽꾸 쎄군두스	cinco segundos 씽꼬 세군~도스
sta mattina 스따 마띠나	esta manhã 에스따 마냥	esta mañana 에스따 마냐~나

한국어 韓國語	불란서어 FRANÇAIS	독일어 DEUTSCH
오전	la matinée/le matin 라 마띠네/르 마땡	der Morgen 데어 모르겐
정오	le midi 르 미디	der Mittag 데어 밋탁
오후	l'aprés-midi 라프레-미디	der Nachmittag 데어 나ㅎ하밋탁
저녁	le soir 르 스와	der Abend 데어 아벤트
오늘밤	ce soir 스 스와	heute abend 호이테 아벤트
오늘	aujourd'hui 오즈르디위	heute 호이테
어제	hier 이에	gestern 게스테른
그저께	avant-hier 아방떠에	vorgestern 휘게스테른
내일	demain 드맹	morgen 모르겐
내일 아침	demain matin 드맹 마땡	morgen früh 모르겐 후뤼
모레	aprés-demain 아프래 드맹	übermorgen 위버모르겐
금주〔월.년〕	*cette semaine* [ce mois-ci, cette année] 쎄뜨 스맨느〔스므와-씨, 쎄따네〕	*diese Woche*[diesen Monat, dieses Jahr] 디이제 보ㅎ헤〔디이젠 모낫, 디제스 야-르〕

이태리어 ITALIANO	포루투칼어 PORTUGUÊS	스페인어 ESPAÑOL
il mattino 일 마띠노	a manhã/de manhã 아 마냥/지 마냥	la mañana 라 마냐~나
il mezzogiorno 일 매쬬죠르노	o meio dia 우 매이우 지아	el mediodía 엘 메디오디~아
il pomeriggio 일 뽀매릿쬬	a tarde/de tarde 아 따르지/지 따르지	la tarde 라 따르데
la sera 라 쎄라	a noite 아 노이찌	la noche 라 노~체
stasera 스따쎄라	esta noite 에스따 노이찌	esta noche 에스따 노~체
oggi 오찌	hoje 오이지	hoy 오이
ieri 이에리	ontem 온땡	ayer 아이에르~르
l'altro ieri 랄뜨로 이에리	antes de ontem 안찌스 지 온땡	anteayer 안떼아이에르~르
domani 도마~니	amanhà 아마냥	mañana 마냐~나
domattina 도맛디이~나	amanhã de manhã 아마냥 지 마냥	mañana por la mañana 마냐~나 뽀르 라 마냐~나
dopodomani 도~뽀도마~니	depois de amanhã 디뽀이스 지 아마냥	pasado mañana 빠사~도 마냐~나
questa settimana[questo mese, quest'anno] 꿰스따 쎄띠마나(꿰스또 매재, 꿰스딴노)	*esta semana*[este mês, este ano] 에스따 쎄마나[에스찌 메스, 에스찌 아누]	*esta semana*[este mes, este año] 에스따 세마~나 에스떼 메스 에스떼 안뇨

기본회화

한국어 韓國語	불란서어 FRANÇAIS	독일어 DEUTSCH
지난주〔달〕, 작년	*la semaine dernière*[le mois dernier, l'année dernière] 라 스맨느 데르니에르[르모아 데르니에, 라내 데르니에르]	*letzte Woche*[letzten Monat, letztes Jahr] 렛쯔테 보크헤(렛쯔텐 모낫, 렛쯔테스 야-르
내주〔월, 년〕	*la semaine prochaine*[le mois prochain, l'année prochaine] 라 스맨느 프로셰인[르므아 프로셍, 라네 프로셰인]	*nächste Woche*[nächsten Monat, nächstes Jahr] 내흐스테 보크헤(내흐스텐 모낫, 내흐스테스 야-르
평일/주말	le jour de semaine/le week-end 르 주르드스맨느/르위캔드	der Wochentag/das Wochenende 데어 보흐헨탁/다스 보흐헨엔데
일요일	dimanche 디망쉬	der Sonntag 데어 존탁
월요일/화요일	lundi/mardi 렁디/마르디.	der Montag/Dienstag 데어 몬탁/디엔스탁
수요일/목요일	mercredi/jeudi 메르크르디/쥐디	der Mittwoch/Donnerstag 데어 밋보흐/도네스탁
금요일/토요일	vendredi/samedi 방드르디/싸므디	der Freitag/Samstag 데어 후라이탁/잠스탁
휴일	le jour férié 르 주르 페리에	der Feiertag 데어 화이어탁
생일	l'anniversaire 라니베르쎄르	der Geburtstag 데어 게부룻스탁
기념일	le jour commémoratif 르 주르 꼬메모라띠프	der Gedächtnistag 데어 게데히트니스탁

이태리어 ITALIANO	포루투칼어 PORTUGUÊS	스페인어 ESPAÑOL
la settimana scorasa[il mese scorso, l'anno scorso] 라 쎄띠마나 스꼬루사(일 매제 스꼬르소, 란노 스꼬르소)	a semana passada[o mês passado, o ano passado] 아 쎄마나 빠싸다 [우 매스 빠싸두, 우 아누 빠싸두]	le semana pasada[el mes pasado] el año pasado 라 세마~나 빠사~다[엘 매스 빠사~도]엘 안뇨 빠사~도
la settimana prossima[il mese prossimo, l'anno prossimo] 라 쎄띠마나 쁘로씨마(일 매제 쁘로씨마, 란노 쁘로씨모)	a próxma semana[o próximo mês, o próximo ano] 아 쁘로씨마 쎄마나[우 쁘로시무 매스, 우 쁘로시무 아누]	la semana que viene[el mes que viene, el año que viene] 라 세마~나 께 비에~네 [엘 매스 께 비에~네, 엘 안뇨 께 비에~네]
il giorno feriale la fine-settimana 일 죠르노 훼리알레/라 휘내 쎄띠마나	os dias de semana/o fim de semana 우스 지아스 다 쎄마나/우 휭 지 쎄마나	los días de la semana/fines de la semana 로스 디이~아스 데 라 세마~나/후이~네스 데 라 세마~나
domenica 도매니까	o domingo 우 도밍구	el domingo 엘 도밍고
lunedí/martedí 루네디/마르때디	a segunda-feira/a terça-feira 아 쎄군다-훼이라/아 때르씨-훼이라	el lunes/el martes 엘 루~네스 엘 마르떼스
mercoledí/giovedí 매르꼴래디/죠배디	a quarta-feira/a quinta-feira 아 파르따-훼이라/아 낀따-훼이라	el miércoles/el jueves 엘 미에~르 꼴레스/엘 후에베스
venerdí/sabato 베네르디/싸바또	a sexta-feira/o sábado 아 새스따-훼이라/우 싸바두	el viernes/el sábado 엘 비에르네스/엘 사~바도
la feria 라 훼리아	o feriado 우 훼리아두	los días festivos 로스 디이~아스 훼스띠~보스
il compleanno 일 꼼쁠래안노	o aniversário 우 아니배르싸리우	el onomástico/el cumpleaños 엘 오노마~스띠꼬/엘꿈쁠레안~뇨스
l'anniversario 란니배르싸리오	o dia comemorativo 우 지아 꼬메모라찌부	el aniversario 엘 아니베르사~리오

한국어　韓國語	불란서어　FRANÇAIS	독일어　DEUTSCH
월, 계절	**MOIS, SAISON** 므와 쎄종	**DER MONAT, DIE JAHRESZEIT** 데어 모나트, 디이 야레스짜이트
일월/이월	janvier/février 장비에/페브리에	der Januar/der Februar 데어 야뉴아-ㄹ/데어 훼에브루아-ㄹ
삼월/사월	mars/avril 마르스/아브릴	der März/der April 데어 매르쯔/데어 아프릴
오월/유월	mai/juin 매/쥬앵	der Mai/der Juni 데어 마이/데어 유니
칠월/팔월	juillet/août 쥬이에/아우	der Juli/der August 데어 율리/데어 아우구스트
구월/시월	septembre/octobre 쎕땅브르/옥또브르	der September/der Oktober 데어 젭템버/데어 옥토오버
십일월/십이월	novembre/décembre 노방브르/데쌍브르	der November/der Dezember 데어 노뱀버/데어 데쩸버
봄/여름	le printemps/l'été 르 프랭떵/레때	der Frühling/der Sommer 데어 후륄-ㄹ링/데어 좀머
가을/겨울	l'automne/l'hiver 로뜨느/리베	der Herbst/der Winter 데어 헤르프스트/데어 빈터
직 업	**PROFESSION** 프로페씨옹	**DER BERUF** 데어 베루푸
회사원(여자)	l'employée 랑쁠르와이에	der Angestellter/die Angestellte 데어 안게슈텔터/디이 안게슈텔테

이태리어 ITALIANO	포르투칼어 PORTUGUÊS	스페인어 ESPAÑOL
MESI, STAGIONI 매지 스따지오니	**MESES, ESTAÇÕES** 매지스, 이스따쏭이스	**MESES, ESTACIONES DEL AÑO** 메세스 에스따씨오~네스 델 안~뇨
il gennaio/il febbraio 일 젠나이오/일 훼쀄래이루	janeiro/fevereiro 자네이루/훼쀄래이루	el enero/el febrero 엘 에네~로/엘 후에브레~로
il marzo/l'aprile 일 마르쪼/라쁘리래	março/abril 마르쑤/아브리우	el marzo/el abril 엘 마르쏘/엘 아브릴~
il maggio/il giugno 일 마쬬/일 쥬뇨	maio/junho 마이우/쥬뉴	el mayo/el junio 엘 마~죠/엘 후니오
il luglio 일 룰리오	julho/agosto 줄류/아고스뚜	el julio/el agosto 엘 훌~리오/엘 아고~스또
lo settembre/l'ottobre 로 쌔땜브래/로또브래	setembro/outubro 쌔땐브루/오우뚜브루	el septiembre/el octubre 엘 쎕띠엠~브레/엘 옥뚜~브레
il novembre/il dicembre 일 노뱀브래/일 디챔브래	novembro/dezembro 노뱀브루/대잼브루	el noviembre/el diciembre 엘 노비엠~브레/엘 디씨엠~브레
la primavera/l'estate 라 쁘리마배라/래스따떼	a primavera/o verão 아 쁘리마베라/우 붸라웅	la primavera/el verano 라 쁘리마베~라/엘 베라~노
l'autunno/l'inverno 라우뚠노/린베르노	o outono/o inverno 우 오우또누/우 인붸르누	el otoño/el invierno 엘 오또~뇨/엘 인비에~르노
PROFESSIONI 쁘로훼씨오니	**PROFISSÕES** 쁘로휘쏭이스	**OCUPACIONES** 오꾸빠씨오~네스
l'impiegato 림삐에가또	o empregado/a empregada 우 잉쁘래가두/아 잉쁘래가다	[la empleada]de la compañía 엘 엠쁠레아~도[라 엠쁠레아~다]데 라 꼼빠니~아

37

한국어　韓國語	불란서어　FRANÇAIS	독일어　DEUTSCH
농부	le cultivateur/la cultivatrice 르 뀔띠바뙤르/라 뀔뛰바트리스	der Landwirt 데어 란트비르트
어부	le pêcheur 르 뻬쉐르	der Fischer/die Fischerin 데어 휫셔/디이 휫셔린
상점 경영자	le commerçant/la commerçante 르 꼼메르쌍/라꼼메르쌍뜨	der Geschäftsinhaber 데어 게슈에후쯔인하아버 die Geschäftsinhaberin 디이 게슈에후쯔인아버린
가정부	la femme de menage 라 팜므드 메나쥬	die Haushaltshilfe 디이 하우스할쯔힐훼
은행원	*l'employé*[l'employée]de banque 랑쁠르와이에〔랑 쁠르와이에〕드 방끄	der Bankangestellter/die Bankangestellte 데어 방크안게슈텔터/디이 방크안게-슈텔테
기사	l'ingénieur 랭제니에르	der Ingenieur 데어 인제니웨어
주부	la maîtresse de maison 라 미트래스드 매종	die Hausfrau 디이 하우스후라우
학생	l'étudiant/l'étudiante 래뛰디앙/래뛰디앙드	der Student/die Studentin 데어 슈투덴트/디이 슈투덴틴
교사	le professeur 르 프로페쉐르	der Lehrer/die Lehrerin 데어 레-러/디이 레-러린

이태리어 ITALIANO	포루투칼어 PORTUGUÊS	스페인어 ESPAÑOL
l'agricoltore 라그리꼴또래	o agricultor/a agricultora 우 아그리꿀또르/아 아그리꿀또라	el agricultor/la agricultora 엘 아그리꿀또~르/라 아그리꿀또~라
il pescatore/la pescatrice 일 뻬스까또래/라뻬스까뜨리체	o pescador/a pescadora 우 뻬스까도르/아 뻬스까도라	el pescador/la pescadora 엘 뻬스까도~르/라 뻬스까도~라
il proprietario di negozio 일 쁘로쁘리에따리오 디 네고찌오	o comerciante/a comerciante 우 꼬매르시안찌/아 꼬매르시안찌	el *administrador*[la administradora]de tienda 엘 아드미니스뜨라도~르[라 아드미니스뜨라도~라]데 띠엔다
l'assistente casalinge 라씨스땐때 까사림제	a governante 아 고붸르난따	la asistenta de quehaceres domésticos 라 아시스땐~따 데 께아쎄~레스 도메~스띠꼬스
il banchiere 일 방끼에래	o bancário/a bancária 우 방까리우/아 방까리아	el empleado [la empleada]de banco 엘 엠쁠레아~도[라 엠쁠레아~다 데 방꼬
l'ingegnere 린재내레	o engenheiro/a engenheira 우 인재네이루/아 인재네이라	el ingeniero 엘 인헤니에~로
la massaia 라 마싸이아	a dona de casa 아 도나 지 까자	la ama de casa 라 아~마 데 까~사
lo studente/la studentessa 로 스뚜댄때/라 스뚜댄때싸	o estudante/a estudante 우 이스뚜단찌/아 이스뚜단찌	el estudiante/la estudiante 엘 에스뚜디안~떼/라 에스뚜디안~떼
l'insegante 린쌔난때	o professor/a professora 우 쁘로풰소르/아 쁘로풰소라	el profesor/la profesora 엘 쁘로훼소~르/라 쁘로훼소~라

한국어　韓國語	불란서어　FRANÇAIS	독일어　DEUTSCH
공무원	le fonctionnaire 르 퐁씨오네르	der Beamte/die Beamtin 데어 배-암테/디이 베-암틴
실업자	sans profession 쌍 프로페씨옹	der Arbeitslose/die Arbeitslose 데어 아르바잇슬로제/디이 아르바잇슬로제
가　족	**FAMILLE** 파미으	**DIE FAMILIE** 디이 화일리에
소년/소녀	le garçon/la fille 르 가르쏭/라 피으	der Knabe/das Mädchen 데어 크나베/다스 매티헨
아빠[아버지]/엄마[어머니]	le pére/la máre 르 뻬르/라 메르	der Vater/die Mutter 데어 화터/디이 뭇터
양친	les parents 래 빠럼	die Eltern 디이 엘터른
남자/여자	L'homme/la femme 롬므/라 팽팜므	der Mann/die Frau 데어 만/디이 후라우
어린이	l'enfant 랑팡	das Kind 다스 킨트
아기	le bébe 르 배배	der Säugling 데어 조이클링
남편/아내	le mari/la femme 르 마리/라 팜므	der Ehemann/die Ehefrau 데어 에-어만/디이 에-어후라우
약혼자	le fiancé/la fiancée 르 피앙쎄/라피앙쎄	der Verlobte/die Verlobte 데어 훼어롭테/디이 훼어롭테
형제/자매	le frère/la soeur 르프레르/라 쐬르	der Bruder/die Schwester 데어 부루더/디이 슈베스터

이태리어 ITALIANO	포루투칼어 PORTUGUÊS	스페인어 ESPAÑOL
l'impiegato statale 림삐에가또 스따말래	o funcionário público 우 훈시오나리우 뿌블리꾸	el funcionario/la funcionaria 엘 훈씨오나~리오/라 훈씨오나~리아
il disoccupato 일 디스오꾸빠또	Desempregado 대쟁쁘리가두	sin ocupación 신 오꾸빠씨온~
FAMIGLIA 화밀리아	**FAMÍLIA** 화밀리아	**FAMILIA** 화밀~리아
l'uomo/la donna(남자/여자) 루오~모/라 돈나	o homem/a mulher 우 오맹/아 물레르	el muchacho/la muchacha 엘 무챠~쵸/라 무챠~차
il ragazzo/la ragazza(소년/소녀) 일 라가쪼/라 라가짜	o menino/a menina 우 매니누/아 매니나	el padre/la madre 엘 빠드레/라 마드레
	o nenê 우 네네	los padres 로스 빠~드레스
il bambino/la bambina(어린이) 일 밤비노/라 밤비나	a criança 아 끄리앙싸	el hombre/la mujer 엘 옴~브레/라 무헤~르
il parde/la madre(아빠/엄마) 일 빠드래/라 마드래	o pai/a mãe 우 빠이/아 망이	el chico/la chica 엘 치꼬/라 치까
i genitori(양친) 이 제니또리	os pais 우스 빠이스	el bebé 엘 베베~
il marito/la móglie 일 마리또/라 몰리에	o marido/a esposa 우 마리두/아 이스뽀자	el esposo/la esposa 엘 에스뽀~소/라 에스뽀~사
il fidanzato/la fidanzata 일 휘단자또/라 휘단자따	o noivo/a noiva 우 노이부/아 노이봐	el novio/la novia 엘 노~비오/라 노~비아
il fratello/la sorella 일 후랏땔로/라 쏘랠라	o irmão/a irmã 우 이르마웅/아 이르망	el hermano/la hermana 엘 에르마~노/라 에르마~나

한국어 韓國語	불란서어 FRANÇAIS	독일어 DEUTSCH
친구	l'ami/l'amie 라미/라미	der Freund/die Freundin 데어 후로인트/디이 후로인딘
아들/딸	le fils/la fille 르퓌스/라퓌으	der Sohn/die Tochter 데어 죤/디이 토흐터
아저씨/아줌마	l'oncle/la tante 롱클/라땅드	der Onkel/die Tante 데어 옹켈/디이 탄테
조카/조카딸	le neveu/la niéce 르느보/라 니에스	der Neffe/die Nichte 데어 넾훼/디이 니히테
나라, 국민, 언어	**PAYS, PEUPLE** 뻬이 뿨쁠	**DIE NATION, DAS VOLK, DIE SPRACHE** 디이 나찌온, 다스 볼크, 디이 슈프라크헤
프랑스	la France 라 프랑스	das Frankreich 다스 후랑크라이히
프랑스인(어)	français/franfaise 프랑쎄/프랑쎄즈	Franzose/die Französin [das Französische] 데어 후랑쯔오-재/디이 후랑쬐웨진
영국/브르뉴	l'Angleterre/la Grande Bretagne 랑글레떼르/라그랑드브르따뉴	das England/das Großbritannien 다스 엥글란트/다스 그로쓰브리타니엔/[다스 후랑쬐에 니쉐]
영국인[영어]	anglais/anglaise 앙글래/앙글래즈	der Englander das Enqlisch/die Englännderin 데어 엥랜더/다스 엥리쉬/디이 엥랜더린
이태리	l'Italie 리딸리.	das Italien 다스 이탈-리언
이태리인[어]	italien/italienne 이딸리앙/이딸리엔느	der Italiener/die Itfalienerin das Italienisch 데어 이탈리-에너/디이 이탈리에너린/다스 이탈리에시
한국인[어]	coréen/coréenne 꼬랭앙/꼬래앤느	der Koreaner/die Koreanerin 데어 코래 아-너/디이 코레아-너린

이태리어　ITALIANO	포루투칼어　PORTUGUÊS	스페인어　ESPAÑOL
l'amico 라미꼬	o amigo/a amiga 우 아미구/아 아미가	el amigo/la amiga 엘 아미~고 라 아미~가
il figlio/la figlia 일 휠리오/라 휠리아	o filho/a filha 우 휠류/아 휠랴	el hijo/la hija 엘 이~호/라 이~하
lo zio/la zia 로 찌오/라 찌아	o tio/a tia 우 찌우/아 찌아	el tío/la tía 엘 띠~오/라 띠~아
il nipote/la nipote 일 니뽀때/라 니뽀때	o sobrinho/a sobrinha 우 쏘브린뉴/아 쏘브린냐	el sobrino/la sobrina 엘 소브리~노/라 소브리~나
NAZIONE, POPOLO, LINGUA 나찌오내 뽀뿔로 링구아	**PAIS. POVO. LINGUA** 빠이스뽀부, 링구아	**PAIS, PUEBLO, IDIOMA** 빠이~스 뿌에~블로 이디오~마
la Francia 라 후란챠	França 후랑싸	Francia 후란씨아
francese 후란체제	francês/francesa 후랑쎄쓰/후랑쎄자	francés/francesa [el francés] 후란쎄~스/후란쎄~사 [엘 후란쎄~스]
l'Inghilterra 링길 때라	Reino unido 헤이느 우니두.	Inglaterra 잉글라떼~르라
inglese 잉글래재	inglês/inglesa 잉글레쓰/잉글래자	inglés/inglesa [el inglês] 잉글레~스/잉글레~사 [엘 잉글레~스]
l'Italia 리딸리아	Italia 이딸리아	Italia 이딸리아
italiano/italiana 이딸리아노/이딸리아나	italiano/italiana 이딸리아누/이딸리아나	italiano/italiana [el italiano] 이딸리아~노/이딸리아~나 [엘 이딸리아~노]
coreano 꼬래아노	coreano/coreana 꼬레아누/꼬레아나	coreano/coreana [el coreano] 꼬래 아~노/꼬레아~나 [엘 꼬레아~노]

한국어　韓國語	불란서어　FRANÇAIS	독일어　DEUTSCH
스페인	l'Espagne 에스빤느	das Spanien 다스 슈파니엔
스페인인[어]	espagnol/espagnole 에스빠뇰/에스빠뇰	Spanier/Spanierin 슈파니어/슈파니어린
독일	l'Allemagne 랄르마느	das Deutschland 다스 도이췰란트
독일인 [독일어]	allemand/allemande 알망/알르망드	Deutsche 도이췌
미국	les Etats Unis 레제 따쥬니 américain/américaine 아메리껭/아메리껜느.	die Vereinigten Staaten von 디이 훼어아이니히텐 슈타텐 폰 Amerika 아메리카
미국인		Amerikaner/Amerikanerin 아메리카너/아메리카너린
러시아/소련	U. R. S. S./l'Union des Républ- 위 에르. 에스에스/류니옹 데 레 뷔	das Rußland/ 다스 루-쓸란트 die Sowjetunion 디이 조브이엩우니온
소련인[소련어 러시아어]	iques Socialistes Soviétiques russe 블리끄 쏘씨알리스트 쏘비에띠끄 뤼쓰	Russe/Russin 루쎄/루씬
중국	la République populaire de Chine 라 레 쀠블리끄 뽀쀨레르 드 씬	das China 다스 히나
중국[어]	Chinois/chinoise 시느와/시느와즈	Chinese/Chinesin 히네제/히네진
한국	la République de Corée 라 레 쀠 블리끄 드 꼬레	das Korea 다스 코레아

이태리어 ITALIANO	포루투칼어 PORTUGUÊS	스페인어 ESPAÑOL
la Spagna 라 스빠니야	Espanha 에스빠냐	España 에스빠~냐
spagnolo/spagnola 스빠놀~로/스빠놀~라	espanhol/espanhola 에스빠뇨우/에스빠놀라	español/española [el español] 에스빠놀~/에스빠놀~라[엘 에스빠놀~]
la Germania 라 재에루마니아	Alemão 알래마웅	Alemania 알레마~니아
tedsco/tedesca 때대스꼬/때대스까	alemão/alemã 알래마웅/알래망	alemán/alemana [el ale mán] 알레만~/알레마~나 [엘 알레만~]
l'America 라메리까	Os Estados Uniods 우쓰 이스따두쓰 우니두쓰	Los Estados Unidos de 로스 에스따~도스 우니~도스 데 Norteamérica 노르떼아메~리까
americano/americana 아메리까~노/아메리까~나	americano/americana 아메리까누/아매리까나	estadounidense 에스따도우니덴~세
la Russia 라 룻씨아	Rússia/União Soviética 후시아/우니아웅 쏘뷔애띠까	Rusia/Unión de Repúblicas 루시아/우니온~ 데 레뿌~블리까스 Socialistas/Soviéticas 소씨알리~스따스/소비에~띠까스
russo/russa 룻쏘/룻싸	russo/russa 후쑤/후싸	ruso/rusa [el ruso] 루~소 르루~사 [엘 루~소]
la Cina 라 치나	China 쉬나	China 치나
cinese 치네재	chinês/chinesa 쉬내쓰/쉬내자	chino/china [el chino] 치~노/치~나 [엘 치~노]
la Corea 라 꼬레아	Coréia 꼬래이아	Corea 꼬레~아

45

한국어 韓國語	불란서어 FRANÇAIS	독일어 DEUTSCH
태국	la Thaïlande 라 타일랑드	das Thailand 다스 타일란트
태국인〔어〕	Thaï 타이	der Thailänder/die Thailäderin 데어 타일랜더/디이 타일랜더린
대 명 사	**PRONOM** 프로농	**DAS FÜRWORT** 다스 휘어보르트
저/저희들	je/Nous 쥬/누	ich/wir 이히/뷔어
당신/당신들	vous/vous 부/부	Sie/Sie 지이/지이
그/그녀	il/elle 일/엘	er/sie 에어/지이
그들/그들	ils/elles 일/엘	sie/sie 지이/지이
이것	ceci 스씨	dieser/diese/dieses 디이저/디이제/디이제스
그것	cela 슬라	jener/jene/jenes 예너/예네/예네스
저것	cela 슬라	es 에스
게 시	**PANNEAUX** 빠노	**Der ANSCHLAG** 데어 안 슐~락
입구	ENTRÉE 앙트레	Der EINGANG 데어 아인강

이태리어 **ITALIANO**	포루투칼어 **PORTUGUÊS**	스페인어 **ESPAÑOL**
la Tailandia 라 따일란디아	Tailândia 따일란지아	Tailandia 따일란~디아
tailandese 따일란데제	tailandês/tailandesa 따일란대스/따일란대자	tailandés/tailandesa 따일란데~스 따일란데~사
PRONOMI 쁘로노~미	**PRONOMES** 쁘로노미스	**PRONOMBRES** 쁘로놈~브레스
io/noi 이오~/노~이	eu/nós 에우 노스	yo/nosotros(nosotras) 요/노소~뜨로스(노소~뜨라스)
lei/voi 레~이/보이	você/vocês 뷔쌔/뷔쎄스	usted/ustedes 우스뗃~/우스떼~데스
lui/lei 루~이 래~이	ele/ela 앨리/앨라	él/ella 엘 에~이야
loro/loro 로~로/로~로	eles/elas 앨리스/앨라스	ellos/ellas 에이~요스/에이~야스
questo/questo 꿰스또/꿰스또	este/esta/isto 애스찌/애스따/이스뚜	éste/ésta/esto 에스떼/에스따/에스또
quello/quella 꿸로/꿸라	aquele/aquela/aquilo 아깰리/아깰라/아낄루	aquél/aquélla/aquello 아껠~/아깨~이야/아께~이요
codesto/codesta 꼬데스또/꼬데스따	esse/essa/isso 애씨/애싸/이쑤	ése/ésa/eso 에세/에사/에소
AVVISO 아비조	**SINAIS** 씨나이쓰	**SEÑALES** 세냘~레스
ENTRATA 엔드라따	ENTRADA 앤뜨라다	ENTRADA 엔뜨라~다

기본회화

한국어 韓國語	불란서어 FRANÇAIS	독일어 DEUTSCH
출구	SORTIE 쏘르띠	AUSGANG 아우스강
안내소	SERVICE DE RENSEIGNEMENTS 쎄르 비스 드 랑쎄느망 엥츠	AUSKUNFT/INFORMATION 아우스쿤프트/인휘르마찌온
예약	RÉSERVÉ 레제르베	RESERVIERT 레제르비어르트
영업 중	OUVERT 우베르	IM BETRIEB/GEÖFFNET 임 베트리입/게외프네트
폐점	FERMÉ 페르메	GESCHLOSSEN 게숄로쎈
위험	DANGER 당제.	GEFAHR/VORSICHT ! 게화-르/훠지히트
출입 금지	DÉFENSE D'ENTRER 데팡스 당트레	EINTRITT VERBOTEN 아인트리트 훼어보텐
침입 금지(개인 소유)	DÉFENSE DE PASSER/PROPRIÉTÉ PRIVÉE 데팡스 드 빠쎄 뿌리에대 뿌리붸에~	ZUTRITT VERBOTEN 쭈트리트 훼어보텐
~금지	DÉFENSE DE~/~INTERDIT 데팡스 드 앵떼르디	~VERBOTEN ~훼어보텐
경고	ATTENTION 아땅시옹	WARNUNG 바아르눙

이태리어 ITALIANO	포루투칼어 PORTUGUÊS	스페인어 ESPAÑOL
USCITA 우쉬따	SAÍDA 싸이다	SALIDA 살리~다
INFORMAZIONE 인 휘~루 마쯔이오~네	INFORMAÇÃO 인휘르마싸웅	INFORMACION 인휘르마 씨온~
PRENOTATO 쁘레노따또	RESERVADO 헤재르봐두	RESERVADO 르레세르 바~도
APERTO 아 뻬르또	ABERTO 아베르뚜	ABIERTO/ABIERTA 아비에~르또/아비에~르따
CHIUSO 끼우조	FECHADO 휘샤두	CERRADO/CERRADA 쎄라~도/쎄라라~다
PERICOLO 뻬리꼴로	PERIGO 뻬리구	PELIGRO 뻴리~끄로
DIVIETO D'ACCESSO 디비에또 다체쏘	É proibide a entrada. 애 쁘로이비두 아 앤드라다.	SE PROHIBE LA ENTRADA 세 쁘로이~베 라 엔뜨라~다
ENTRATA VIETATA 엔뜨라따 비에따파	PROIBIDO TRANSPASSAR 쁘로이비두 뜨란스빠싸르	SE PROHIBE TRASPASAR 세 쁘로이~베 뜨라스빠사~르
PROIBITO 쁘로이 비~또	PROIBIDO 쁘로이비두	PROHIBIDO 쁘로이비~도
AVVERTIMENTO 아베르떼멘또	Aviso/Advertência[Advertência] 아뷔주/아드붸르땐시아	ADVERTENCIA/AVISO 아드베르뗀~씨아 아비소

한국어　韓國語	불란서어　FRANÇAIS	독일어　DEUTSCH
주의서	AVIS 아비	ZUR BEACHTUNG 쭈어 베-아흐퉁
쓰레기통	ORDURES 오르뒤르루	MÜLLKASTEN 뮐카스텐
비상구	SORTIE DE SECOURS 소르띠 드 스꾸르	NOTAUSGANG 노트아우스강
계단을 이용해 주세요	PRENEZ L'ESCALIER 프르네 레스깔리에	BITTE TREPPE BENUTZEN ! 빗테 트레페 베눗첸
페인트 주의	PEINTURE FRAÎCHE 뻥뛰르 프레쉬	FRISCH GESTRICHEN 후리쉬 게슈트리헨
고장	HORS SERVICE 오르 쎄르버스	NICHT IN ORDNUNG ! 니히트 인 오르드눙 AUβER BETRIEB ! 아우쎄 베트리입
매물	À VENDRE 아 방드르	ZUM VERKAUF 쭘 훼어카우프
본일 휴진	PAS DE CONSULTATION AUJOURD'HUI 빠스 드 꽁술따씨옹 오주르뒤위	KEINE SPRECHSTUNDE HEUTE 카이네 슈프레히슈툰데 호이테
공사 중	ATTENTION TRAVAUX 아땅씨옹 트라보	BAUSTELLE 바우슈텔레
밀다/당기다	POUSSEZ/TIREZ 뿌쎄/띠레	DRÜCKEN/ZIEHEN 드 뤼켄/찌이엔

이태리어 ITALIANO	포루투칼어 PORTUGUÊS	스페인어 ESPAÑOL
NOTA 노따	NOTA 노따	NOTA 노~따
RIFIUTI 리휘우띠	LIXO 리슈	BASURERO 바수레~로
USCITA D'EMERGENZA 우시~따 데매루잰쯔아	SAÍDA DE EMERGÊNCIA 싸이다 지 이매르잰씨아	SALIDA DE EMERGENCIA 살리~다 데 에메르 헨~씨아
USATE LE SCALE 우자떼 레 스깔래	USE A ESCADA 우지 아 이스까다	USE ESCALERA 우세 에스깔레
VERNICE FRESCA 베르니체 후레스까	TINTA FRESCA 띤따 후레스까	PINTURA FRESCA 삔뚜~라 후레~스까
GUASTO 구아스또	NÃO FUNCIONA 나웅 훈씨오나	ROTO/DESCOMPUESTO 르로또/데스꼼뿌에~스또
DA VENDERE 다 벤대레	A VENDA 아 뷘다	EN VENTA 엔 벤따
OGGI CHIUSO 웃지 끼우조	CONSULTA ENCERRADA 꼰술따 인쎄하다	CERRADA LA CONSULTA 쎄르라~다 라 꼰술~따
LAVORI IN CORSO 라보리 인 꼬르소	EM CONSTRUCAO 잉 꼰스뜨루싸웅	BAJO CONSTRUCCION 바~호 꼰스뜨룩씨온~
SPINGERE/TIRARE 스뻰제래/띠라래	EMPURRE/PUXE 잉뿌히/뿌쉬	EMPUJE/TIRE(HALE) 엠뿌~헤/띠~레(알~레)

한국어　韓國語	불란서어　FRANÇAIS	독일어　DEUTSCH
할인	RÉDUCTION 래뒤씨옹	DER RABATT 데어 라바트
반 의 어	**ANTONYME** 앙또니므	**DAS GEGENTEIL** 다스 게겐타일
비싸다/싸다	cher/bon marché 셰르/봉마르셰	teuer/billig 토이어/빌리히
밝다/어둡다	clair/sombre 끌레/쏭브르	hell/dunkel 헬/둥켈
두껍다/얇다	épais/mince 에뻬/맹쓰.	dick/dünn 딕/뒨
좋다/나쁘다	bon/mauvais 봉/모베	gut/schlecht 굿/슐레히트
크다/작다	grand/petit 그랑/쁘띠	groβ/klein 그로쓰/클라인
좁다/넓다	étroit/large 에트와/라지	eng/weit 엥/바이트
높다/낮다	haut/bas(basse) 오/바(바쓰)	hoch/niedrig 호호/니-드리히
크다/작다	grand/petit 그랑/쁘띠	groβ/klein 그로쓰/클라인
길다/짧다	long/court 롱/꾸-르	lang/kurz 랑/쿠르쯔
즐겁다/슬프다	joyeux/triste 즈와이오/트리스뜨	lustig/traurig 루스티히/트라우리히

이태리어 ITALIANO	포루투칼어 PORTUGUÊS	스페인어 ESPAÑOL
SCÓNTO 스꼰또	DESCONTO 대스꼰뚜	DESCUENTO/REBAJA 데스꾸엔~또/ㄹ레바~하
ANTONIMO 안또~니모	**ANTÔNIMOS** 안또니무쓰	**ANTÓNIMO** 안또~니또
caro/a buon mercato 까로/아 부온 메르까또	caro/barato 까루/바라뚜	caro/barato 까로/바라~또
chiaro/buio 끼아로/부이오	claro/escuro 끌라루/이스꾸루	claro/obscuro 끌라~로/옵스꾸~로
fitto/sottile 휫또/쏘띨레	grosso/fino 그로쑤/휘누	grueso/delgado 그루에~소/델가~도
buono/cattivo 부오노/까띠보	bom/mau 봉/마우	bueno/malo 부에노/말로~
grande/piccola 그란대/삐꼴라	grande/pequeno 그란지/뻬깨누	grande/pequeño 그란데/뻬께~뇨
stretto/largo 스뜨레또/라르고	estreito/largo 이스뜨레이뚜/라르구	estrecho/ancho 뜨레~쵸/안쵸
alto/basso 알또/바쏘	alto/baixo 알뚜/바이슈	alto/bajo 알~또/바~호
alto/basso 알또/바쏘	alto/baixo 알뚜/바이슈	alto/bajo 알~또/바~호
lungo/corto 룽고/꼬르또	comprido/curto 꽁쁘리두/꾸르뚜	largo/corto 라~르고/꼬르또
piacevole/triste 삐아체볼레/뜨리스떼	alegre/triste 알래그리/뜨리스찌	agradable/triste 아 그라다~블레/뜨리~스떼

한국어 韓國語	불란서어 FRANÇAIS	독일어 DEUTSCH
빠르다/느리다	rapide/lent 라삐드/랑	schnell/langsam 슈네엘/랑자암
옳다/그르다	correct/erroné 꼬렉/에로네	richtig/falsch 리히티히/활쉬
편리한/불편한	commode/incommode 꼬모드/앵꼬모드	bequem/umbequem 베크벰/운베크벰
조용한/시끄러운	calme/bruyant 깔름/브뤼양	ruhig/laut 루이히/라우트
한가하다/바쁘다	libre/ocupé 리브르/오뀨뻬	Zeit haben/beschäftig sein 짜이트하벤/베쉐프티히 자인
쉽다/어렵다	facile/difficile 파씰/디피씰	einfach/schwierig 아인화흐/슈비이리히
새로운/오래된	neuf/vieux 뇌프/비유	neu/alt 노이/알트
딱딱하다/부드럽다	dur/mou 뒤르/무	hart/weich 하르트/바이히
굵다/가늘다	gros/fin 그로/쨍	dick/dünn 딕/뒨
느슨하다/빡빡하다	ample/serré 앙쁠/스레	lose/eng 로제 엥
맛있는/맛없는	bon/mauvais 봉/모베	schmeckt gut/schmeckt nicht gut 슈메크트굿/슈메크트 니히트 굿
깊다/얕다	profond/peu frofond 쁘로퐁/쀠 쁘로퐁	tief/seicht 티이프/자이히트
무겁다/가볍다	lourd/léger 루르/레제	schwer/leicht 슈베어/라이히트

이태리어 ITALIANO	포루투칼어 PORTUGUÊS	스페인어 ESPAÑOL
presto/lento 쁘래스또/랜또	rápido/lento 하삐두/랜뚜	rápido/lento 르라~삐도/렌~또까도
corretto/sbagliato 꼬랫또/즈발리아또	certo/errado 쌔르뚜/애하두	correcto/equivocado 꼬르렉또/에끼보까~도
conveniente/inconveniente 꼰베니엔때/인꼰베니엔떼	cômodo/incômodo 꼬모두/인꼬모두	cómodo/incómodo 꼬~모도/인꼬~모도
calmo/rumoroso 깔모/루모로조	tranquilo/ruidoso 뜨란낄루/후이도주	tranquilo/ruidoso 뜨랑낄~로/루이도~소
disoccupato/occupato 디스오꾸빠또/오꾸빠또	desocupado/ocupado 대조꾸빠두/오꾸빠두	desocupado/ocupado 데소오꾸빠~도/오꾸빠~도
facile/difficile 화칠레/딧휘칠레	fácil/difícil 화씨우/디휘씨우	fácil/difícil 후아~실/디휘~실
nuovo/vecchio 누오보/벡끼오	novo/velho 노뷔/벨류	nuevo/antiguo 누에~보/안띠~구오
solido/morbido 솔리도/모르비도	duro/mole 두루/몰리	duro/blando 두~로/블란~도
grosso/sottile 그롯쏘/소띨레	gordo/magro 고르두/마르구	grueso/delgado 그루에~소/델가~도
largo/stretto 라르고/스뜨렛또	folgado/apertado 훨가두/아뻬르따두	flojo/apretado 훌로~호/아쁘레따~도
buono/male 부오노/말래	delicioso/péssimo 댈리씨오주/빼시무	sabroso/no sabroso 사브로~소/노 사브로~소
profondo/poco profondo 뿌로휜도/뽀꼬 뿌로휜도	profundo/raso 쁘로훈두/하주	profundo/poco profundo 쁘로훈~도/뽀꼬 쁘로훈~도
pesante/leggero 빼잔때/래쩨로	pesado/leve 빼자두/래뷔	pesado/legero 뻬사~도/리헤~로

* 비행기의 좌석은 기수를 향해서 좌측부터 A, B, C…… 앞으로부터 1, 2, 3……의 번호가 붙어 있는 것이 보통이다. 따라서 15B의 좌석은 제15열번째의 기수를 향해서 좌로부터 2번째의 좌석이 된다.
* 미국·유럽에서는 자유석이 많을경우 좋아하는 좌석에 앉을 수 있다. 담배를 피울경우에는 흡연석에서 피워야 한다. 지정석의 경우는 희망하는 좌석을 직원에게 말하면 된다.
* 좌석에 앉을때는 무거운 물건은 좌석의 밑에 가벼운 물건은 머리위에 단에 올려놓는다.
* 화장실은 사용중일때에는 Occupled, 사용하고 있지 않을대는 Vacant의 불이 켜진다. 안에 들어가 문을 잠그면 전등이 켜진다.
* 좌석에는 이어폰, 채널, 볼륨, 독서등 여승무원을 부르는 버튼등이 부착되어 있다.
* 멀미가 날 때에는 여승무원에게 말하여 약을 복용할 수 있다.
* 술, 향수, 담배는 면세품이며 어느나라 돈으로도 살 수 있다.
* 2등칸에서는 주류가 무료이며 보통석은 유료이지만 가격은 싸다.
* 도착전에는 입국에 필요한 서류가 배부된다. 기입요령을 모를 때에는 여승무원에게 문의하면 된다.

기내에서

한국어 韓國語	불란서어 FRANÇAIS	독일어 DEUTSCH
기내에서	**DANS L'AVION** 당 라비옹	**IM FLUGZEUG** 임 플루크 쪼이그
이 좌석 번호는 어느 근처 입니까?	Où se trouve la place portant 우 스 투르브 라 쁠라스 뽀르땅 ce numéro ? 스 뉘메로	Wo ist dieser Sitz ? 보오 이스트 디저 짓쯔
이 자리에 앉아도 좋습니까?	Puis-je prendre cette place ? 쀠~쥬 프랑드르 쎄뜨 쁠라스	Darf ich hier sitzen ? 다루후 이히 히어 짓쩬
담배를 피워도 좋습니까?	Puis-je fumer ? 쀠~쥬 쮜메	Darf ich rauchen ? 다루후 이히 라우 ㅎ헨
씨트를 눕혀도 좋습니까?	Puis-je incliner mon siége ~쥬 앵글리네 몽 씨에 en arriére ? 쥬언 나리에르	Darf ich meinen Sitz zurück- 다루후 이히 마이넨 짓쯔 stellen ? 쥬 륌슈텔렌
좀 비켜 주세요.	Pardon.(Je voudrais passer, 빠르동(쥬 부드레 빠세, s'il vous plaît). 씰 부 쁘래)	Darf ich bitte einmal durch ? 다루후 이히 빗테 아인말 두루히
물을〔콜라를〕 주세요.	*Un verre d'eau*〔un coca〕, s'il 엉 베르 도〔엉 꼬까〕씰 vous plaît. 부 쁠래	*Wasser*〔Kola〕bitte. 밧써〔콜라〕빗테

이태리어 ITALIANO	포루투칼어 PORTUGUÊS	스페인어 ESPAÑOL
IN AEREO 인 아에래오	**NO AVIÃO** 누 아뷔아웅	**EN EL AVIÓN** 엔 엘 아비온~
Dove si trova questo numero (del posto)? 도베 씨 뜨로바 퀘스또 누매로 (댈 뽀스또)	Onde fica este assento? 온지 휘까 에스찌 아쌘뚜	¿Dónde está este asiento? 돈~데 에스따~에스떼 아시엔~또
Posso prendere questo posto? 뽀쏘 쁘랜데래 퀘스또 뽀스또	Posso me sentar aqui? 뽀쑤 미 쌘따르 아끼	¿Puedo sentarme en este asiento? 뿌에~도 센따~르메 엔 에스떼 아시엔~또
Posso fumare? 뽀쏘 후마래	Posso fumar? 뽀쑤 후마르	¿Puedo fumar? 뿌에도 후마~루
Posso abbassarlo? 뽀쏘 앗빳싸를로	Posso reclinar o assento? 뽀쑤 레끌리나르 우 아쌘뚜	¿Puedo reclinar el asiento? 뿌에~도 레끌리나~르 엘 아시엔~또
Permesso! 뻬루맷쏘	Com licença! 꽁 리쌘싸	Permítame pasar, por favor. 빼르미~따메 빠사~르, 뽀~르 화보~르
Mi da un bicchiere d'acqua? 미 다 운 비끼에래 다꾸아 [di coca] (디 꼬까)	*Água*[uma coca], por favor. 아구아(우마 꼬까), 뽀르 화보르	*Agua*[Coca-cola], por favor. 아~구아(꼬까 꼴라), 뽀~르 화보~르

59

기내에서

한국어　韓國語	불란서어　FRANÇAIS	독일어　DEUTSCH
기분이 나쁩니다. 무언가 약을 주세요.	J'ai mal au coeur. Donnez-moi 재 말 오 꿰르 도네-므와 des cachets, s'il vous plaît. 데 까쉐, 씰 부 쁠래	Ich fühle mich nicht wohl. 이히 휘일레 미히 니히트 보-올. Geben Sie mir bitte ein Medikament. 게-벤 지이 미어 빗테 아인 메디카멘트
지금 어느 근처를 날고 있습니까?	Où volons-nous maintenant? 우 볼롱-누 맹뜨낭	Was überfliegen wir jetzt gerade? 봐스 위버흘리-겐 뷔어 옛쯔트 게라데?
한국어〔영어〕신문은 있습니까?	Avez-vous un journal Coréen 아베-부 엉 주르날 꼬래앵 〔anglais〕? (앙글래)	Haben Sie eine Koreanische〔englishe〕 하-벤 지이 아이네 코레아니쉐〔엥리쉐〕 Zeitung? 짜이퉁?
이 서류를 쓰는 방법을 가르쳐 주세요.	Expliquez-moi comment remplir 엑스쁠리께-므와 꼬망 랑쁠리르 ces formulaires, s'il vous plaît. 세 포르뮐래르, 씰 부 쁠래	Sagen Sie mir bitte, wie ich 자-겐 지이 미어 빗테, 뷔이 이히 dieses Formular ausfüllen soll. 디이제스 포물라 아우스퓔-렌 졸
면세품을 기내에서 판매하고 있습니까?	Vendez-vous des articles détaxés 방데-부 데 자르띠끌르 데딱세 à bord d'un avion? 아 보르 덩 나비옹	Verkauft man im Flugzeug 페어카우프트 만 임 플루크쪼이그 zollfreie Ware? 졸프라이에 바아레
이 공항에서 쇼핑을 할 수 있습니까?	Peut-on faire des achats dans 쀠-똥 페르 데 자샤 당 cet aéroport? 쎄트 아에로뽀르	Kann man in diesem Flug- 칸만 인 디젬 플루크하펜 hafen etwas kaufen? 휄 엣뽜스 카우펜

이태리어 **ITALIANO**	포루투칼어 **PORTUGUÊS**	스페인어 **ESPAÑOL**
Mi sento male. Mi da qualche pillola, per favore ? 미 샌또 마래. 미 다 꾸알께 뻴로라, 뻬르 화보래	Estou me sentindo mal. Um comprimido, por favor. 이스또우 미 샌띤두 마우. 웅 꽁쁘리미두, 뽀르 후아보르	Me siento mal. Déme unas pastillas. 메 시엔~또 말~. 데~메 우~나스 빠스띠~이야스
Dove stiamo voland adesso ? 도베 스띠아모 볼란도 아댓소	Por onde estamos passando agora ? 뽀르 온지 이스따무스 빠싼두 아고라	¿ Por dónde estamos volando ahora ? 뽀~르 돈~데 에스따~모스 볼란~도 아오~라
Avete un giornale *coreano* [inglese] ? 아베때 운 죠르날레 꼬래아노 (잉글래제)	Tem um jornal *Coreano*[inglês] ? 땡 웅 조르나우 꼬래아누[잉글래스]	¿ Tiene Ud. un periódico coreano[ingles] ? 띠에~네 우스뗀~움 뻬리오~디꼬 꼬레아~노 (잉글레~스)
Puó dirmi come riempire questa formula ? 뿌오 디르미 꼬메 리엠쁘리래 꿰스따 포르물라	Pode me ajudor a preencher este formulário, por favor ? 뽀지 미 아쥬다르 아 쁘리엔셰르 에스찌 휘르물라리우, 뽀르 화보르	Enséñeme cómo llenar este formulario. 엔세~네메 꼬~모 이에나~르 에스떼 휘르물라~리오
Si vendono a bordo le merci esenti da tassa ? 씨 벤도노 아 보르도 래 메르치 에샌띠 다 따싸	Se vende mercadoria livre de imposto a bordo ? 씨 뻰지 매르까도리아 리브레지 잉쁘스뚜 아 보르두	¿ Se venden articulos livres de impuestos en el avión ? 세 벤~덴 아르띠~꿀로스 리~브레스 데 임뿌에~스또스 엔 엘 아비온~
Si puó fare le spese a questo aeroporto ? 씨 뿌오 화래 래 스빼재 아 꿰스또 아에로뽀르또	Posso fazer compras neste aeroporte ? 뽀쑤 후아제르 꼼쁘라쓰 네스찌 아에로뽀르뚜	¿ Puedo hacer compras en este aeropuerto ? 뿌에~도 아쎄~르 꼼~쁘라스 엔 에스떼 아에로뿌에~르또

한국어 韓國語	불란서어 FRANÇAIS	독일어 DEUTSCH
이 공항에는 얼마나 머뭅니까?	Combien de temps nous arrêtons nous à cet aéroport? 꽁비앵 드 떵 누 자레똥 누 아 쎄뜨 아에로뽀르	Wie lange bleiben wir hier? 뷔이 랑에 블라이벤 뷔어 히어
금연	défense de fumer 데팡스 드 퓌메	nicht rauchen 니히트 라우헨
벨트 착용	attachez vos ceintures 아따셰 보 쎙뛰르	bitte anschnallen 빗테 안 슈날렌
시차	le décalage horaire 르 데깔라쥬 오래르	der Zeitunterschied 데어 짜이트운터쉬-트
현지 시간	l'heure locale 뢰르 로깔르	die Ortszeit 디이 오르츠챠이트
비상구	la sortie de secours 라 쏘르띠 드 스꾸르	der Notausgang 데어 노트아우스 강
구명 조끼	le gilet de sauvetage 르 질레 드 쏘브따쥬	die Schwimmweste 디이 슈빔베스테
산소 마스트	le masque à oxygène 르 마스끄 아 옥씨젠느	die Sauerstoffmaske 디이 자우어슈토프마스케
모포	la couverture 르 꾸베르뛰르	die Decke 디이 덱케
베개	l'oreiller 로레이어	das Kissen 다스 킷쎈
이어폰	les écouteurs 레 제꾸뙤르	der Kopfhörer 데어 콥후회러

기내에서

이태리어 ITALIANO	포루투칼어 PORTUGUÊS	스페인어 ESPAÑOL
Quanto tempo si ferma a questo aeroporto ? 꾸안또 땜뽀 씨 훼르마 아 꿰스또 아에레뽀르또	Quanto tempo vamos ficar neste aeroporto ? 꽌뚜 땜뿌 봐무스 휘까르 내스찌 아애로 뽀르뚜	¿ Cuánto tiempo para en este aeropuerto ? 꾸안~또 띠엔~뽀 빠~라 엔 에스떼 아에로뿌에~르또
vietato fumare 비에따도 후마래	proibido fumar 쁘로이비두 후마르	se prohibe fumar 세 쁘로이~베 후마~르
allaciate le cinture 알라챠때 래 신뚜래	apertar o cinto 아뻬르따르 우 씬뚜	abróchense el cinturón 아브로~첸세 엘 씬뚜론~
i fusi orari 이 후지 오라리	a diferença de horas 아 지훼랜싸 지 오라스	la diferencia de horas 라 디훼렌~씨아 데 오~라스
l'ora locale 로라 로깔래	a hora local 아 오라 로까우	la hora local 라 오~라 로깔~
l'uscita d'emergenza 루쉬따 댐메르젠찌아	a saida de emergência 아 사이다 지 잉애르쟁시아	la salida de emergencia 라 사리~다 데 에메르헨~씨아
la giacca di salvataggio 라 쟈가 디 쌀바따쬬	o colete salva-vidas 우 꼴래찌 쌀봐~뷔다스	el chaleco salvavidas 엘 찰레~꼬 살바비~다스
il respiratore ad'ossigeno 일 래스뻬라또래 아도씨제노	a máscara de oxigêneo 아 마스까라 지 오쎄재내우	la mascarilla de oxigeno 라 마스까리~이야 데 옥시~헤노
la coperta 라 꼬뻬르따	o cobertor 우 꼬배르또르	la manta 라 만~따
il cuscino 일 꾸쉬노	o travesseiro 우 뜨라붸쎄이루	la almohada 라 알모아~다
la cuffia 라 꾸피아	o fone de ouvido 우 휘니 지 오우뷔두	el auricular 엘 아우리꿀라~르

한국어　韓國語	불란서어　FRANÇAIS	독일어　DEUTSCH
잡지	la revue illustrée 라 르뷔 일뤼스트레	die Zeitschrift 디이 짜이트슈리프트
구토주머니	le sac hygiénique 르 싹 이지에니끄	die Spucktüte 디이 슈퓨크 튀이테
증／통행증／여권	la carte de transit 라 까르뜨 드 트랑지	*der Paβ* 데어 파쏘
(바람, 물결 따위의)휘몰아침, 몹시 거칠음	la perturbation atmosphérique 라 뻬르뛰르바씨옹 아뜨모스페리끄	das Luftloch 다스 루프트로크
부르는 보턴	le bouton de sonnette 르 부똥 드 쏘네뜨	der Rufknopf 데어 루프 크높후
독서등	la lampe individuelle 라 랑쁘 앵디비뒤엘	die Leselampe 디이 레제르람페
기장	le capitaine 르 까삐땐느	der Kapitän 데어 카피탠
사무장	le commissaire de bord 르 꼬미쌔르 드 보르	der Flugkapitän 테어 플루크 카피탠
스츄어드	le steward 르 스뛰아르	der Steward 데어 스튜-어르트
스튜어디스	l'hôtesse de l'air 로떼쓰 드 래르	die Stewardeβ 디 스튜-어데스
화장실	les toilettes 레 뜨와레뜨	die Toilette 디이 토알렛테
비어 있음	libre 리브르	frei 프라이
사용 중	occupé 오뀌뻬	besetzt 베젯쯔트

이태리어 ITALIANO	포루투칼어 PORTUGUÊS	스페인어 ESPAÑOL
la rivista 라 리비스따	a revista 아 해뷔스따	la revista 라 르레비~스따
il sacco igineico 일 싸꼬 이지네이꼬	a bolsa higiênica 아 볼싸 이지애니까	la bolsa para el moreo 라 볼~사 빠~라 엘 모레~오
il permesso di transito 일 뻬르메쏘 디 뜨란지또	o visto de trânsito 우 뷔스뚜 지 뜨란지뚜	el pase de tránsito 엘 빠~세 데 뜨란~시또
il vuoto d'aria 일 부오또 다리아	a zona de turbulência 아 조나 지 뚜르불랜시아	la turbulencia del aire 라 뚜르불랜~씨아 델 아~이레
chiamata assistente 기아마~따 앗시스땐때	o batão de chamada 우 보따웅 지 샤마다	el botón de llamada 엘 보똔~ 데 이야마~다
la luce di lettura 라 루께 디 레뚜라	a luz de leitura 아 루즈 지 래이뚜라	la luz para lectura 라 루~스 빠~라 렉뚜~라
il capitano 일 까삐따노	o capitão 우 까삐따웅	el capitán 엘 까삐딴~
il commissario di bordo 일 꼬미싸리오 디 보르도	o comissário do bordo 우 꼬미싸리우 지 보르두	el sobrecargo 엘 소브레까~르고
lo steward 로 스튜어드	o atendente 우 아땐댄때	el camarero 엘 까마레~로
l'assistente di volo 라씨스땐때 디 볼로	a aeromoça 아 아애로모사	la azafata 라 아싸화~따
il gabinetto 일 가비에또	o lavatório 우 라봐또리우	el servicio／el baño 엘 세르비~씨오／엘 바~뇨
libero 리~배로	livre 리브리	libre 리~브레
occupato 오꾸빠또	ocupado 오꾸빠두	ocupado 오꾸빠~도

* 입국 수속은 검역, 입국심사, 세관의 순서로 행해진다.
* 검역은 예방접종 증명서를 제시하면 된다. 나라에 따라 다르나 생략되는 경우가 많다.
* 입국심사는 여권, 비자가 유효한가를 검사하면 입국목적 체재일수를 등을 묻는 경우가 있다.
* 세관은 일반적으로 구두신고를 한다. 소련이나 미국은 세관신고서를 제출해야 한다.
* 나라에 따라 검역, 세관이 엄격한 나라를 미리 알아두는 것이 좋다.
* 휴대하여 세금을 무는 물건은 세관 창고에 맡기면 과세가 되지 않는다.
* 환전은 호텔이나 은행에서 할 수 있다. 환전은 필요이상으로 많이 하지 않는것이 좋다. 재교환시에는 다시 수수료를 물어야 한다.
* 공항에서 목적지로 갈때에는 버스를 타는 것이 싸다.
* 출국 두시간 전에는 공항에 도착하도록 한다.
* 항공 회사 카운터에 항공권을 보이고 탑승권을 받는다. 다음에 화물을 맡기고 수하물 인환증을 받아 수량을 꼭 확인 해야한다.
* 출국 수속시는 통상적인 출국 심사뿐이고 공항 대합실에서 탑승 개시의 방송을 기다리면 된다. 탑승시에는 항상 몸 수색을 거쳐야 한다.

공항에서

공항에서

한국어　韓國語	불란서어　FRANÇAIS	독일어　DEUTSCH
도착	**ARRIVÉE** 아리베	**ANKUNFT** 안쿤프트
입국 심사	**FORMALITÉS D'ENTRÉE** 포르말리떼 당뇨래	**EINREISE** 아인라이제
관광〔상용〕객 입니다.	Je suis *touriste*〔en voyage 쥬 쒸이 뚜리스뜨〔앙 브와야쥬 d'affaires〕. 다패르〕	Ich bin *Tourist*〔Geschäfts- 이히 빈 투어리스트 mann〕. 〔게쉐프츠만〕
~일간 채재 예정입니다.	J'ai l'intention de rester pour~ 재 랭땅씨옹 드 레스떼 뿌르~ jours. 쥬르	Ich möchte für ~ Tage 이히 뫼흐테 휘어~ 타게 bleiben. 블라이벤.
~호텔에 머뭅니다.	Je vais séjourner à l'Hôtel~. 쥬 베 쎄주르네 아 로뗄	Ich wohne im Hotel~. 이히 보네 임 호텔~
처음〔두 번째〕 방문입니다.	C'est ma *première*〔deuxième〕 세 마 프르미에르〔두지엠므〕 visite 비지뜨	Ich bin zum *ersten*〔zweiten〕 이히 빈 쭘 에르스텐〔쯔바이텐〕 Mal hier. 마알 히어
거주자	résident 레지당	der Bewohner 데어 베보오너어
비거주자	non-résident 농-레지당	der Nichtbewohner 데어 니히트 베보오너

이태리어 ITALIANO	포루투칼어 PORTUGUÊS	스페인어 ESPAÑOL
ARRIVO 아리~뷔오~	**CHEGADA** 쉐 가 다	**LLEGADA** 이예가~다
IMMIGRAZIONE 임미그라쩨오네	**IMIGRAÇÃO** 이미그라싸웅	**INMIGRACIÓN** 임미그라씨온~
Sono *turista* [un viaggiatore degli affari] 쏘노 뚜리스따(운 비아쨔또래 댈리 앗화리)	Sou *turista* [a negócios] 소우 뚜리스따[아 내고시우스]	Soy *turista*[viajero de negocios] 소이 뚜리~스따(비아헤~로 데 네고~씨오스)
Conto di stare per ~ giorni. 꼰또 디 스따래 빼르~죠르니	Pretendo ficar ~dias. 쁘래땐두 휘가르~지아스	Voy a quedarme aqui ~ dias. 보이 아 께다르~메 아끼~디~아스
Mi tratterò a l'Hotel ~. 미 뜨라때로 아 로뗄~	Vou ficar no Hotel~. 뷔우 휘가르 누 오우때우	Voy a alojarme en el Hotel~. 보이 아 알로하~르메 엔 엘 오뗄~
É la mia *prima*[seconda] visita. 애 라 미아 쁘리마(쌔꼰다) 비지따	É minha *primeira* [segunda] visita. 에 미냐 쁘리매이라[쌔군다] 뷔스따	Es la *primera*[segunda]visita. 에스 라 쁘리메~라(세군~다)비시~따
il residente 일 래 지댄때 il non-residente 일 논 래지댄때	o residente／a residente 우 해지댄찌／아 해지댄찌 não residente 나웅 해지댄찌	el residente／la residente 엘 레시덴~떼／라 레시덴~떼 el no residente 엘 노 레시덴~떼

공항에서

한국어　韓國語	불란서어　FRANÇAIS	독일어　DEUTSCH
외국인	les étrangers 레 제트랑제	der Ausländer 데어 아우스랜더
입국 카드	la carte de débarquement 라 가르뜨 드 데바르끄망	die Einreiseerlaubnis 디 아인라이제에어라우프니스
출국 카드	la carte d'embarquement 라 까르트 당바르끄망	die Ausreiseerlaubnis 디 아우스라이제에어라우프니스
여권	le passeport 르 빠쓰뽀르	der Reisepaβ 데어 라이제파쓰
비자	le visa 르 비자	das Visum 다스 비줌
성(姓)	le nom de famille 르 농 드 파미으	der Famillienname 데어파 밀리엔나메
이름	le prénom 르 프레농	der Vorname 데어 휘나메
국적	la nationalité 라 나씨오날리떼	die Staatsangehörigkeit 디 슈타츠 안게－회리히 카이트
생년월일	la date de naissance 라 다뜨 드 내쌍스	das Geburtsdatum 다스 게부르츠다툼
성별	le sexe 르 쎅스	das Geschlecht 다스 게슐레히트
남／여	l'homme／la femme 롬므／라 팜므	der Mann／die Frau 데어 만／디 프라우
연령	l'âge 라쥬	das Alter 다스 알터

이태리어 ITALIANO	포루투칼어 PORTUGUÊS	스페인어 ESPAÑOL
lo straniero／la stramiera 로 스뜨래니에르／라 스뜨라니에라	o estrangeiro／a estrangeira 우 이스뜨란재이루／아 이스뜨란제이라	el estranjero／la extranjera 엘 에스뜨랑헤～로／라 에스뜨랑헤～라
la carta di sbarco 라 까르따 디 즈바르꼬	o cartão de desembarque 우 까르따웅 지 대쟁바르끼	la tarjeta de desembarque 라 따르헤～따 데 데셈바～르께
la carta d'imbarco 라 게르따 딤바르꼬	o cartão de embarque 우 까르따웅 지 잉바르끼	la tarjeta de embarque 라 따르헤～따 데 엠바～르께
il passaporto 일 빠싸뽀르또	o passaporte 우 빠사뽀르떼	el pasaporte 엘 빠사뽀～르떼
il visto 일 비스또	o visto 우 뷔스뚜	el visado 엘 비사～도
il cognome 일 꼬뇨매	o sobrenome 우 쏘브리노미	el apellido 엘 아빼이～도
il nome 일 노매	o nome 우 노미	el nombre 엘 놈～브레
la nazionalità 라 나찌오날리따	o nacionalidade 우 나시오날리다지	la nacionalidad 라 나씨오날리닫～
la data di nascita 라 다따 디 나쉬따	a data de nascimento 아 닷따 지 나씨맨뚜	la fecha de nacimiento 라 훼～차 데 나씨미엔～또
il sesso 일 쎄소	o sexo 우 쎅쑤	el sexo 엘 섹～소
il maschio／la femmina 일 마스끼오／라 헴미나	o homem／a mulher 우 오맹／아 물레르	el hombre／la mujer 엘 옴～브레／라 무헤～르
l'età 래따	a idade 아 이다지	la edad 라 에닫～

한국어 韓國語	불란서어 FRANÇAIS	독일어 DEUTSCH
직업	la profession 라 프로페씨옹	der Beruf 데어 베루-프
주소	l'adresse 라드레쓰	der Wohnsitz 데어 본-짓쯔
본적	le domicile légal 르 도미씰르 레갈	der ständige Wohnsitz 데어 슈탠디게 본짓즈
기혼	marié／mariée 마리에／마리에	verheiratet 훼어하이라테트
독신	célibataire 셀리바때르	ledig 레디히
여권 번호	le numéro de passeport 르 뉘메로 드 빠스뽀르	die Paβnummer 디이 파쓰눔머
발급 기관	l'autorité émettrice 로또리떼 에메뜨리스	die ausstellende Behöde 디이 아우스슈 텔렌데 베외데
~행 여행	l'adresse en(France) 라드레쓰 앙(프랑스)	die Adresse in(Deutschland) 디이 아드레쎄 인(도이취란트)
출발지	le lieu de départ 리 리유드 데빠르	der Ort der Abreise 데어 오르트 데어 압라이제
여행 목적	le but de visite 르 뷔 드 비지뜨	der Zweck der Reise 데어 쯔벡크 데어 라이제
예정 체재 기간	la durée de séjour 라 뒤레 드 쎄주르	die beabsichtigte Aufenthaltsdauer 디이 베압지히티히테 아우휀트 할츠 다우어

이태리어 ITALIANO	포루투칼어 PORTUGUÊS	스페인어 ESPAÑOL
il mestiere 일 매스띠애래	a ocupação 아 오꾸빠싸웅	la ocupación 라 오꾸빠씨온~
l'indirizzo 린디릿쪼	o endereço 우 인대레쑤	la dirección 라 디렉씨온~
l'indirizzo permanente 린디릿쪼 빼르맨때	o domicilio permanente 우 도미실리우 빼르마낸찌	el domicilio permanente 엘 도미썰~리오 빼르마넨~떼
sposato/sposata 스뽀자또/스뽀자따	casado/casada 까자두/까자다	casado/casada 까사~도/까사~다
celibe/nubile 첼리배/누빌래	solteiro/solteira 소울때이루/소울때이라	soltero/soltera 솔떼~로/솔떼~라
il numero del passaporto 일 누배로 댈 빠싸뽀르또	o número do passaporte 우 누매루 두 빠사뽀르찌	el número del pasaporte 엘 누~메로 댈 빠사뽀~르떼
L'autorizzazione emissione 라우또릿찌오네 애미씨오네	auto ridade expedicao 아우또 리다지 익스빼지싸웅	las autoridades emisoras 라스 아우또리다~데스 에미소~라스
l'indirizzo in (Italia) 린디릿쪼 인 (이딸리아)	o endereço no (Brasil) 우 인대래쭈 누 (브라지우)	la dirección en (Expaña) 라 디렉씨온~엔 (에스빠~냐)
il luogo di partenza 일 루오고 디 빠르땐짜	o lugar de partir 우 루가르 지 빠르찌르	el lugar de partida 엘 루가~르 데 빠르띠~다
Lo scopo della visita 로 스꼬뽀 댈라 비지따	o propósito da visita 우 쁘로뽀지뚜 다 뷔지따	el objeto de la visita 엘 오브헤~또 데 라 비시~따
la durata del soggiorno 라 두라따 댈 쏘죠르노	a previsão do tempo de estadia 아 쁘래뷔자웅 두 땐뿌 지 이스따지아	la duración prevista de la permanencia 라 두라씨온~쁘레비~스따 데 라 빼르마넨~씨아

73

한국어 韓國語	불란서어 FRANÇAIS	독일어 DEUTSCH
목적지	la destination 라 데스띠나씨옹	das Ziel / das Reiseziel 다스 찌일 / 다스 라이제-찌일
검역	la quarantaine 라 까랑땐느	die Quarantäne 디이 크바란태 네
예방 접종	le certificat de vaccination 르 세르티피카드 박시나 시옹	das Impfzeugnis 다스 임프쪼이크니스
식물 검사	le contrôle des végétaux 르 꽁트롤르 데 베제또	die Pflanzenkontrolle 디이 플란젠 콘트롤레
하물 배달	livraison des bagages 리브래종 데 바가쥬	Gepäckausgabe 게팩크아우스가베
수하물은 어디서 받습니까?	Où puis-je récupérer mes 우 쀠-쥬 레뀌뻬레메 bagages? 바가쥬	Wo kann ich mein Gepäck 보압 칸 이히 마인 게팩크 abholen. 압홀랜
제 짐이 보이지 않습니다.	Je n'arrive pas à trouver mes 쥬 나리브 빠 자 트루베 메 bagages. 바가쥬	Ich kann meinen Koffer 이히 칸 마이넨 코퍼 nicht finden. 니히트 휜덴
수하물 인환증은 이것입니다.	Voici mon bulletin de bagages. 바씨 몽 빌르맹 드 바가쥬	Hier ist mein Gepäckschein. 히어 이스트 마인 게팩크슈아인
(KAL)(52)편으로 도착했습니다.	Je suis arrivé par le vol No 쥬 쉬이 자리베 빠르 르 볼 뉘메로 (52) de la(KAL). (쌩깡뜨뒤) 드 라 (칼)	Ich bin mit(KAL) Flug Nr. 이히 빈 미트(카알) 플루크 눔머 (52) angekommen. (52) 안게 콤멘

이태리어 ITALIANO	포루투칼어 PORTUGUÊS	스페인어 ESPAÑOL
la desinazione 라 데씨나찌오네	a destinação 아 데스띠나싸웅	el destino 엘 데스띠~노
la quarentena 라 꾸아란떼나	a quarentena 아 꽈랜떼나	la inspección de sanidad 인 스뺵씨온~데 사니닫~
il certificato di vaccinazione 일 체르띠휘까또 디 박끼나찌오네	o certificado de vacinação 우 쎄르씨휘까두 지 부아시나싸웅	el certificado de vacuna 엘 쎄르띠휘까~도 데 바꾸~나
l'ispelione delle piante 리스뻬리오네 델래 삐안떼	o controle de plantas 우 꽁뜨롤레 지 쁠란따스	la inspección de plantas 라 인스뺵씨온 데 쁠란~따스
reclamo bagagli 레끌라모 바갈리	retomada de bagagem 래또마다 지 바가쟁	recoger el equipaje 레꼬헤~르 엘 에끼빠~헤
Dove si ritirano i bagagli? 도베 씨 리띠라노 이 바갈리	Onde posso retirar minha bagagem? 온지 뽀쑤 래찌라르 미냐 바-가쟁	¿Dónde puedo recoger mi equipaje? 돈~데 뿌에~도 르레꼬헤~르 미 에끼빠~헤
Non trovo i miei bagagli 논 뜨로보 이 미에이 바갈리	Não encontro minha bagagem. 나웅 잉꼰뜨루 미냐 바가쟁	No puedo encontrar mi equipaje. 노 뿌에~도 엔꼰뜨라~르 미 에끼빠~헤
Ecco l'atichetta. 애꼬 라띠께따	Seu comprovante da bagagem. 쎄우 꽁쁘로반께 지 다바가쟁	Aguí está el talón de equi-paje. 아끼~에스따~ 엘 딸론~ 데 에끼빠~헤
Sono arrivato con il volo 쏘노 아리바또 꼰 일 볼로 (KAL) (52) (칼) (52) (친꾸안따두에)	Eu cheguei pelo vôO número 에우 셰게이 뻬루 보우 누매루 (52) (KAL) (심 쮄따이 도이스) (까우)	He llegado por el vuelo Nm. 이 레가~도 뽀~르 엘 부엘~로 누~메로 (52) de (KAL) (씽꾸엔따이도-스) 데 (칼~)

한국어　韓國語	불란서어　FRANÇAIS	독일어　DEUTSCH
세　관	BUREAU DE DOUANE 비뷔로 드 두만느~누	ZOLLAMT 쫄암트
신고할 것은 없습니다.	Je n'ai rien à déclarer. 쥬 내 리엥 아 데끌라레	Ich habe nichts zu deklarieren. 이히 하-베 니히쯔 쭈데클라리-렌
전부 일상 소지품입니다.	Tout cela est pour mon usage 뚜 슬라 에 쁘르 몽 위자쥬 빼르쏘넬 personnel.	Das ist alles für meinen 다스 이스트 알레스 휘어 마이넨 persönlichen Bedarf. 페르쵠리ㅎ헨 베다르프
이것은 친구에게 줄 선물 입니다.	C'est un cadeau pour *un ami* 쎄 덩 까도 뿌르 언 아미 [une amie]. 〔윈느 아미〕	Das ist ein Geschenk für 다스 이스트 아인 게 슈엥크 휘어 meinen Freund. 마이넨 프로인트
한국에서는 (2000)원 정도 합니다.	Cela coûte environ (2000) wons 슬라 꾸뜨 앙비롱 a la Corée (두밀)원 아 라 꼬래	Das kostet etwa (2000) 다스 코스테트 엣트바 Won in Korea (2000)원 인 코레아
이것은 한국에 가지고 갈 선물입니다.	C'est un souvenir que je 쎄 덩 쑤브니르 끄 쥬 rapporte à la Corée 라뽀르드 아 라 꼬래	Das ist ein Andenken, das ich 다스 이스트 아인 안덴켄, 다스 이히 nach *Korea* mitnehmen möchte. 나ㅎ하 코레아 미트네-멘 뫼히테
위스키를 (2)병 가지고 있습니다.	J'ai (2) bouteilles de whisky. 줴 뒤 부떼이으 드 위스키	Ich habe (2) Flaschen Whisky. 이히 하-베 (2) 플라슈엔 비스키

이태리어 ITALIANO	포루투칼어 PORTUGUÊS	스페인어 ESPAÑOL
DOGANA 도가~나	**ALFÂNDEGA** 알환대가	**ADUANA** 아두아~나
Non ho niente da dichiarare. 논 오 니엔때 다 디끼아라레	Não tenho nada a declarar. 나웅 때뉴 나다 아 대끌라라르	No tengo nada que declarar. 노 뗑고 나~다 께 데플라라 ~르
Tutti sono i miei effetti personali 뚜띠 쏘노 이 미에이 에훼띠 빼르소날리	Estes são todos meus bens pessoais. 에스찌 싸웅 또두스 매우스 뱅스 빼쏘아이스	Estos son mis efectos personales. 에~스또스 손 미스 에훽~또스 빼르소날~레스
Questo è il regalo per un amico mio. 꿰스또 애 일 래갈로 빼르 운 아미꼬 미오	Isto é um presente para um amigo. 이스뚜 에 웅 쁘래잰찌 빠라 웅 아미구	Esto es un regalo para un *amigo* [una amiga]. 에~스또 에스 운 레갈~로 빠~라 운 아미~고 (우~나 아미~가)
Questo costa circa (2000) won in Corea 꾀스따 치르까(두에 밀라)원 인 꼬래아	Isto custa mais ou menou (2000) em Coreia 이스뚜 꾸쓰따 마이스 오우 매누스 (2000) 엥 꼬래이아 (도이스미우)원 잉 꼬래이아	Esto cuesta más o menos (2000) wones en Corea 에~스또 꾸에~스따 마~스 오 메노스 (2000) wones en Corea (도스밀)~위~네스 엔 꼬레아
Questo è un regalo da portare in Corea 꿰스또 애 운 래갈로 다 뽀르따래 인 꼬래아	Isto è uma lembrança que estou levando ao Coreia 이스뚜 에 우마 램브란싸 끼 이스또우 래반두 아우 꼬래이아	Esto es un recuerdo que llevo a Corea. 에~스또 에스 운 르레꾸에~르도 께 이에~보 아 꼬레아
Ho (2) bottiglie di whisky. 오(두에) 보띨리에 디 위스키	Tenho(2) garrafas de uisque. 때뉴(두아스)가 하화스 지 위스끼	Tengo (2) botellas de whisky. 뗑고(도스)보떼~이야스 데 위이~스끼

77

한국어　韓國語	불란서어　FRANÇAIS	독일어　DEUTSCH
이 짐을 보관해 주십시오.	Gardez ces bagages en consigne, 갸르데 세 바가쥬 앙 꽁씨느, s'il vous plaît. 씰 부 쁠레	Bitte, bewahren Sie dieses 빗테, 베－바렌 지이 디이제스 Gepäck hier im Zoll auf. 게팩크 히어 임 쫄 아웃후
그 보관증을 주세요.	Je voudrais avoir le billet de consigne. 쥬 브드래 아브와르 르 비이에 드 꽁씨느	Könnte ich eine Quittung dafür haben? 쾬테 이히 아이네 크빗퉁 다휘어 하－벤
이 카메라는 제가 사용하고 있는 것입니다.	Ces appareil photographiques 쎄쟈 빠레이으 포또그라피끄 sont pour mon propre usage. 쏭 뿌르 몽 프로프르 쥬위쟈쥬	Diese Kameras sind für 디이제 카메라스 진트 휘어 meinen persönlichen Gebrauch. 마이넨 패르쟌리히엔 게보라우크.
관세 세관 신고서 통화 신고/외환(外換) 신고	les droits de douane 레 드르와 드 두안느 la formule de déclaration doua- 라 포르믈르 드 데끌라라씨옹 nière, 두아니에르 la déclaration des monnaies 라 데끌라라씨옹 데 모내	der Zoll 데어 쪼－올 die Zollerklärung 디이 쫄에어클래룽 die Devisenerklärung 디이 데비이젠에어클래룽
현금 여행 수표	l'argent liquide 라르정 리뀌드 les chèques de voyage 레 셰끄 드 브와야쥬	das Bargeld 다스 바－르겔트 die Reisescheck 디이 라이제슈엑

이태리어 ITALIANO	포루투칼어 PORTUGUÊS	스페인어 ESPAÑOL
Per favore, metta questo 빼르 화보래, 메따 꿰스또 bagalio in deposito doganale. 바갈리오 인 대뽀지또 도가나래	Gurde esta bagagem no depó- 구아르지 에스따 바가쟁 누 데뽀- sito, por favor 지뚜, 뽀르 화보르	Haga el favor de guardar 아~가 엘 화보~르 데 구아르다~르 este equipaje en depósito. 에스떼 에끼빠~헤 엔 데뽀~시또
Mi da una ricevuta per quello ? 미 다 우나 리체부따 빼르 꿸로	Pode me dar um comprovante ? 뽀지 미 다르 웅 꽁쁘로빤찌	¿ Podria obtener un recibo de esto ? 쁘드리~아 옵떼네~르 운 르레씨~보 데 에스또
Queste macchine fotografiche 꿰스또 마끼네 휘또그라피께 sono per mio uso personale. 쏘노 빼르 미오 우조 빼르소날래	Esta màquina fotográfica é 에스따 마끼나 휘또그라휘까 에 para meu uso pessoal. 빠라 매우 우주 빼소아우	Esta cámara son para mi 에~스따 까~마라 손 빠~라 미 uso personal. 우~소 빼르소날~
i diritti di dogana 이 디릿띠 디 도가나 il modulo della dichiarazione 일 모둘로 댈라 디끼아라찌오내 doganale 도가나래 la dichiarazione di valuta 라 디끼아라찌오네 디 발루따	os direitos de alfândega 우스 지래이뚜스 지 아룰후안대가 o forumlário 우 휘루물라리오 aduaneira 아두아네이라 a declaração monetária 아 데끌라싸웅 모네따리아	los derechos de aduana 로스 테레~쵸스 데 아두아~나 el formulario para declaración 엘 휘르물라~리오 빠~라 데끌라라씨온~ de aduanas 데 아두아~나스 la declaración de moneda 라 데끌라라씨온~ 데 모네~다
il denaro contante 일 대나로 꼰딴때 il cheque di viaggio 일 께꿰 디 비아쪼	o dinheiro em eaixa 우 진내이루 잉 까이샤 o cheque de biagens 우 쉐기 지 뷔아쟁스	el efectivo 엘 어헥띠~보 el cheque viajero 엘 체~께 비아헤~로

한국어 韓國語	불란서어 FRANÇAIS	독일어 DEUTSCH
면세품	l'article détaxé 라르띠끌르 데딱쎄	der zollfreie Artikel 데어 쫄후라이에 아르티겔
술	l'alcool 랄꼬올	der Alkohol 데어 알코홀
향수	le parfum 르 빠르팽	das Parfüm 다스 파르휘-임
보석	les bijoux 레 비주	die Juwelen／der Schmuck 디이 유벨렌／데어 슈무크
트랜지스터 라디오	le transistor 라 트랑지스또루	das Transistorradio 다스 트란지스토르라디오
테이프 레고더	le magnétophone 루마네또 폰느	das Tonbandgerät 다스 톤반트게래트
김	l'alguesséchée 랄그쎄세	der Meerlattich. 데어 매-어라티크
인스턴트 라면	les nouilles instantanées 레 누이으 쟁스땅따네	Instant-Nudeln 인스턴트 누~델른
인스턴트 된장국	la soupe de soja instantanée 라 수쁘 드 소자 앵스땅따네	Instant-Sojabohnensuppe 인스턴트 조야보-넨쥬페
위장약	le médicament pour l'estomac 르 메디까망 뿌르 레스또막 et les intestins 에 레 쟁떼스땡	die Medizin für Magen und 디이 매디찐 휘어 마-겐 운트 Darm 다름

이태리어 ITALIANO	포루투칼어 PORTUGUÊS	스페인어 ESPAÑOL
l'articolo esente da tassa 라르띠꼴로 애쌘때 다 따싸	os artigos isentos de imposto 우즈 아르찌구스 이잰뚜스 지 잉쁘스뚜	los articulos sin impuesto 로스 아르띠~꿀로스 신 임뿌에~스또
il liquore 일 리꾸오래	a bebida alcóolica 아 배비다 알꼬올리까	el licor 엘 리꼬~르
il profumo 일 쁘로후모	o perfume 우 빼르후매	el perfume 엘 빼르후~메
i gioielli 이 죠이앨리	as jóias 아스 죠이아스	las joyas 라스 호~야스
La radio di transistore 라 라디오 디 뜨란지스또래	radio de transistor 하지우 데 뜨란시스또르	rádio de transistor 라디오 데 뜨란시스또~르
il nastro di riso 일 나스뜨로 디 리조	fita gravador 휘따 그라봐 도르	magnetófono 마그네또~후오노
l'alghemarina seccata 랄게마리나 쌔까따	a alga marinhasêca 아 알가 마린냐쌔까	el alga marina seca 엘 알가 마리~나 세까
la pasta in zuppa istantanea 라 빠스따 안 주빠 이스딴따내아	o macarrão instantâneo 우 마까하웅 인스딴따네우	los fideos chinos instantáneos 로스 후이데~오스 치노스 인스딴따~네오스
la minestra giapponese 라 미네스뜨라 쟈뽀내재	a sopa de soja instantânea 아 쏘빠 지 쏘쟈 인스딴따네아	la sopa de soja fermentada 라 소빠 데 소하 후에르멘따~다
istantamente pronta 이스딴따-맨때 쁘론따		instantánea 인스딴따~네아
le pillole contro mal di stomaco 래 삘롤래 꼰뜨로 말 디 스또마꼬	o remédio para o estômago 우 해매지우 빠라 우 이스또마꾸	la medicina para el estómago 라 메디씨~나 빠라 엘 에스또~마고

81

한국어　韓國語	불란서어　FRANÇAIS	독일어　DEUTSCH
지참 금지품	les articles prohibés à 레 자르띠끌르 프로이베 아 l'importation 랭뽀르따씨옹	die verbotenen *Artikel* 디 훼어보테넨 아르티켈 [Waren] [바렌]
환　전	**CHANGE** 샹쥬	**GELDWECHSELN** 겔트벡셀른
환전소는 어디 입니까?	Où Y a-t-il un bureau de change? 우 야-띨 엉 뷔로 드 샹쥬	Wo kann ich Geld wechseln? 보-칸 이히 겔트 벡셀른
은행은 몇시까지 합니까?	Jusqu'a quelle heure les banques 쥐스까 껠뢰르 레 방끄 sont-elles ouvertes? 쏭-뗄 우베르뜨	Wie lange ist die Bank offen? 비이 랑에 이스트 디이 방크 오펜
(100불) 바꾸어 주세요.	Poūvez-vous me changer ces 뿌베 부~ 므 샹제 쎄 (100 dollars)? (쌍 돌라)	Bitte, wechseln Sie mir 비테, 벡셀른 지이 미어 (100 Dollar). (100돌라)
이 여행 수표를 현금으로 바꿔 주세요.	Voulez-vous m'encaisser ce 부~래 부 망께쎄 스 chèque de voyage 셰크 드 브와야쥬	Ich möchte diesen Reisescheck 이히 뫼히테 디이젠 라이젠쉐크 einlösen. 아인뢰-젠

이태리어 ITALIANO	포루투칼어 PORTUGUÊS	스페인어 ESPAÑOL
l'articolo vietato importare 라르띠꼴로 비에따또 임뽀르따래	os artigos vetados àimportação 우즈 아르찌구스 따두스 아잉뽀-르따싸웅	los articulos prohibidos de 로스 아르띠~꿀로스 쁘로이비~도스 데 llevar a bordo 이예바~르 아 보~르도
CAMBIO 깜비오	**CAMBIO** 깡비우	**CAMBIO** 깜비오
Dove posso cambiare del banca ? 도베 뽀소 깜비아래 델 방까	Onde posso trocar dinheiro ? 온지 뽀쑤 뜨로까르 지내이루	¿ Dónde puedo cambiar la 돈~데 뿌에~도 깜비아~르 라 meneda ? 모네~다
Fino a che ora é aperta la 휘노 아 께 오라 애 아빼르따 라 banca ? 방까	Até que hora o banco está 아떼 끼 오라 우 방꾸 이스따 aberto ? 아배르뚜	¿ Hasta qué hora está abierto 아~스따 께~ 오~라 에스따~ 아비에 el banco ? ~르또 엘 방~꼬
Mi cambi (100 dollari), per 미 깜비(첸또 돌라리), 빼르 favore. 화보래	Gostaria de trocar(100 dólares). 고스따리아 지 뜨로까르(생 돌라래스)	Por favor, cambie (100 dólares). 뽀~르 화보~르, 깜~비에(씨엔~돌 ~라레스)
Mi puó cambiare questi 미 뿌오 깜비아~래 꿰스띠 assegno turistico in lire ? 아쎄뇨 뚜리스띠꼬 인 리래	Gostaria de trocar este cheque 고스따리아 지 뜨로까르 에스찌 쉐기 de viagens. 지 뷔아쟁스	Por favor, cambie este cheque 뽀~르 화보~르, 깜~비에 에스떼 체~께 de viajero en efectivo. 데 비아헤~로 엔 에훽띠~보

한국어　韓國語	불란서어　FRANÇAIS	독일어　DEUTSCH
잔돈도 섞어 주세요.	Je voudrais avoir de la petite 쥬 부드래 아브와르 드 라 쁘띠뜨 monnaie. 모내	Bitte geben Sie mir auch 빗테 게벤 지이 미어 아후ㅎ흐 etwas Kleingeld. 엣트바스 클라인겔트
이 나라의 동전 전 종류 를 넣어 주세요	Je voudrais avoir toutes les 쥬 부드래 자봐르 뚜뜨 레 pièces de ce pays. 삐에스 드 스 뻬이	Ich hätte gern von jeder 이히 해테 게른 혼 에더 Münzorte ein paar Stück. 민쯔오르테 아인 파-르 슈틱크
달라로 바꿔 주세요.	Voulez-vous changer en dollars. 부레~부 샹제 앙 돌라	Bitte wechseln Sie dies in Dollar 빗테 벡셀른 지이 디스 인 돌라
공인 환전소 외화 교환 증명서 외화 서명	le bureau de change autorisé 르 뷔로 드 샹쥬 오또리제 le certificat de change 르 쎄르띠피까 드 샹쥬 la monnaie étrangère 라 모네 에트랑제르 la signature 라 씨냐뛰르	die autorisierte Geld wechselstube 디이 아우토리지어르테 겔트벡셀슈투베 die Bescheinigung über den 디 베샤이니궁 위버 덴 Wechsel von ausländischem Geld 벡셀 폰 아우슬랜디 솀겔트 die Unterschrift 디 운 테슈리프트
지폐	le billet de banque 르 비이에 드 방끄	die Banknote 디 방크 노오-테

이태리어 ITALIANO	포루투칼어 PORTUGUÊS	스페인어 ESPAÑOL
Vorrei anche degli spiccioli. 보레이 안께 델리 스뻬치오리	Gostaria de receber trocado 고스따리아 지 해쎄베르 뜨로까두 miúdo. 미우두	Quisiera también monedas 끼시에~라 땀비엔~모네~다스 pequeñas. 뻬께 ~냐스
Mi da tutte le specie di 미 다 뚜떼 래 스뻬치에 디 moneta di questo paese ? 모네따 디 꿰스또 빠애제	Pode me dar o trôco em todas 뽀지 미 다르 우 뜨로꾸 잉 또다스 as moedas do pais, por favor ? 아스 모에다스 두 빠이스, 보르 화보르	Por favor, déme toda clase 뽀~르 화보~르, 데~메 또~다 끌라~세 de moneda metálica de este pais. 데 모네~다 메딸~리까 데 에스떼 빠이~스
Me li cambi in dollari. 멜리 깜비 인 돌라리	Pode me trocar em dólares, por favor ? 보지 미 뜨로까르 잉 돌라래스, 뽀르 화보르	Por favor, cambie este en dólares. 뽀~르 화보~르, 깜~비에 에스떼 엔 돌~라레스
il cambiavalute autorizzato 일 깜비아발루때 아우또리싸또 il certificato per il cambio 일 체르띠휘까또 뻬르 일 깜비오 del denaro estero 댈 대나로 에스때로 la firma 라 휘르마	a casa de câmbio autorizado. 아 까자 지 깜비우 아우또리자두 o certificado do câmbio 우 쎄르찌휘까두 두 깜비우 de moeda estrangeira 지 모에다 이스뜨란제이라 a assinatura 아 아씨나뚜라	la casa de cambio autorizada 라 까~사 데 깜~비오 아우또리싸~다 el certificado para cambio 엘 쎄르띠휘까~도 빠~라 깜~비오 de moneda extranjera 데 모네~다 에스뜨랑테~라 la firma 라 휘~르마
la banconota 라 반꼬노따	a nota 아 노따	el billete 엘 비이에~떼

한국어　韓國語	불란서어　FRANÇAIS	독일어　DEUTSCH
경화	des pièces 데 삐에스	die Münze 디이 뮌쩨
교환율	cours du change 꾸르 뒤 쌍쥬	der Wechselkurs 데어 벡셀쿠르스
안내소	BUREAU DE 뷔로드 RENSEIGNEMENTS 랑세뉴망	VERKEHRSAMT 훼어 케에어스암트
여행 안내소는 어디 입니까?	Où est le bureau de renseigne- 우 에르 뷔로 드 랑쎄 ments? 뉴망	Wo ist das Fremden- 보- 이스트 다스 프램덴 verkehrsamt? 훼어케에어스암트
시내로 가는 연락 버스는 있습니까?	Y a-t-il un service *d'autocars* 이야-띨 엉 세르비스 도또 까르 [de limousines] pour aller au [드 리무 진느] 뿌르 알레 오 centre de la ville? 쌍트르 드 라 빌르	Gibt es einen Omnibus zur 기트 에스 아이넨 옴니부스 쮸어 Stadtmitte? 슈타트미테
버스〔택시〕타는 곳은 어디 입니까?	*D'où l'autocar part-il*? 두 로또까르 빠르-띨 [Où est la station de taxi] [우 에 라 스따씨옹 드 딱씨]	Wo fährt *der Bus*[das Taxi] 보-훼아르트 데어 부스[다스 탁시] ab? 압

이태리어 ITALIANO	포르투칼어 PORTUGUÊS	스페인어 ESPAÑOL
la moneta 라 모네따 il cambio 일 깜비오	a moeda 아 모에다 preso de câmbio 쁘레쑤 지 깜비우	la moneda metálica 라 모네~다 메딸~리까 el tipo de cambio 엘 띠~뽀 데 깜비오
INFORMAZIONI 인포르마찌오니	**INFORMAÇÃO** 인포르마사웅	**INFORMACIÓN DE** 인 포르마씨온~데 **TURISMO** 뚜리스모
Dov'è l'ufficio di informazioni 도베~루휘쵸 디 인휘르마찌오니 turistiche ? 뚜리스띠께	Por favor, onde fica uma 뽀르 화보르, 온지 휘까 우마 agência de turismo ? 아쟨시아 지 뚜리스무	¿ Dónde está la oficina de 돈~데 에스따~라 오휘씨~나 데 información de turismo ? 인휘르마씨온~데 뚜리~스모
C'è servizio di autobus fino 체~쎄르비찌오 디 아우또부쓰 휘노 al centro della città ? 알 첸뜨로 델라 치따	Onde posso pegar um ônibus 온지 뽀쑤 뻬가르 웅 오니부스 para o centro ? 빠라 우 쌘뜨루	¿ Hay servicio de autobús para 아이 세르비~씨오 데 아우또부~스 빠~라 el centro de la ciudad ? 엘 쎈~뜨로 데 라 씨우닫~
Da dove parte *l'autobus* 다 도베 빠르때 라우또 부쓰 [il tassi] ? (일 따씨)	Onde está o ponto de ônibus 온지 이스따 우 뽄뚜 지 오니부스 [de táxi] [지딱시]	¿ Dónde está la parada de 돈~데 에스따~라 빠라~다 데 *autobús* [taxi] ? 아우또부~스(딱~시)

한국어　韓國語	불란서어　FRANÇAIS	독일어　DEUTSCH
여기에서 호텔〔렌트카〕예약을 할 수 있습니까?	Pouvez-vous me faire une réser vation 뿌베-부 므 페르 윈느 레제르바씨옹 *d'hôtel* [de voiture á louer]? 도텔[드 봐뛰르 아 루에]	Kann ich hier *ein Hotelzimmer* 칸 이히 히어 아인 호텔-찜머 bestellen [ein Auto mieten] 베-슈텔-렌 [아인 아우토 미이텐]
시내 호텔을 예약해 주세요.	Pouvez-vous me réserver une 뿌베-부므 레제르베 윈느 chambre dans un hôtel au centre 쌍브르 당 전 노텔 오 쌍트르 de la ville? 드 라 빌르	Bitte, buchen Sie für mich 빗테, 북헨 지이 휘어 미히 ein Hotelzimmer in der Stadt. 아인 호텔찜머 인 데어 슈타트
공항에서 시내로	**DE L'AÉROPORT AU CENTRE** 드 라에로뽀르 오 쌍트르 **DE LA VILLE** 드 라 빌르	**VOM FLUGHAFEN** 폼 플루크하펜 **IN DIE STADT** 인 디이 슈타트
포터를 불러 주세요.	Applez-moi un porteur, s'il vous plaît. 아쁠래-므와 엉 뽀르뙤르, 씰부 쁠래	Einen Gepäckträger bitte 아이넨 게팩트래거 빗테
이 짐을 택시 타는 곳까지 운반해 주세요.	portez ces bagages à la station 뽀르떼 세 가가쥬 아 라스따씨옹 de taxi, s'il vous plaît. 드 딱씨, 씰 부 쁠래	Bringen Sie bitte dieses 브링엔 지이 빗테 디이제스 Gepäck zum Taxi. 게팩 쭘 탁시

이태리어 ITALIANO	포루투칼어 PORTUGUÊS	스페인어 ESPAÑOL
Si puó fare la prenotazione d'albergo[d'aautonoleggio]qui ? 씨 뿌오 화래 라 쁘래노따찌오내 달배르고(아우또놀래•)뀌	Posso fazer uma reserva de hotel[de carro de aluguel] aqui ? 뽀쑤 화재르 우마 해재르봐 지 오때우 (지 까후 지 알루게우) 아끼	¿Aqui se puede hacer la reservación del hotel[del coche de alquiler] ? 아끼~세 뿌에데 아쎄~르 라 레세르바씨온~ (델 오뗄)~(델 꼬~체 데 알낄레~르)
Mi puó prenotare una camera ad un albergo nel centro ? 미 뿌오 쁘래노따래 우나 까매라 아드 운 알베르고 낼 첸뜨로	Gostaria de reservar um quarto num hotel central. 고스따리아 지 해재르봐르 웅 꽈르뚜 눙 오때우 샌뜨라우	Por favor, haga la reservación del hotel de la ciudad. 뽀~르 화보~르, 아~가 라 레세르바씨온~ 델 오뗄 데 라 씨우닫~

DALL'AERO PORTO AL CENTRO CITTÁ
달라애로 쁘르또 알
첸뜨로 치따

DO AEROPORTO AO CENTRO DA CIDAD
두 아애로뽀르뚜
아우 샌드루 다 씨다지

DEL AEROPUERTO AL CENTRO DE LA CIUDAD
델 아에로부에~르또 알
쎈~뜨로 데 라 씨우닫~

이태리어 ITALIANO	포루투칼어 PORTUGUÊS	스페인어 ESPAÑOL
Mi puó chiamare un facchino ? 미 뿌오 끼아마래 운 홧끼노	Um carregador, pro favor. 웅 까해가도르, 쁘르 화보르	Por favor, llame al maletero. 뽀~르 화보~르, 이야~메 알 말레떼~로
Puó portare questo bagaglio al tassi ? 뿌오 보르따래 퀘스또 바갈리오 알 따씨	Pode levar esta bagagem ao ponto de táxi, por favor ? 뽀지 래봐르 애스따 바가쟁 아우 뽄뚜 지 딱시, 쁘르 화보르	Por favor, lleve este equipaje a la parada de taxi 뽀~르 화보~르, 이에~배 에스떼 에끼빠~해 아 라 빠라~다 데 딱~시

공항에서

한국어　韓國語	불란서어　FRANÇAIS	독일어　DEUTSCH
~호텔로 가 주십시요.	Conduisez-moi à l'hôtel~ 꽁뒤제-므와 아 로뗄	Bringen Sie mich bitte zum Hotel~ 브링엔 지이 미히 빗테 쭘 호텔~
여기로 가 주세요.	A cette adresse, s'il vous plaît. 아 쎄뜨 아드레스, 씰부 쁠래	Bringen Sie mich bitte zu 브링엔 지이 미히 빗테 쭈 dieser Adresse. 디이저 아드레쎄
이 버스는~호텔에 섭니까?	Cet autocar s'arrête-t-il 쎄뜨 오또까르 싸레뜨-띨 à l'hôtel~? 아 로뗄	Fährt dieser Bus zum Hotel~? 훼어르트 디이저 부스 쭘 호텔~
어디서 표 사지요.	Où prend-on des billets? 우 프랑똥 데 비에	Wo habe ich eine Karte? 보오 하~베 이히 아이네 카르테
이게 제 짐이에요.	Ce sont mes bagages. 스 쏭 메 바가쥬	Das ist mein Gepäck. 다스 이스트 마인 게팩크
얼마입니까?	Combien? 꽁비앵	Wieviel bin ich schuldig? 뷔-필 빈 이히 슐디히
포터비	le porteur 르 뽀르뙤르	der Gepäckträger 데어 게팩크트래거
운전수	le chauffeur 르 쇼피르	der Fahrer 데어 화-러
팁	le pourboire 르 뿌르브와르	das Trinkgeld 다스 트링크겔트

이태리어 ITALIANO	포루투칼어 PORTUGUÊS	스페인어 ESPAÑOL
Mi porti all'Hotel~. 미 뽀르띠 알로땔	Para o Hotel~. por favor. 빠라 우 오때우~. 뽀르 화보르	Al Hotel~, por favor. 알 오뗄~, 뽀~르 화보~르
Conducetemi a questo luogo. 꼰두체때미 아 꿰스또 루오고	Para este lugar, por favor. 빠라 에스찌 루가르, 뽀르 화보르	A este lugar, por favor. 아 에스떼 루가~르, 뽀~르 화보~르
Questo pullman si fermerà 꿰스또 뿔만 씨 훼르매라 davanti all'Hotel~ ? 다반띠 알로땔	Este ônibus passa no Hotel~ ? 에스찌 오니부스 빠사 누 오때우~	¿ Este autobús para enfrente 에스떼 아우또부~스 빠~라 엔후렌~떼 del hotel~ ? 델 오뗄~
Dove si compra il biglietto ? 도베 씨 꼼쁘라 일 빌리애또	Onde posso comprar a passagem ? 온지 뽀쑤 꽁쁘라르 아 빠싸쟁	Dónde puedo comprar *billete* 돈~데 뿌에~도 꼼쁘라~르 비이예~떼 [boleto] ? 볼레~또
Ecco il mio bagaglio 애꼬 일 미오 바갈리오	Esta é minha bagagem. 이스따 애 미냐 바가쟁	Este es mi equipaje. 에~스떼 에스 미 에끼빠~헤
Quanto ? 꾸안또	Quanto é ? 꽌뚜 애	¿ Cuánto tendré que pagar ? 꾸안~또 뗀드레~께 빠가~르
il facchino 일 홧끼노	o carregador 우 까해가도르	el maletero 엘 말레떼~로
l'autista 라우띠스따	o motorista 우 모또리스따	el chofer 엘 쵸훼~르
la mancia 라 만챠	a gorjeta 아 고르재따	la propina 라 쁘로삐~나

공항에서

한국어　韓國語	불란서어　FRANÇAIS	독일어　DEUTSCH
출국 수속	LE DEPART 르 데빠르	ABFLUG 압플루욱
(대한 항공)의 카운타로 이 짐을 운반해 주십시오.	Portez ces bagages au comptoir 뽀르떼 쎄 바갸쥬 오 꽁뚜아르 de(la KAL), s'il vous plaît. 드(라칼)씰 부 쁠래	Bitte, bringen Sie dieses 빗테, 브링엔 지이 디제스 Gepäck zum (KAL) Schalter. 게팩크 쭘(칼-) 슈알터
(항공)카운타는 어디 입니까?	Où est le comptoir de la 우 에르 꽁뚜아르 드 라 compagnie aérienne~? 꽁빠니 아에리엔느	Wo ist der Schalter der 보- 이스트 데어 슈알터 데어 Fluggesellschaft~? 플루크게젤슈압트~
금연석〔끽연석〕으로 해 주십시요.	Pouvez-vous me donner une place 뿌베-부 므 도네 윈느 쁠라스 *non-fumeurs*[fumeurs]? 농퓌뫼르 [퓌뫼르]	*Einen Nichtraucher-*[Einen] 아이넨 니히트라우허[아이넨 Raucher-] sitz bitte. 라욱허-] 짓쯔 빗테
창쪽〔통로쪽〕 자리로 해 주십시요.	Pouvez-vous me donner une place 뿌베-부 므 도네 윈느 쁠라스 côté *fenêtre*[couloir]? 꼬떼 페네트르 [꿀르와르]	Einen Platz *am Fenster* [am 아이넨 플랏쯔 암 휀스터[암 Gang], bitte. 강], 빗테
이 편은 예정대로 떠납니까?	Ce vol part-il à l'heure prévue? 스 볼 파르-띨 아 뢰르 프레뷔	Gibt der Flug planmäßig ab? 깁트 데어 플루크 플란매씨히 압

이태리어 ITALIANO	포루투칼어 PORTUGUÊS	스페인어 ESPAÑOL
PARTENZA 빠르땐짜	**PARTIDA** 빠르찌다	**PARTIDA** 빠르띠~다
Può portare questi bagagli al 뿌오 뽀르따레 꿰스띠 바갈리알 banco della(KAL)? 방꼬 댈라(칼)	Pode levar esta bagagem ao 뽀지 래봐르 애스따 바가쟁 아우 balcão da(KAL), por favor? 발까웅 다(가우) 뽀르 화보르	Por favor, lleve este equipaje 뽀~르 화보~르, 이예~베 에스떼 al mostrador de(KAL) 에끼빠~헤 알 모스뜨라도~르 데(칼~)
Dov'è il banco della~? 도베~ 일 방꼬 댈라~	Onde está a balcão 온지 이스따 아 발까웅 de(aeronavegação)? 지(아에로나붸가싸웅)	¿Dónde está el mostrador de 돈~데 에스따~엘 모스뜨라도~르 데 la linea aérea~? 라 리~네아 아에~레아
Mi mette nel settore *non* 미 매떼 넬 쎄또래 논 *fumatori*[fumatori]? 후마또리	Pode me dar um lugar *livre de* 뽀지 미 다르 웅 루가르 리브레 지 *fumantes*[para fumantes]? 후만찌스[빠라 후만찌스]	Por favor, el asiento para 뽀~르 화보~르, 엘 아시엔~또 빠~라 *no fumadores*[fumadores]. 노 후마도~레스(후마도~레스)
Un posto vicino *alla finestrina* 운 뽀스또 비치노 알라 휘네스뜨리나 [al passaggio]per favore. (알 빠싸쪼)뻬르 화보래	Um assento *de janela*[no 웅 아샌뚜 지 쟈넬라[누 corredor], por favor. 꼬해도르], 뽀르 화보르	Por favor, *a la ventanilla* 뽀~르 화보~르, 아 라 벤따니~이야 [al pasillo]. 알 빠시~
Questo volo partirà in orario? 꿰스또 볼로 빠르띠라 인 오라리오	Este vôo sairá na hora certa? 에스찌 보우 사이라 나 오라 쎄르따	¿Saldrá este vuelo a la hora 살드라~에스떼 부엘~로 아 라 오~라 exacta? 엑삭따

93

한국어　韓國語	불란서어　FRANÇAIS	독일어　DEUTSCH
어느 정도 늦어집니까?	Combien de temps le vol est-il retardé ? 꽁비앵 드 떵르 볼 에-띨 르따르데	Wieviel Verspätung hat der Flug ? 뷔필 훼어슈패퉁 하트 데어 훌룩
탑승 개시는 몇 시 입니까?	A quelle heure l'embarquement commence-t-il ? 아 껠 뢰르 랑바르끄망 꼬망스-띨	Wann können wir einsteigen ? 봔 린넨 뷔어 아인슈타이겐
다른 항공 회사편을 알아봐 주세요.	Pourriez-vous vous renseigner sur les vols de départ d'autres compagnies ? 뿌리에-부 부 랑세녜 쉬르 레 볼 드 데빠르 도트르 꽁빠니	Bitte fragen Sie bei anderen Fluggesellschaften nach. 빗테 후라겐 지이 바이 안더렌 훌룩겔샾텐 나흐하
이 예약을 취소해 주십시오.	Voulez-vous annuler ma réservation 불레-부 아뉠레 마 레제르바씨옹	Ich möchte diese Reservierung abstellen. 이히 뫼히테 디이제 레제비어룽 압슈텔렌
지금부터 시간에 맞는 ~행 편을 예약해 주십시오.	Pouvez-vous me faire une réservation sur le prochain vol à destination de~ ? 뿌베-부 므 페르 윈느 레제르 바씨옹 쉬르 르 프로생 볼 아 데스띠나씨옹 드-	Ich möchte den nächstmöglichen Flug nach~buchen. 이히 뫼히테 덴 넥스트뫼글리헨 훌룩 나흐하 붛헨

이태리어 ITALIANO	포루투칼어 PORTUGUÊS	스페인어 ESPAÑOL
Quanto tempo ritarderà ? 꽌또 땜뽀 리따르대라	Quanto tempo vai atrasar ? 꽌뚜 땜뿌 봐이 아뜨라자르	¿ Cuánto tiempo tiene de 꾸안~또 띠엠뽀~ 띠에~네 데 retraso ? 레뜨라~소
A che ora imbarchiamo ? 아 께 오라 임바르끼아모	A que hora se pode embarcar ? 아 끼 오라 시 뽀지 잉바르까르	¿ A qué hora empieza el 아 께~오라 엠뻬에~싸 엘 embarque ? 엠바~르께
Può verificare i voli delle 뿌오 베리휘까레 이볼리 댈래 altre compagnie ? 알뜨래 꼼빠니애	Consulte o horário de vôo de 꼰술찌 우 오라리우 지 보우 지 outras companhias, por favor. 오우뜨라스 꽁빠니아스, 쁘르화보르	Hágame el favor de ver los 아~가메 엘 화보~르 데 베~르 로스 vuelos de salida de otras lineas. 부엘-로스 데 살리-다 데 오~뜨라스 리~네아스
Può annullare questa 뿌오 안눌라래 꿰스따 prenotazione ? 쁘레노따찌오내	Pode cancelar esta reserva, 뽀지 깐샐라르 에스따 해재르바 por favor ? 쁘르 화보르	Por favor, haga el favor de anular 뽀~르 화보~르, 아~가 엘 화보~르 데 아- la reservacion de este vuelo. 눌라~르 라 레세르바씨온~데 에스떼 부엘~로
Può prenotarmi il volo che 뿌오 쁘래노따르미 일 볼로 께 sta partendo per~ ? 쓰따 빠르땐도 빼르~	Faça a reserva do porximo vôo 화싸 아 해재르봐두 쁘로시무 보우 para~, por favor. 빠라, 쁘르 화보르	Por favor, haga la reservación 뽀~르 화보~르, 아~가 라 레세르바씨온~ del vuelo para que puedo 델 부엘~로 빠~라 께 뿌에~도 tomar desde ahora. 또마~르 데~스데 아오~라

한국어 韓國語	불란서어 FRANÇAIS	독일어 DEUTSCH
짐은 전부(3)개 입니다.	J'ai (3) bagages en tout. 재(트로와) 바가쥬 앙 뚜	Ich habe insgesamt (3) Gepäck. 이히 하-베 인스게잠트(3) 게팩크
초과 요금은 얼마입니까?	Quel est le tarif pour des bagages en excédent? 껠 레 르 따리프 뿌르 데 바가쥬 안 넥쎄당	Wie viel muß ich für das Übergewicht bezahlen? 뷔 필 무쓰 이히 휘어 다스 위버게뷔히트 베자알렌
별송 수화물로해 주십시오.	Envoyez ceci en bagages nonaccompagnés 앙브와이에 스씨 앙 바가쥬 논-나꽁빠네	Schicken Sie das bitte als unbegleitetes Gepäck. 쉬켄 지이 다스 빗테 알스 운베글라이테테스 게팩크
게이트 번호를 가르쳐 주십시오.	Quel est le numéro de porte? 껠레 르 뉘메로 드 뽀르뜨	Würden Sie mir bitte die Flugsteignummer sagen? 뷔르덴 지이 미어 빗테 디이 플루크슈타이크눔머 쟈겐
(6)번 게이트는 어디 입니까?	Où est la porte(6)? 우 에 라 뽀르뜨(씨쓰)	Wo ist Flugsteig(6)? 보-이스트 플루크슈타-이크(6)
출발 수속	FORMALITÉS DE DÉPART 포르말리데 드 데파르	AUSREISEVERFAHREN 아우스라이제훼어화-렌
비행기 예약을 재확인하고 싶어요.	C'est pour confirmer ma réservation 세 뿌르 꽁피르메 마 레제- 르바씨옹	Ich möchte meinen Flug bestätigen 이히 뫼히테 마이넨 훌루크 베슈테티겐

이태리어　ITALIANO	포루투칼어　PORTUGUÊS	스페인어　ESPAÑOL
Ho (3) bagagli in tutto 오(뜨래)바갈리 인 뚜또	Tenho (3) malas de bagagem. 때뉴(뜨래스) 말라스 지 바가쟁	Son (3) bultos en total. 손(뜨레스) 불~또스 엔 또딸~
Quale è la tariffa dell'eccesso 꾸알래 애 라 따릿화 댈래체소 di bagaglio? 디 바갈리오	Quanto é pelo excesso de 꽌뚜 에 뻴루 애쎄쑤 지 bagagem? 바가쟁	¿Cuál es la tarifa de exceso 꾸알~에스 라 따리~화 데 에쎄~소 de equipaje? 데 에끼빠~헤
Lo spedisca come bagaglio 로 스뻬디스까 꼬메 바갈리오 non-accompagnato 논 아꼼빠냐또	Despache esta bagagem se- 대스빠쉐 이스따 바가쟁 쁘르시 paraçõ por favor. 빠라싸웅, 뽀르 화보르	Por favor, envíe este equipaje 뽀~르 화보~르, 엔비~에 에스떼 에끼빠~헤 por separado. 뽀~르 세빠라~도
Quale il numero dell'uscita. 꾸알래 일 누메로 델루쉬따	Qual é número do guichê? 꽐 애 누매루 두 끼쉐	Enséñeme el número de la 엔세~네메 엘 누~메로 데 라 puerta. 뿌에~르따
Dov'é l'uscita numero (6)? 도베 루쉬따 누메로(새이)	Onde está o quichê(6)? 온지 에스따 우 끼쉐(쎄이스)	¿Dónde está la puerta No.(6)? 돈~데 에스따~ 라 뿌에~르따 누~메로(세이스)
FORMALITÁ D'IMBARCO 포르말리따 디바르꼬	**FORMALIDADES DE EMBARQUE** 포르말리다지스 지 잉바르끼	**TRÁMITE DE EMBARQUE** 뜨라~미떼 데 엠바~르께
Vorrei riconfermare la mia 보래이 리꼰훼르마래 라 미아 prenotazione. 쁘래노따찌오네	Gostaria de confirmar a 고스따리아 지 꽁휘르마르 아 reserva de vôo. 해재르봐 지 보우	Deseo reconfirmar la 데~세오 레꼰휘르마~르 라 reservación del vuelo. 레세르바씨온~ 델 부엘~로

한국어　韓國語	불란서어　FRANÇAIS	독일어　DEUTSCH
(6월 10일)의 (KAL 30편) 입니다.	C'est sur(le vol 30 de la KAL) (le 10 Juin). (쎄 쒸르 (르 볼 트랑뜨 드 라 칼) (르 디쓰 쥬앵)	(KAL Flug Nr. 30) am 10. Juni). (카알 후루크 눔머 30) 암 10. 유~니)
(서울)까지 이등석 두 명 입니다.	Ce sont deux places de classe touriste pour (Séoul). 쓰 쏭 뒤 플라쓰 드 끌라스 뚜리스뜨 뿌르 (쎄울)	Zwei Karten der Touristenklasse nach (Seoul). 쯔바-이 카르텐 데어 투아리스텐-클랏쎄 나ㅎ하 (서울)
이름은 ~ 입니다	Le nom de passagers est~. 르 농 드 빠사제 에	Der Name ist~. 데어 나메 이스트~
예약을 바꿨으면 해요.	Je voudrais changer ma réservation. 쥬 부드래 샹제 마 레제르바씨옹	Ich möchte umbuchen. 이히 뫼히테 움북헨
필름을 넣은 채 감광해 주시지 않겠습니까?	N'exposez-vous pas à la lumiere avec un film? 넥스 뽀제 부 빠 아 라 뤼미에르 아베 껑 필름	Wird die Lichtempfindlichkeit des Film nicht beeinträchtigt? 뷔르트 디 리히트엠프휜들리히카이트 데스 필름 니히트 베아인트래히티크트
갈아타기	**CHANGEMENT** 샹쥬망	**ANSCHLUβFLUG** 안슐루쓰훌룩
저는 ~로 가는 편으로 갈 아타고 가는 손님입니다.	Je suis en transit pour~. 쥬 쒸이 앙 트랑지 뿌르	Ich bin ein Transit-passagier nach~. 이히 빈 아인 트란짓트팟싸기어 나ㅎ흐

이태리어 ITALIANO	포루투칼어 PORTUGUÊS	스페인어 ESPAÑOL
(il volo KAL numero30) (일 볼로 칼 누메로 뜨랜따) del (10 giugno). 댈 (디에치 쥬뇨)	(O vôo KAL número 30) de (우 보우 까우 누매루 뜨린따)지 (10 de junho). (대즈 지 쥰뉴)	Es (el vuelo No. 30 에스(엘 부엘~로 누~메로 뜨레~인따 de KAL), del (10 de junio). 데 칼), 델(디에~스 데 후~니오)
Due sulla classe economica 두에 쑬라 끌라쌔 에꼬노미까 per (Seoul). 뻬르	Duas passagens na classe 두아스 빠사젱스 나 끌라씨 econoTóquioara (Seoul). 이꼬노미까 빠라 (쌔움)	Son dos personas en la 손 도스 뻬르소~나스 엔 라 clase económica hasta(Seoul). 끌라~세 에꼬노~미까 아~스따(세울~)
il mio nome é~. 일 미오 노메 애~	O meu nome é~. 우 매우 노미 애~	Mi nombre es~. 미 놈~브레 에스
Vorrei cambiare la mia 보래이 깜비아래 라 미아 prenotazione. 쁘래노따찌오내	Quero mudar a minha reserva. 깨루 무다르 아 미냐 해재르봐	Deseo cambiar la reservación. 데세~오 깜비아~르 라 레세르바씨온~
Ma questo controllo non 마 꿰스또 꼰뜨롤로 논 guasta la pellicola dentro? 구아스따 라 뻴리꼬라 댄뜨로	Não vai estragar o filme na 나웅 봐이 이스뜨라가르 우 휠미 나 máquina? 마끼나	¿ No se expone la película 노 세 에스뽀~네 라벨리~꿀라 cargada? 까르가
CAMBIO DEL VOLO 깜비오 댈 볼로	**Trasladação** 뜨라스라다싸웅	**TRASBORDO** 뜨라스보~르도
Sono passeggero in coincidnza 쏘노 빠쌔재로 인 꼬인치앤싸 per~. 뻬르~	Estou em transito para~. 이스또우 잉 뜨란지뚜 빠라~ pelo vôo de ligação. 뻴루 보우 지 리가싸웅	Soy viajero para~por el 소이 비아헤~로 빠~라 뽀~르 엘 vuelo de conexión. 부엘-로 데 꼬넥씨온~

공항에서

한국어 韓國語	불란서어 FRANÇAIS	독일어 DEUTSCH
~항공의 ~편을 탑니다.	Je vais prendre le vol ~de la compagnie aérienne ~. 쥬 베 프랑드르 르 볼 ~드 라 꽁빠니 아에리엔느	Ich fliege mit ~der Fluggesellschaft~. 이히 플리게 밑 ~데어 훌룩게젤슈압프트~
탑승 수속은 어디서 합니까?	Où dois-je faire le nécessaire pour l'embarquement? 우 드 쥬~쥬 페르 르 네쎄쎄르 뿌르 랑바르끄망	Wohin muβ ich mich wenden, 보힌 무쓰 이히 미히 벤덴, um an Bord gehen zu können? 움 안 보르트 게흔엔 쭈 쾬넨
예약은 (서울)에서 확인 했습니다.	J'ai confirmé ma réservation à (Séoul). 재 꽁피르메 마 레제르바씨옹 아 (쎄울)	Ich habe meine Reservierung 이히 하-베 마이네 레제휘어룽 schon in (Seoul) bestätigt. 숀 인 (서울) 배슈태틱트
수하물 보관소는 어디 입니까?	Où se trouve la consigne? 우 스 트루브 라 꽁씨뉴	Wo kann ich mein Gepäck 보 칸 이히 마인 게패크 zur Aufbewahrung abgeben? 쮸어 아우프배봐-룽 압게벤
탑승지 비행기 항공 회사	le lieu d'embarquement 리 리유 당바르끄망 l'avion 라비옹 la compagnie aérienne. 라 꽁빠니 아에리엔느	Ort der Abreise 오르트 데어 압라이제 das Flugzeug 다스 훌룩쪼이크 die Fluggesellschaft 디이 훌룩게젤샤프트
시내 터미날 국제선	l'aérogare de la ville 라 에로갸르 드 라 빌르 les lignes internationales 레 리뉴 쨍떼르나씨오날르	das Stadtbüro 다스 슈타트뷔-로 der internationale Dienst 데어 인터나찌오날레 딘스트

100

이태리어 ITALIANO	포루투칼어 PORTUGUÊS	스페인어 ESPAÑOL
Prenderó il volo ~della~. 쁘랜대로 일 볼로~댈라~.	Sou passageiro do vôo ~ da ~. 쏘우 빠싸제이루 두 보우~다~	Tomaré el vuelo No. ~ de 또마레-엘 부엘~로 누~메로 데 la línea aérea~ 라 리~네아 아에~레아
Dove si fanno operazioni 도베 씨 환노 오뻬라찌오니 d'imbarco? 딤바르꼬	Onde posso fazer formalidade 온지 보수 화재르 포르말리다지 de embarque? 지 잉바르끼	¿ Dónde puedo tomar trámite 돈~데 뿌에~도 또마~르 뜨라~미떼 de embarque? 데 엠바~르께
La prenotazione è confermata 라 쁘래노따찌오내 애 꼰휘르마따 in 인	A reserva foi confirmada em 아 해재르봐 휘이 꽁휘르마다 잉 (Seoul). (세울)	La reservación está confirmada 라 레세르바씨온~ 에스따~ 꼰휘르마~다 en 엔
Dov'é il deposito bagagli? 도베 일 대뽀지또 바갈리	Onde é o depósito de bagagem? 온지 에 우 대뽀지뚜 지 바가젱	¿ Dónde está la consigna? 돈~데 에스따~ 라 꼰시~그나
il porto d'imbarco 일 쁘르또 딤바르꼬 l'aereo 라애~래오 la compagnia aerea 라 꼼빠니아 아에래아	o porto de embarque 우 뽀르뚜 지 잉바르끼 o avião 우 아뷔아웅 a companhia aérea 아 꽁빠니아 아애래아	el puerto de embarque 엘 뿌에~르또 데 엠바~르께 el avión 엘 아비온~ la compañía de líneas aéreas 라 꼼빠니~아 데 리~네아스 아에~레아스
il termine in città 일 때르미내 인 치따 il servizio internazionale 일 새르비찌오 인때르나찌오날래	o terminal da cidade 우 때르미나우 다 씨다지 a ala internacional 아 알라 잉때르나시오나우	la terminal en la ciudad. 라 떼르미날~ 엔 라 씨우닫~ el vuelo internacional 엘 부엘~로 인떼르나씨오날~

한국어　韓國語	불란서어　FRANÇAIS	독일어　DEUTSCH
국내선	les lignes domestiques 레 리뉴 도메스띠끄	der lokale Dienst 데어 로칼레 딘스트
대합실	la salle d'attente 라 쌀르 다땅뜨	der Wartesaal 데어 봐르테쟈-알
정기〔임시〕편	le vol *régulier* 〔supplémentaire〕 르 볼 레귤리에 〔쒸플레망떼르〕	der *reguläre Flug* 〔sonderflug〕 데어 레굴래-레 훌루크(존더훌룩)
안내소	le bureau de renseignements 르 뷔르 드 랑세뉴망	das Auskunftsbüro 다스 아우스쿤프트뷔로
시간표	l'horaire 로래르	der Fahrplan 데어 화-르 플란
비행 번호	le numéro de vol 르 뉘메로 드 볼	die Flugnummer 디이 훌루크눔머
좌석 번호	le numéro de siège 르 뉘메로 드 씨에쥬	die Platznummer 디이 플라츠눔머
자유석	la place non-réservée 라 쁠라스 농-레제르베	sich den Platz selbst wählen können 지히 덴 플랏츠 셀브스트 왜렌 쾐넨
항공권	le billet d'avion 르 비이에 다비옹	der Flugschein 데어 훌루크샤인
운임	le tarif 르 따리프	der Fahrpreis 데어 화-르프라이스
일등석	la première classe 라 프로미에르 끌라쓰	die erste Klasse 디이 에르스테 클라쎄

이태리어 ITALIANO	포루투칼어 PORTUGUÊS	스페인어 ESPAÑOL
il servizio nazionale 일 새르비찌오 나찌오날래	a ala doméstica 아 알라 도메스찌까	el vuelo doméstico 엘 부엘~로 도메스띠꼬
la sala dattesa 라 살라 다떼싸	a sala de espera 아 살라 지 이스빼라	la sala de espera 라 살라 데 에스뻬~라
il volo *normale* [speciale] 일 볼로 노르말래(스빼찰래)	o vôo *regular* [especial]. 우 보우 해굴라르[이스빼시아우]	el vuelo *regular* [estraordinario]. 엘 부엘~로 르레굴라~르(에스뜨라오르디나~리오)
l'ufficio informazioni 루휘쵸~인훠르마찌오니	o guichê informação 우 기쉐 인휘르마싸웅	la oficina de información 라 오휘씨~나 데 인훠르마씨온~
l'orario 로라리오	o horário 우 오라리오	el horario 엘 오라~리오
il numero del volo 일 누매로 델 볼로	o número de vôo 우 누매루 지 보우~	el número del vuelo 엘 누~메로 델 부엘~로
il numero del sedie 일 누매로 델 세디에	o número do assento 우 누매루 두 아샌뚜	el número del asiento 엘 누~메로 델 아시엔~또
i posti non prenotati 이 뽀스띠 논 쁘래노따띠	o lugar não reservado 우 루가르 나웅 해제르봐두	el asiento libre 엘 아시엔~또 리~브레
il biglietto d'aereo 일 빌리에또 다에래오	a passagem(aérea) 아 빠사쟁(아에레아)	*el billete* [el boleto] de avión 엘 비이에~떼(엘 블레~또) 데 아비온~
la tariffa 라 따릿화	a tarifa 아 따리화	la tarifa 라 따리~화
la prima classe 라 쁘리마 끌랏쎄	a primeira classe 아 쁘리메이라 끌라쎄	la primera clase 라 쁘리메~라 끌라~세

한국어　韓國語	불란서어　FRANÇAIS	독일어　DEUTSCH
이등석	la classe économique 라 끄라쓰 에꼬노미끄	die Touristenklasse 디이 투어리스텐클랏쎄
수하물	le bagage 르 바가쥬	das Gepäck 다스 게팩크
기내 수하물	le bagage à main 르 바가쥬 아맹	das Handgepäck 다스 한트게팩크
여행 가망/슈우트 케이스	la valise 라 발리즈	der Koffer 데어 코퍼~
수하물 인환증	le bulletin de bagages 르 뷜르땡 드 바가쥬	der Gepäckschein 데어 게팩크 슈아인
탑승권	la carte d'embarquement 라 까르뜨 당바르끄망	die Einsteigkarte 디 아이슈타이크카-르테
공항세	la taxe d'aéroport 라 닥스 다에로뽀르	die Flughafensteuer 디이 플루크하펜스토이어
면세점	la boutique hors taxe 라 부띠끄 오르 딱스	der zollfreie Laden 데어 쫄프라이에 라-덴
토산품 구입 면세표	le formulaire d'exemption de taxe 라 포르뮐래르 덱정쁘시옹 드 딱스	das Zollbefreiungsformular 다스 쫄베프라이웅스휘퓰라
화장실	les toilettes 레 뜨와레뜨	die Toilette 디이 토알렛테

이태리어 ITALIANO	포루투칼어 PORTUGUÊS	스페인어 ESPAÑOL
la classe economica 라 끌라쎄 에꼬노미까	a classe economica 아 끌라시 이꼬노미까	la clase económica 라 끌라~세 에꼬노~미까
il bagaglio a mano 일 바갈리오 아 마노	a bagagem 아 바가젱	el equipaje 엘 에끼빠~헤
i bagagli da portare in cabina 이 바갈리 다 뽀르따레 인 까비나	a bagagem de mão 아 바가젱 지 마웅	el equipaje de mano en el avion 엘 에끼빠~헤 데 마~노 엔 엘 아비온~
la valigia 라 발리쟈	a mala 아 말라	la maleta 라 말레~따
l'etichetta del bagaglio 래띠께따 댈 바갈리오	o comprovante de bagagem 우 꽁쁘로봔제 지 바가젱	el talón de equipaje 엘 딸론~ 데 에끼빠~헤
la carta d'imbarco 라 까르따 딤바르꼬	o cartão de embarque 우 까르따웅 지 잉바르끼	la tarjeta de embarque 라 따르헤~따 데 엠바~르께
la tassa aeroportuale 라 따싸 아에로뽀르뚜-알래	a taxi de aeroporto 아 딱시 지 아에로뽀르뚜	las tasas de aeropuerto 라스 따~사스 데 아에로뿌에~르또
il negozio esente da tassa 일 네고찌오 에쎈떼 다 따싸	as lojas isentas de imposto 아스 로쟈스 이젠따스 지 잉뽀스뚜	la tienda libre de impuestos 라 띠엔~다 리~브레 데 임뿌에~스또스
il modulo per l'esenzione 일 오둘로 뻬르 래쎈찌오내	a lista de isenção de 아 리스따 지 이젠 싸웅 지	la hoja de excepción de 라 오~하 데 에셉씨온~ 데
di tasse 디 따쎄	imposto 잉뽀스뚜	impuestos 임뿌에~스또스
la toilette 라 또일래때	o lavatório 우 래봐또리우	el servicio / el baño 엘 세르비~씨오 / 엘 바~뇨

105

* 호텔방은 일인용인 싱글룸·일인용 침대가 두개 있는 트윈룸 침대가 붙어있는 더블룸이 있으며 호텔의 서비스를 설명해 놓은 안내서가 있다.
* 체크인은 프런트에서 숙박카드를 기입하고 방열쇠를 받는다.
  요금이나 방의 종류 외에 욕실의 유무 등을 확인한다. 여권을 보관하는 호텔도 있다.
* 욕실을 사용할때는 커튼을 욕조안으로 치고 사용한다. 욕조 밖으로 물이 흘러내리지 않도록 해야하며 긴급할 때 사람을 부르는 끈이 있으나 함부로 잡아당기지 말아야 한다.
* 방문을 닫으면 자동으로 잠기므로 외출할때는 열쇠를 꼭 갖고 나와야 한다.
* 호텔 복도에서는 잠옷, 슬리퍼 차림으로 다니는 것은 큰 결례이다.
* 귀중품은 프런트에 맡기는 것이 안전하다.
* 체크아웃을 할때에는 열쇠를 반납하고 숙박료를 계산하면 된다.
  체크아웃 시간은 보통 정오이며 호텔에 따라 약간의 차이가 있으니 주의해야 한다.

호텔에서

한국어　韓國語	불란서어　FRANÇAIS	독일어　DEUTSCH
체크 인 등록	ENREGISTREMENT 앙르지스트르망	ANMELDUNG 안멜둥
안　　내	la réception 라 레셉씨옹	der Empfang 데어 엠프팡
(서울)에서 예약했습니다.	j'ai fait la réservation à(Séoul) 재패라 레제르바씨옹 아쎄울	Ich habe es in (Seoul) 이히 하-베 에스 인(서울) reserviert. 레져비-르트.
여기 인수증／증명서가 있습니다.	Voici la fiche de confirmation. 봐씨 라 피슈 드 꽁피르마씨옹	Hier ist die Bestätigung. 히-어 이스트 디이 베~슈테티궁
오늘밤부터 (3)박 하겠습니다.	Je vais rester (3)nuits à partir 쥬 베 레스때 트르와 뉘 아 빠르띠르 de ce soir. 드 스 쓰와르	Ich möchte von heute an 이히 뫼히테 폰 호이테 안 (3) (3) Nächte bleiben. 내히테 블라이벤
오늘밤 머무를 수 있습니까 ?	Avez-vous une chambre libre pour 아베-부 윈느 쌍브르 리브르 뿌르 ce soir ? 스 쓰와르	Können Sie mir ein Zimmer 쾬넨 지이 미어 아인 찜머 für diese Nacht geben ? 휘어 디이제 나하트 게벤 ?
다른 호텔을 소개해 주시지 않겠습니까 ?	Pourriez-vous me recommander 뿌리에-부 므 르꼬망데 un autre hôtel ? 언 노트르 오뗄	Können Sie mir ein anderes 쾬넨 지이 미어 아인 안데레스 Hotel empfehlen ? 호텔 엠프휄-렌

이태리어 ITALIANO	포루투칼어 PORTUGUÊS	스페인어 ESPAÑOL
SISTEMAZIONE 시스대마쯔이오~내	**REGISTRO DE HOTEL** 해지스뜨루 지 오때우	**REGISTRARSE (EN HOTEL)** 레히스뜨라~르세(엔 오뗄~)
Il ricevimento 일 리체비맨또	informação 잉휘르마싸웅	la recepción 라 레셉씨온
Ho fatto la prenotazione in (seoul). 오 화도 라 쁘래노따찌오내 인(서울) Ecco la conferma. 애꼬 라 꼰훼르마	A reserva foi feita em (Seul). 아 해재르봐 휘이 훼따 잉 (세울). Aqui está o comprovante. 아끼 이스따 우 꽁쁘로부봔찌	La reservación está hecha en (seul). 라 레세르바씨온~ 에스따~ 에~ 차 엔(세울~). Esto es el comprobante. 에~스또 에스 엘 꼼쁘로반~떼
Per (3) notti da stasera 빼르(뜨래) 노띠 다 스따쌔라	Vou ficar (3) noites. 뷔우 휘까르(뜨래스) 노이찌쓰	Voy a hospedarme (3) noches. 보이 아 오스뻬다~르메(뜨레스) 노체스
Mi da una camera per stanotte? 미 다 우나 까매라 빼르 스따노때	Quero um quarto para esta noite. 깨루 웅 꽈르뚜 빠라 에스따 노이찌	¿ Puedo hospedarme esta noche ? 뿌에~도 오스뻬다~르메 에스따 노~체
Può raccomandarmi un altro albergo? 뿌오 라꼬만다르미 운 알뜨로 알배르고	Poderia me recomendar outro hotel, por favor. 뽀대리아 미 해꼬맨다르 오우뜨루 오때우 뽀르 화붜르	¿ Podría recomendarme otro hotel ? 뽀드리~아 레꼬멘다~르메 오뜨로 오뗄~

호텔에서

한국어 韓國語	불란서어 FRANÇAIS	독일어 DEUTSCH
욕실〔샤워〕이 있는 방으로 하고 싶은데요.	Je désire une chambre avec *salle be bains* [douche]. 쥬 데지르 윈느 샹브르 아베끄 쌀 드 뱅〔두슈〕	Ich möchte ein zimmer mit *Bad* [Dusche]. 이히 뫼히테 아인 찜머 밋트 받〔두쉐〕
싱글 베드(트윈 베드)인 방으로 하고 싶은데요.	Je désire une chambre à *un lit* [deux lits]. 쥬 데지르 윈느 샹브르 아 엉리〔뒤리〕	Ich möchte ein Zimmer mit *ein Bett* [zwei Betten] haben. 이히 뫼히테 아인 찜머 밋트 아인 벳트〔쯔바이 벳텐〕하-벤
방 값은 얼마 입니까?	Quel est le prix de la chambre? 껠 에 르 프리 드 라 샹브르	Wie teuer ist das Zimmer? 뷔이 토이어 이스트 다스 찜머?
세금·써비스 포함입니까?	La taxe et le service sont-ils compris? 라 닥스 에 르 세르비스 쏭-띨 꽁프리	Sind Steuer und Bedienung eingeschlossen? 진트 슈토이어 운트 베디-눙 아인게슐로쎈
아침 식사 포함입니까?	Le petit déjeuner est-il compris? 르 쁘띠 데쥬네 에-띨 꽁프리	Ist das Frühstück in diesem Preis eingeschlossen? 이스트 다스 후뤼-슈틱크 인 디젬 프라이스 아이게슐로쎈
선금이 필요 합니까?	Exigez-vous un acompte? 엑지제-부 전 나꽁뜨	Muß ich eine Anzahlung machen? 무쓰 이히 아이네 안짜알룽 막헨

110

이태리어 ITALIANO	포루투칼어 PORTUGUÊS	스페인어 ESPAÑOL
Vorrei una camera con *bagno* [doccia]. 보레이 우나 까메라 꼰 바뇨 (돗챠)	Quero um quarto com *banheiro* [chuveiro]. 깨루 웅 꽈르뚜 꽁 반네이루 [슈붸이루]	Quiero una habitación con *baño* [ducha]. 끼에~로 우~나 아비따씨온~ 꼰 바~뇨(두~챠)
Vorrei una camera a *singola* [due letti]. 보레이 우나 까메라 아 씬꼴라 (두에 래띠)	Quero um quarto *de solteiro* [de casado]. 깨루 웅 꽈르뚜 지 쏠때이루 [지 까자두]	Quiero una habitación *sencilla* [con dos camas]. 끼에~로 우~나 아비따씨온~ 센씨이야 꼰 도스 까~마스
Quanto costa una camera ? 꾸안또 꼬스따 우나 까메라	Qual é o preço do quarto ? 꽐 애 우 쁘래쑤 두 꽈르뚜	¿ Cuál es el precio de la habitación ? 꾸알~ 에스 엘 쁘레~씨오 데라 아비따씨온~
La tassa e il servizio compresi ? 라 따싸 애 일 쎄르비찌오 꼼쁘래지	Já está incluido o imposto e serviço ? 쟈 이스따 잉끌루이두 우 잉뽀스뚜 이 쎄르뷔쑤	¿ Inclusive impuesto y servicio ? 인끌루시~베 임뿌에~스또 이 세르비~씨오
La primacolazione è inclusa in questo prezzo ? 라 쁘리마 꼴라찌오내 애 인끌루자 인 꿰스또 쁘래쪼	Está incluido o café da manhã este preço ? 이스따 잉끌루이두 우 까풰 다 마냥 애스찌 쁘래쑤	¿ Está incluido el desayuno en este precio ? 에스따~ 인끌루이~도 엘 데사유~노 엔 에스떼 쁘레~씨오
Richiede un deposito ? 리끼에대 운 대뽀지또	Precisa fazer depósito ? 쁘래씨자 환재르 데뽀지뚜	¿ Es necesario hacer algún depósito ? 에스 네쎄사~리오 아쎄~르 알군~ 데뽀~시또

111

호텔에서

한국어 韓國語	불란서어 FRANÇAIS	독일어 DEUTSCH
좀더 싼 방은 없습니까?	Avez-vous la chambre moins chère? 아베-부 라 샹브르 모앵 셰르?	Haben Sie etwas Billigeres? 하-벤 지이 엣트봐스 빌리거레스
조용한 방을 부탁합니다.	Donnez-moi une chambre tranquille. 도네-므와 윈느 샹브르 트랑낄르	Geben Sie mir bitte ein ruhiges Zimmer? 게-벤 지이 미어 빗테 아인 루히-게스 찜머?
지금 곧 방에 들어 갈 수 있습니까?	Puis-je entrer dans ma chambre maintenant? 퓌-쥬 앙트레 당 마 샹브르 맹트낭?	Kann ich gleich ins Zimmer? 칸 이히 글라이히 인스 찜머
체크 아웃 시간은 몇 시 입니까?	A quelle heure faut-il quitter la chambre? 아 껠 뢰르 포-띨 끼떼 라 샹브르	Um wieviel Uhr muβ man das Hotel verlassen? 움-뷔필 우-어 무쓰 만 다스 호텔 훼어랏쎈?
체재를 하루 연장하고 싶어요.	Je désire séjourner un jour de plus. 쥬 데지르 세쥬르네 엉 주르 드 쁘뤼스	Ich möchte einen Tag länger bleiben. 이히 뫼히테 아이넨 탁 랭어 블라이벤
하루 일찍 떠나고 싶어요.	Je désire partir un jour plus tôt. 쥬 데지르 빠르띠르 엉 쥬르 쁘뤼 또	Ich möchte einen Tag früher abreisen. 이히 뫼히테 아이넨 탁 후뤼-어 압라-이젠

이태리어 ITALIANO	포루투칼어 PORTUGUÊS	스페인어 ESPAÑOL
Ne avete una piú economica ? 네 아베떼 우나 쀼 애꼬노미까	Não tem um quarto mais barato ? 나웅 뗑 웅 꽈르뚜 마이스 바라뚜	¿ No hay otra habitachión 노 아이 오뜨라 아비따씨온~ más barata ? 마스 바라~따
Mi da una camera tranquilla ? 미 다 우나 까매라 뜨랑낄라	Quero um quarto tranquilo. 깨루 웅 꽈르뚜 뜨랑낄루	Déme una habitación tranquila. 데~메 우~나 아비따씨온~뜨랑낄라
Posso usare la camera subito ? 뽀쏘 우자래 라 까매라 쑤비또	Posso entrar o quarto agora ? 뽀쑤 앤뜨라르 우 꽈르뚜 아고라	¿ Puedo entrar ahora mismo 뿌에 도 엔뜨라~르 아오~라 en la habitación ? 미~스모 엔 라 아비따씨온~
A che ora devo lasciare la 아 께 오라 대보 라쌰래 라 camera ? 까매라	A que hora tenho que desocupar 아 끼 오라 때뉴 끼 내조꾸빠르 o quarto ? 우 꽈르뚜	¿ A qué hora tengo que dejar 아 께~오라 뗑~고 께 데하~르 la habitación ? 라 아비따씨온~
Vorrei stare un giorno di piú. 보래이 스따래 운 죠루노 디 쀼	Gostaria de ficar mais um dia. 고스따리아 지 휘까르 마이스 웅 지아	Quisiera estar aquí un 끼시에~라 에스따~르 아끼~ 운 dia más 디~아 마~스
Vorrei partire un giorno prima. 보래이 빠르띠래 운 죠르노 쁘리마	Quero desocupar o quarto um 깨루 대조꾸빠르 우 꽈르뚜 웅 dia antes. 지아 안찌스	Voy a salir un dia antes. 보이 아 살리르 운 디~아 안~떼스

호텔에서

한국어 韓國語	불란서어 FRANÇAIS	독일어 DEUTSCH
안 내	**RENSEIGNEMENTS** 랑쎄뉴망	**AUSKUNFT** 아우스쿤푸트
주식당은 어디에 있습니까?	Où est le restaurant principal? 우 에르 레스또랑 프랭씨빨	Wo ist das Restaurant? 보오 이스트 다스 레스토랑
그 밖에 커피숍은 있습니까?	Est-ce qu'il y en a d'autres pour 에스 낄 리어나 도트르 쁘르 망제 manger légèrement? 레제르망	Gibt es auch ein Snackbar? 깁트 에스 아후ㅎ흐 아인 스낙바-ㄹ
아침에 방에서 먹을 수 있습니까?	Pouvez-vous me servir le petit 뿌베 부므 쎄르비르 르 쁘띠 déjeuner dans la chambre? 데쥐네 당 라 샹브르	Kann ich das Frühstück 칸 이히 다스 후휘 슈튁 in meinem Zimmer haben? 인 마이넴 찜머 하-벤
비상구는 어디에 있습니까?	Où se trouve la sortie de secours? 우 스 트르부 라 쏘르띠 드 스꾸르	Wo ist der Notausgang? 보- 이스트 데어 노트아우스강
식당은 몇시부터 엽니까?	A quelle heure le restaurant 아 껠 뢰르 르 레스또랑 ouvre-t-il 우브르~띨	Wann öffnet das Restaurant? 봔 욉후넷트 다스 레스토랑
한국말을 할 수 있는 사람이 있습니까?	Y a-t-il quelqu'un qui parle Coréen 이야 띨 껠껑 끼 빠를르 꼬래앵	Spricht hier jemand 슈프리히트 히어 예만트 Koreanisch? 코레아닛쉬

이태리어 ITALIANO	포루투칼어 PORTUGUÊS	스페인어 ESPAÑOL
INFORMAZIONI 인훠르마찌오니	**INFORMACAO** 잉훠르마싸웅	**INFORMACIÓN** 인훠르마씨온~
Dov'è il ristorante principale ? 도베 일 리스또란떼 쁘린치빨래	Onde fica o refeitório ? 온지 휘까 우 헤훼이또리우	¿ Dónde está el comedor ? 돈~데 에스따~ 엘 꼬메도~르
Poi, c'è ache il caffè ? 뽀이, 체 안께 일 까훼	Não tem cafeteria ? 나웅 땡 까훼떼리아	¿ No hay cafeteria ? 노 아이 까훼떼리~아
Si può prendere la prima 씨 뿌오 쁘랜대래 라 쁘리마 colazione in camera ? 꼴라찌오내 인 까메라	Posso tomar o café da manhã 뽀쑤 또마르 우 까훼 다 마냥 no quarto ? 누 꽈르뚜	¿ Puedo tomar el desayuno 뿌에~도 또마~르 엘 데사유~노 en la habitación ? 엔 라 아비따씨온~
Dov'è l'uscita d'emergenza ? 도베~ 루쉬따 댐머르젠짜	Onde fica a saida de emer gencia ? 온지 휘까 아 싸이다 지 애매르 잰씨아	¿ Dónde está la salida de 돈~데 에스따~ 라 살리~다 데 emergencia ? 에메르헨~씨아
A che ora si apre la sala da 아 께 오라 씨 아쁘래 라 쌀라 다 pranzo ? 쁘란쪼	A que horase abre o restau-rante ? 아 께 오리시 아브리 우 해스띠우란찌	¿ A qué hora se abre el 아 께~ 오~라 세 아~브레 엘 comedor ? 꼬메도~르
C'è qualcuno che parli 체 꾸알꾸노 께 빠를리 coreano ? 꼬래아노	Alguém pode falar Coreano aqui ? 알갱 뽀지 활라르 꼬래아누 아끼	¿ Hay aqui alguien que hable 아이 아끼~ 알~기엔 께 아~블레 Coreano ? 꼬레아~노

호텔에서

한국어　韓國語	불란서어　FRANÇAIS	독일어　DEUTSCH
미장원〔이발소〕은〔는〕있습니까?	Y a-t-il un *salon de coiffure* 이야 띨 엉 쌀롱 드 꽈퓌르 [coiffeur pour hommes]? [꽈피르 뿌르 옴므]	Gibt es einen *Damen-* 깁트 에스 아이넨 다멘 [Herren-] Friseur im Hotel? [헤렌] 후리죄어 임 호텔
제 앞으로 편지〔메모〕가 와 있습니까?	Y a-t-il *une lettre* [un message] 이야 띨 윈느 레트르 [엉 메싸쥬] pour moi? 뿌르 므와	Wurde *ein Brief* [eine 부르데 아인 브리프 [아이네 Benachrichtigung] für mich hinterlassen? 배낙흐 리히트궁] 휘어 미히 힌터랏쎈
이 편지를 항공〔배〕편으로 보내 주세요.	Voulez-vous envoyer cette lettre 불레-부 썽봐이에 쎄뜨 레트르 빠르 par *avion* [bateau] s'il vous plaît 아비옹 [바또], 씰 부 쁘래	Bitte, schicken Sie diesen Brief 빗테, 쉿켄 지이 디이젠 브리-프 mit *Luftpost* [Schiffpost]. 밋트 루프트포스트 [쉿프포스트].
이 물건을 한국으로 보내고 싶습니다.	Je voudrais envoyer ce colis à la 쥬 부드래 엉봐이에 스 꼴리 아 라 Corée 꼬래	Ich möchte dieses Paket 이히 뫼히테 디이제스 파켓트 nach Korea schicken (나흐하) 코레아 쉭켄
귀중품을 맡아 주시겠습니까?	Pouvez-vous garder més objets 부베-부 갸르데 메 조브제 de valeur? 드 발뢰르	Kann ich Ihnen meine 칸 이히 이-넨 마이네 Wertsachen zur Aufbewahrung 뵈르트 자ㅎ헨 쭈어 아우프베봐-룽 geben? 게-벤

이태리어 ITALIANO	포루투칼어 PORTUGUÊS	스페인어 ESPAÑOL
C'è un *parrucchiere*[barbiere]? 체 운 빠루끼에래(바르비에래)	Tem *salão de beleza* [barbearia]? 땡 살라웅 지 밸래자[바르배아리아]	¿ Hay *salón de belleza* 아이 살론~데 베이예~사 [*peluquería*]? (뻴루께리아~)
Avete qualche lettera 아베때 구알께 래때라 [messaggio] per me? (메싸쬬)뻬르 매	Tem *alguma carta* [algum 땡 알구마 까르따 알궁 recado] para min? 해까두]빠라 밍	¿ Ha llegado *una carta dirigida*? 아 이예가~도 우~나 까~르따 디리히 *a mí* [un recado para mí]? ~다 아 미~(운르레까~도 빠~라 미~)
Spedisca questa lettera per 스뻬디스까 꿰스따 래때라 뻬르 via *aerea* [mare]. 비아 아에래오(마래)	Despache esta carta *por via* 대스빠쉐 애스따 까르따 뽀르 뷔아 *aérea* [por navio], por favor. 아에레아 [뽀르 나뷔우], 뽀르 화보르	Por favor, mande esta carta 뽀~르 화보~르, 만~데 에스따 까~르따 por *avión* [barco]. 뽀~르 아비온~(바~르꼬)
Vorrei spedire questo 보래이 스뻬디래 꿰스또 pacco in corea 빠꼬 인 꼬래아	Gostaria de despachar esta 고스따리아 지 대스빠샤르 애스따 bagagem para Coreia 바가쟁 빠라 꼬래이아	Deseo enviar este equipaje 데세~오 엔비아~르 에스떼 에끼바~헤 아 꼬레아 a Corea.
Posso lasciare in custodia 뽀소 라샤래 인 꾸스또디아 qualche oggetto di valore? 꾸알께 오젯또 디 발로래	Posso deixar meus objetos de 뽀쑤 대이샤르 매우스 오브재뚜스 지 valor aqui? 발로르 아끼	¿ Podría guardar los efectos de 뽀드리~아 구아르다~르 로스 에휄~후 또스 데 valor? 발로~르

117

한국어 韓國語	불란서어 FRANÇAIS	독일어 DEUTSCH
이 호텔 주소를 쓴 카드를 주세요.	Donnez-moi une carte de cet hôtel avec son adresse. 도네-므와 윈느 까르뜨 드 쎄뜨 오뗄 아베끄 쏜 나드레쓰	Geben Sie mir bitte eine karte mit der Anschrift dieses Hotels. 게벤 지이 미어 빗테 아이네 카르테 미트 데어 안슈리프트 디이젯스 호텔스
여기서 관광 버스표를 살 수 있습니까?	Puis-je acheter un billet pour excursion organisée en autocar ici? 쀠쥬 아슈떼 엉 비이에 뿌르 엑스뀌르 씨웅 오르가니제 언 노또까르 이씨	kann ich hier eine karte fur den Stadtrundfahrtbus kaufen? 칸 이히 히어 아이네 카르테 휘어 덴 슈타트룬트화르트부스 카우후휀
가장 가까운 지하철역이 어디 입니까?	Quelle est la station de métro la plus proche? 껠레라 스따씨웅 드 메트로 라 쁠뤼 프로슈	Wo ist die nächste U-bahnstation? 보 이스트 디이 넥스테 우-반타치온
이 짐을 맡아 주실 수 있습니까?	Pouvez-vous me garder ces bagages? 뿌베부므 갸르데 쎄 바가쥬	kann ich hier mein Gepäck zur Aufbewahrung lassen? 칸 이히 히어 마인 케팩크 쭈어 아우프배바룽 라쎈
맡긴 짐을 찾고 싶은데요.	Je voudrais retirer mes bagages. 쥬 부드래 르띠레 메 바가쥬	Ich möchte mein Gepäck wieder abholen. 이히 뫼히테 마인 게팩크 뷔-더 압흘렌
공항〔시내 터미널〕까지 택시로 몇 분 정도입니까?	Combien de temps faut-il pour aller à l'aèroport〔l'aérogare de la ville〕en taxi? 콩비앙 드 땅포-띨 뿌르 알레아 라에로 뽀르〔라에로 갸르 드 라 빌〕앙딱시?	Wie lange dauert es mit dem Taxi zum *Flughafen*〔Stadtbüro〕? 뷔에 랑에 다우어트 애스 밑 뎀 탁시 춤 훌룩하펜(슈타트 뷔로)

이태리어 ITALIANO	포루투칼어 PORTUGUÊS	스페인어 ESPAÑOL
Mi da una carta indicata 미 다 우나 까르따 인디까따 l'indirizzo di quest'albergo ? 린디리쪼 디 꿰스딸배르고	Pode me dar um carta com o 뽀지 미 다르 웅 까르다 꽁 우 endereço deste hotel, por favor. 엔데레수 데스찌 오때우, 뽀르 화보르	Por favor, una tarjeta 뽀~르 화보~르, 우~나 따르헤~따 con la dirección de este hotel. 꼰 라 디렉씨온~데 에스떼 오뗄~
Si può comprare qui un biglietto 씨 뿌오 꼼쁘라래 뀌 운 빌리애또 per la gita turistica ? 빼르 라 지따 뚜리스띠까	Posso comprar aqui um bihete 뽀수 꽁쁘랄라르 아끼 웅 빌레찌 de onibus de turismo ? 지 오니부 지 뚜리즈무	¿ Auqí si puedo comprar billete 아끼~ 시 뿌에~도 꼼쁘라~르 비이에~떼 [boleto] de autobús de turismo ? (볼레~또)데 아우또부~스 데 뚜리~스모
Dov'è la più vicina stazione 도베~ 라 쀼 비치나스따지오네 di metropolitana ? 디 메드로뽈리따나	Onde está a estaτão de metro 온지 이스따 아 이스따싸웅 지 메드루 mais vpróxima ? 마이스 쁘로씨마	¿ Dónde está la estación de metro más 돈~데 에스따~ 라 에스따씨온~데 cercana desde aquí ? 메~뜨로 마~스 세르까~나 데~스데 아끼~
Si può consegnare qui questa 씨 뿌오 곤쌔냐래 뀌 꿰스따 valigia ? 발리쟈	Pode guardar esta 뽀지 구아르다르 에스따 bagagem ? 바가쟁	¿ Podría depositar este equipaje ? 뽀드리~아 데뽀시따~르 에스떼 에끼빠~헤
Vorrei ritirare la valigia 보래이 리떼라래 라 발리쟈 consegnata. 곤쌔냐따	Posso buscar a minha bagagem ? 뽀쑤 부스까르 아 미냐 바가쟁	Entrégueme el equipaje 엔뜨레~게메 엘 에게빠~헤 depositado. 데뽀시따~도
Quanti minuti ci vorranno per andare 꾸안띠 미누띠 치 보란노 빼르 안다래 all'aeroport a [la citta terminel]con tassi ? 알라애로뽀르또알(아 라 치따 때르미네) 꼰 따씨	Quanto leva para ir ao aero- 꽌뚜 래봐 빠라이르 아우 아애로- porto [ao terminal da cidade]de taxi. 뽀르뚜(아우 때르미나우 다 시다지)지 딱 씨	¿ Cuántos minutos se tarda en llegar al aero- 꾸안~또스 미누~또스 세 따~르다 엔 puerto [a la terminal de la ciudad]por taxi ? 이에가~르 알 아에~로 뿌에~르또(아 라 떼르미날~데 라 시우달~) 뽀~르 딱~시

호텔에서

한국어　韓國語	불란서어　FRANÇAIS	독일어　DEUTSCH
방에서	**DANS LA CHAMBRE** 당라 샹브르	**IM ZIMMER** 임 찜머
들어 오세요.	Entrez, s'il vous plaît. 앙트레, 씰 부 쁠래	Herein, 헤라인
잠깐만 기다려 주세요.	Un moment s'il vous plaît. 엉 모망, 씰부 쁠래	Einen Moment bitte. 아이넨 모멘트 빗테
나에게 ~을 가져다 주세요.	Apporteg-moi ~ s'il vous plaît· 아쁘르떼 므와 썰부쁠래	Bringen Sie mir bitte~. 부리겐 즈이~미아 빗테
내일 아침(6)시에 깨워 주세요.	Réveilleg-mor à (6) heures 레 베이에―므와 아 씨죄르 demain matin, s'il vous plaît· 드맹 마땡, 썰 부 쁠래	Wachen Sie mich bitte 바켄지이 미히 빗테 morgen um (6) Uhr. 모르겐 움(6) 우어.
마실 뜨거운 물을 갖다 주세요.	Apportez-moi de l'eau potable 아쁘르떼―므와 드로 뽀다블르 chaude, s'il vous plaît. 쑈드, 썰부 쁠래.	Bringen Sie mirbitte etwas 브링엔 지이 미어빗테 엣트바스 warmes Trinkwasser. 봐르메스 트링켄밧쎄
얼음과 물을 갖다 주세요.	Apportez-moi de l'eau et des gla- 아쁘르떼 므와 드 로 에 데 çons, s'il vous plaît· 클라쏭 썰 부 쁠래	Bringen Sie mir bitte etwas 브링엔 지이 미어 비테 엣트바스 Eis und Wasser. 아이스 운트 밧쎄.
시내 통화	la communication téléphonique à 라 꼬뮈니까씨옹 텔레포니끄 l'intérieur pour la ville 아 랭떼리외르 뿌르 라 빌르	das Ortsgespräch. 다스 오르츠게슈프래흐

이태리어 ITALIANO	포루투칼어 PORTUGUÊS	스페인어 ESPAÑOL
NELLA CAMERA 넬라 까메라	**NO QUARTO** 누 꽈르뚜	**EN LA HABITACIÓN** 엔 라 아비따씨온
Avanti. 아반띠	Pode entrar. 뽀지 앤뜨라르	*Entre* [Adelante]. 엔~뜨레(아델란~떼)
Un momento 운 모맨또	Um momento. 웅 모맨뚜	Espere un momento. 에스뻬~레 움 모멘~또
Mi porti~, per favore. 미 뽀르띠~ 뻬르 화보래	Por favor, traga-me~. 뽀르 화보르, 뜨라가ー미~	Por favor, tráigame~. 뽀~르 화보~르, 뚜라~이가메
Mi svegli alle (6) domattina. 미 즈밸리 알래(새이)도마떠나	Poderia me acordar às (6) 뽀대리아 미 아꼬르다르 아스(쎄이쓰) amanhã cêdo, por favor. 아만낭 새두, 뽀르 화보르.	Por favor, despiérteme mañana 뽀~르 화보~르, 데스삐에~르떼메 por la mañana a las (6). 마냐~나 뽀르 라 마냐~나 아 라스 세이스
Mi porti un bicchiere d'acqua calda. 미 보르띠 운 비끼에래 닥구아 깔다	Pode me trazer um pouco de 뽀~지 미 뜨라재르 웅 뽀우꾸 지 àgua quente, por favor? 아구아 깬찌, 뽀르 화보르	Tráigame agua caliente para 뜨라~이가메 아~구아 깔리엔~떼 beber. 빠~라 베베~르
Mi porti dei ghiacci e d'acqua, 미 뽀르띠 대이 기악치 애 닥구아 per favore. 뻬르 화보래	Pode me trazer água e gêlo, 뽀지 미 뜨라재르 아구아 이 잴루, por favor? 뽀르 호보르	Por favor, tráigame hielo 뽀~르 화보~르, 뜨라~이가메 y agua. 이엘~로 이 아~구아
la comunicazione urbana 라 꼬무니까찌오네 우루바나	a chamada local 아 샤마다 로까우	la conferencia urbana 라 꼰훼렌~씨아 우르바~나

호텔에서

한국어　韓國語	불란서어　FRANÇAIS	독일어　DEUTSCH
국제 통화	la communication téléphonique à l'étranger 라 꼬뮤니까씨옹 뗄레포니끄 아 레트랑제	das Auslandsgespräch 다스 아우슬란즈게슈프래흐
깨우지 말아 주세요.	ne pas déranger, s'il vous plaît 느 빠 데랑제, 실 부쁠래	bitte nicht stören 빗테 니히트 슈퇴랜
방을 청소해 주세요.	faites la chambre, s'il vous plaît 패뜨 라 샹브르, 씰 부쁠래	bitte zimmer auf-räumen 빗테 찜머 아우프-로이맨
불　평	**RÉCLAMATION** 레끄라마씨옹	**BESCHWERDE** 배슈뷔르대
방을 바꾸고 싶은데요	Je voudrais changer ma chambre. 쥬 부드래 샹제 마 샹브르	Ich möchte das Zimmer wechseln. 이히 뫼히테 다스 찜머 뷔흐젤른
이 방은 시끄러워요	Cette chambre est trop bruyante. 쎄뜨 샹브르 에 트로 브뤼앙뜨	Dieses Zimmer ist zu laut. 디이제스 찜머 이스트 츄 라우트
비누〔타올〕가〔이〕없어요	Il n'y a pas de savon [de serviette] 일 니야 빠드 싸봉 [드 쎄르비에뜨]	Es ist *keine Seife* [kein Handtuch] hier. 에스 이스트 카이네 자이풰(카인 한트투크) 히이어

122

이태리어 ITALIANO	포루투칼어 PORTUGUÊS	스페인어 ESPAÑOL
la comunicazione internazionale 라 꼬무니까찌오네 인때르나찌오날래	a chamada internacional. 아 샤마다 잉때르나시오나우	la conferencia internacional 라 꼰훼렌~씨아 인떼르나씨오날~
non disturbate, per favore 논 디스뚜르바때, 뻬르 화보래	por favor, não acorda. 뽀르 화보르, 나웅 아꼬르다	por favor, no molesten 뽀~르 화보~르, 노 몰레~스뗀
pulite la camera 뿔리때 라 까메라	apresenta o quarto, por 아쁘래잰따 우 꽈르뚜, 뽀르 favor 화보르	por favor, havgan la 뽀~르 화보~르, 아~간 라 cama 까~마
RECLAMO 래끌라모	**RECLAMAÇÕES** 해끌라마쏭이스	**QUEJA** 께~하
Vorrei cambiare la mia 보래이 깜비아래 라 미아 camera. 까메라	Quero trocar de quarto. 깨루 뜨로까르 지 꽈르뚜	Deseo cambiar de habitación 데~세오 깜비아~르 데 아비따씨온~
Questa camera è rumorosa. 꿰스따 까메라 애 루모로자	Este quarto é barulhento. 에스찌 꽈르뚜 애 바룰엔뚜	Esta habitación es ruidosa. 에스따 아비따씨온~에스 루이도~사
Non c'é sapone [asciugamano]. 논 체 싸뽀네 (아쉬우가마노)	Não tem *sabonete* [toalha]! 나웅 땡 사보내찌[또알랴]	No hay *jabón* [toalla]. 노 아이 하본~[또아~야]

123

호텔에서

한국어　韓國語	불란서어　FRANÇAIS	독일어　DEUTSCH
자물쇠가 망가졌어요.	Cette serrure est cassée. 쎄뜨 쎄뤼르 에 까쎄	Dieses Schloß ist nicht in Ordnung. 디이제스 슐로쓰, 이스트 니히트 인 오르트눙
방에다 열쇠를 두었어요.	J'ai oublié la clef dans ma chambre. 재 우·블리에 라 끌레 당 마 샹브르	Ich habe den Schlüssel 이히 하-베 덴 슐뤼쎌 in meinem Zimmer gelassen. 인 마인넴 찜머 겔라쎈
부탁한 아침이 안 나와요.	Mon petit déjeuner n'est pas 몽 쁘띠 데쥬네 네 빠 encore servi. 장꼬르 쎄르비	Ich warte immer noch auf 이히 바르테 임머 녹크 아우프 mein Frühstück. 마인 후뤼슈틱크
뜨거운 물이 안 나와요	Il n'y a pas d'eau chaude. 일 니야 빠 드 쇼드	Es kommt kein warmes Wasser. 애스 콤트 카인 바르매스 봐써.
욕조의 물마개가 잠기지 않아요.	le bouchon d'eau ne ferme pas dans la 르 브숑 도 느 페르므 빠 당 라 베느와르 baignoire.	Der Wasserhahn in der Bade-anstalt 데어 봐써하안 인 데어 바데-안슈탈트 wird nicht abdreht. 뷔르트 니히트 압드레-트
텔레비젼이 안 나와요.	La télévision ne marche pas. 라 뗄레비지옹 느 마르슈 빠	Der Fernsehapparat funktioniert 데어 휀른제아파라트 nicht. 훙크찌오니어르트 니어르트 니히트
화장실 물이 안 나와요.	La chasse d'eau des toilettes ne 라 샤쓰 도 데 뜨와레뜨 느 marche pas. 마르슈빠	Die Spülung in der Toilette 디이 슈필룽 인 데어 토알래테 funktioniert nicht. 훙크찌오니어르트 니히트

이태리어 ITALIANO	포루투칼어 PORTUGUÊS	스페인어 ESPAÑOL
Questa serratura è rotta. 꿰스따 새라뚜라 애 로따	A fechadura está quebrada. 아 훼샤두라 이스따 께브라다	Esta cerradura está rota. 에스따 쎄르라두~라 에스따~로따
Ho lasciato la chiave nella 오 라샤또 라 끼아베 낼라 mia camera. 미아 까매라	Esqueci a chave no quarto. 이스께씨 아 샤뷔 누 꽈르뚜	Dejé la llave dentro de mi 데헤~ 라 야베 덴뜨로 데 미 habitación. 아비따씨온
Non viene ancora la prima 논 비에내 앙꼬라 라 쁘리마 colazione che ho ordinata. 꼴라찌오내 께 오 오르디나따	Ainda estou esperando pelo 아인다 이스또우 이스뻬란두 뺄루 café da manhã que pedi. 까훼 다 마냥 끼 뻬지	Todavía no me han traído 또다비~아 노 메 안 뜨라이~도 el desayuno que he pedido. 엘 데사유~노 께 에 뻬디~도
Non esce l'acqua calda. 논 엣쉐 락구아 깔다	Não sai água quente ! 나웅 싸이 아구아 깨찌	No sale agua caliente. 노 살~레 아구아 깔리엔떼
Non si chiude il tappo 논 씨 끼우대 일 따보 di bagno. 디 바뇨	Não se pode cerrar a tampa da 나웅 씨 보지 쌔하르 아 당빠 다 banheira. 반네이라	No se puede cerrar el tapón 노 세 뿌에데 쎄르라르 엘 따쁜~ de la *bañera* [tina]. 데 라 바녜~라
Non funziona il televisore. 논 훈찌오나 일 때래비조래	A televisão não funciona. 아 땔래뷔자웅 나웅 훈씨오나	No funciona el televisor. 노 훈씨오~나 엘 뗄레비소~르
Non corre l'acqua nel vaso. 논 꼬래 락구아 낼 바조	A descarga do banheiro não 아 대스까르가 두. 반네이루 나웅 funciona. 훈씨오나	No vierte el agua del 노 비에르떼 엘 아구아 델 excusado. 에스꾸사~도

한국어 韓國語	불란서어 FRANÇAIS	독일어 DEUTSCH
어쨌든 보이를 한 사람 보내 주세요.	En tout cas, faites venir un garçon, s'il vous plaît. 엉 뚜 까, 패뜨 브니르 엉 갸르쏭, 씰 부 쁘래	Lassen Sie bitte jemanden kommen. 라쎈 지이 빗테 예만덴 콤멘
드라이크리닝	**BLANCHISSAGE** 블랑쉬싸쥐	**REINIGUNG** 라이니궁
이걸 다려 주세요.	Repassez-moi ça, s'il vous plaît. 르빠쎄-므와 싸, 씰 부 쁘래	Bitte bügeln Sie diese Sachen. 빗테 뷔-겔른 지이 디이제스 자켄.
드라이크리닝을 부탁합니다.	J'ai du linge à nettoyer 재 뒤 랭쥬 아 네뜨와이에	Ich möchte das in die Wäsche geben. 이히 뫼히테 다스 인 디이 뷔셔 게-벤
내일〔모레〕까지 됩니까?	Pouvez-vous me le faire pour *de-main* [après-demain]? 뿌베-부 므 르 패르 뿌르 드맹〔아프레- 드맹〕	Kann ich sie *morgen* [übermorgen] wieder haben? 칸 이히 지이 모르겐 (위버모르겐)비이더 하~벤
세탁물이 안 오는데요.	Mon linge n'est pas encore rapporté. 몽 랭쥬 네 빠 장꼬르 라뽀르떼	Ich warte immer noch auf meine Wäsche. 이히 바르테 임머 녹흐 아웃후 마이네 봬셔

이태리어 ITALIANO	포루투칼어 PORTUGUÊS	스페인어 ESPAÑOL
Ad ogni modo mi manda 아드 오니 모도 미 만다 qualcuno? 꾸알꾸노	Em todo o caso, mande alguém 잉 또두 우 까주, 만지 알갱 aqui. 아끼	De todos modos, por favor, 데 또도스 모도스, 뽀르 화보~르 mande que venga el camarero. 만데 께 뱅가 엘 까미레~로
LAVANDERIA 라반데리아	**LAVANDERIA** 라봔대리아	**LAVANDERIA** 라반데리~아
Mi faccia stirare queste cose. 미 홧챠 스띠라래 꿰스때 꼬재	Pode passar esta roupa, por 뽀지 빠사르 애스따 호우빠, 뽀르 favor? 화보르	Quisiera gue me plan-che esta ropa. 끼시에라 께 메 쁠란체 에스따 로빠
Vorrei mandarlo alla 보레이 만나를로 알라 lavanderia. 라반데리아	Pode mandar esta roupa para a 뽀지 만다르 애스따 호우빠 빠라 아 lavanderia, por favor? 라반대리아, 뽀르 화보르	Quisiera envir esta ropa a 끼시에라 께 엔비~르에스따 로빠 아 la lavanderia. 라 라반데리~아
Sarà pronto per *domani* 싸라 쁘론또 뻬르 도마니 [*dopodomani*]? (도뽀도마니)	Estará pronto amanhã [depois 이스따라 쁘론뚜 아마냥(디뽀이스 de amanhã]? 지 아마냥)	¿Estará listor para *mañana* 에스따라 리스또 빠라 마냐~나 [*pasado mañana*]? [빠사도 마냐~나]
Non mi hanno portato ancora 논 미 안노 뽀르따또 앙꼬라 la mia biancheria. 라 미아 비안께리아	Ainda estou esperando minha 아인다 이스또우 이스빼란두 미냐 roupa. 호우빠	No me han devuelto los 노 메 안 데부엘또 로스 articulos lavados. 아르띠~라바~도스

한국어 韓國語	불란서어 FRANÇAIS	독일어 DEUTSCH
언제 다 됩니까?	Quand puis-je l'avoir ? 껑 쀠-쥬라브와르	Wann werden die Sachen fertig sein ? 완 웨르덴 디이 자ㅎ헨 훼르티히 자아인
와이샤쓰/부라우스 속내의/속치마 바지/치마〔스카트〕	la chemise/le chemisier 라 슈미즈/르 슈미지에 le tricot de peau/le slip 르 트리꼬드뽀/르 슬립 le pantalon/la jupe 르 빵딸롱/라 쥐쁘	das Oberhemd/die Bluse 다스오-버헴트/디이 부루재 das Unterhemd/der Slip 다스 운터헴트/데어슬잎 die Hosen/der Rock 디이 호-젠/데어 로크
양복 (상 하) 양말	le complet 르 꽁쁠래 la chaussette 라 쇼쎄뜨	die Jacke (mit Hosen) 디이 야케(밋트 호-젠) die Socken 디이 조켄
미장원/이발소	**SALON DE COIFFURE** 쌀롱드 꽈퓌르 **COIFFEUR POUR HOMMES** 꽈퓌르 뿌르 옴므	**SCHÖNHEITSSALON** 슈윈하이츠잘롱 **FRISEUR** 후리죄-어
오늘 저녁 5시로 예약하고 싶은데요	Je voudrais prendre un rendez-vous pour (5) heures cet après-midi. 쥬 부드래 프랑드르 엉 랑데부 뿌르 쌩꾀르 쎄드 다플레-미디	Kann ich einen Termin für heute nachmittag (5) Uhr ausmachen ? 칸 이히 아이넨 테르민 휘어 호이테 나크미타그 (휜프) 우-어 아우스마켄

이태리어 **ITALIANO**	포루투칼어 **PORTUGUÊS**	스페인어 **ESPAÑOL**
Quando sarà pronta la mia 꾸안도 싸라 쁘론따 라 미아 biancheria? 비안께리아	Quando ficará pronta minha 꽌두 휘까라 쁘론따 밍냐 roupa? 호우빠	¿Cuándo estarán listos? 꾸안도 에스따란 ~ 리스또스
la camicia／la camicetta 라 까미챠／라 까미체따 la maglia／la sottoveste 라 말리아／라 쏘또베스떼 i calzoni／la gonna 이 깔쪼니／라 곤나	a camisa／a blusa 아 까미자／아 블루자 a roupa interior／a combinação 아 호우빠 인떼리오르／아 꽁비나싸웅 as calças／a saia 아스 깔사스／아 싸이아	la camisa／la blusa 라 까미사／라 블루사 la ropa interior／la combinación 라 로빠 인떼리오~르／라 꼼비나씨온 los pantalones／la falda 로스 빤딸로~네스／라 후알다
l'abito completo 라비또 꼼쁠래또 le calze 래 깔쩨	o terno 우 떼르누 as meias 아스 매이아스	el traje(dos piezas) 엘 뜨라헤(도스 삐에싸스) los calcetines 로스 깔세띠~네스
PARRUCCHIERE 빠룻기애~래 **BARBIERE** 바르비애래	**SALÃO DE BELEZA** 쌀라웅 지 뻴래자 **BARBEARIA** 바르배아리아	**SALON DE BELLEZA** 쌀론 데 베엣싸 **PELUQUERIA／BARBERIA** 뻴루께리~아／바르베리~아
Vorrei prenotare per le (5) 보래이 쁘레노따래 빼르래(친꿰) del pomeriggio. 댈 뽐매리쪼	Gostaria de marcar hora 고스따리아 지 마르까르 오라 para às (5) hoje de tarde. 빠라 아스(씽꾸)오지 지 따르지	Deseo hacer una reserva para 데세오 아쎄~르 우나 레세르바 빠라 las 5 de esta tarde. 라스 씽꼬 데 에스따 따르데

한국어　韓國語	불란서어　FRANÇAIS	독일어　DEUTSCH
이름은 ~입니다.	Mon nom est~. 몽 농 에~	Mein Name ist~. 마인 나 메 이스트~
이발하고 면도를 부탁합니다.	Veuillez me couper les cheveux et 뵈이에 므 꾸뻬 레 슈브 에 me raser. 므 라제	Haarschneiden und Rasieren 하-르슈나이덴 운트 라지-렌 bitte. 빗테
짧게 잘라 주세요.	Coupez courts. 꾸뻬 꾸르	Schneiden Sie bitte meine Haare kurz. 슈나이덴 지이 빗테 마이네 하-레 쿠르쯔
조금만 잘라 주세요.	Coupez un peu 꾸뻬 엉 쁘	Schneiden Sie bitte meine 슈나이덴 지이 빗테 마이네 Harre etwas nach 하-레 엩바스 나ㅎ하
가볍게 (세게)파마해 주세요.	Faites-moi une permanente 패뜨-므와 윈느 뻬르마낭뜨 *légère* [très forte], s'il vous plaît· 레제르[트레포르뜨], 씰부쁘래	*Leichte* [starke] Dauer wellen, 라히테(슈타르케)다우어 뷀랜, bitte. 빗테
감고 셋트해 주세요.	Faites-moi un shampooing et un 패뜨-므와 엉 샹뿌앵 에 엉 brushing, s'il vous plaît· 브뤄싱, 씰 부 쁘래	Waschen und Legen. bitte. 봐쎈 운트 레-겐. 빗테
세발/이발	le shampooing 르 샹뿌앵	die kopfwäsche 디이 콥후배쉐

이태리어 ITALIANO	포루투칼어 PORTUGUÊS	스페인어 ESPAÑOL
Mi chiamo- 미 끼아모~	Meu nome é~. 매우 노미 애~	Mi nombre es~. 미 놈브레 에스~
Capelli e barba. per favore. 까뻴리 애 바르바. 뻬르 화보래	Barba e cortar o, cavalo por favor. 바르바 이 꼬르따르 우, 까발루 뽀르 화보르	Corte de pelo y afeitado, por favor. 꼬르떼 데 뻴로 이 아후에~이따도, 뽀르 화보~르
Li preferisco tagliati corti 리 쁘래풰리스꼬 딸리아띠 꼬르띠	Bem curto, por favor. 뱅 꾸르뚜, 뽀르 화보르	Por favor, corte el pelo corto. 뽀르 화보~르, 꼬르떼 엘 뻴로 꼬르또
Tagli un poco. per favore. 딸리 운 뽀꼬 뻬르 화보래	Só aparar, por favor, 소 아빠라르, 뽀르 화보르	Córteme el pelo un poco. 꼬르떼메 엘 뻴로 움 뽀꼬 por favor. 뽀르 화보~르
Desidero un'ondulazione perma- 대씨대로 운온둘라찌오내 nente *leggera* [forte]. 뻬르마낸때 래쩨라(휘르때))	Uma permanente *leve* [forte]. 우마 뻬르마낸찌 래비(휘르찌)	Quisiera hacerme la permanente leve(fuerte) 끼시에라 아쎄~르메 라 뻬르아낸때 por favor. 레베(후에르떼), 뽀르 화보~르
Lo shampoo e la messa 로 샴뿌 애 라 멧사 in piega, per favore. 인 삐애가, 뻬르 화보래	Shampu e penteado, por favor. 샴뿌 이 뻰떼아두, 뽀르 화보르	Por favor, lavado y marcado. 뽀르 화보~르, 라바도 이 마르까도
lo shampoo 로 샴뿌	o shampu／barba 우 샴뿌／바르바	el lavado de pelo pelugueria 엘 라바도 데뻴로 뻴루께리~아

한국어　韓國語	불란서어　FRANÇAIS	독일어　DEUTSCH
이발	la coupe de cheveux 라 꾸쁘 드 슈브	das Haarschneiden 다스 하-르슈나이덴
얼마입니까?	Combien ? 꽁비앵	Was wird es kosten ? 봐스 뷔르트 애스 코스텐
팁은 포함되어 있습니까?	le pourboire est-il compris ? 르 뿌르브와르 에-띨 꽁프리	Ist Ihr Trinkgeld einge schlossen ? 이스트 이어 트링겔트 아인게로쎈
아침식사	**PETIT DÉJEUNER** 쁘띠 데쥬네	**FRÜHSTÜCK** 후리이슈틱크
내일 아침 식사를 부탁하고 싶어요.	Je voudrais commander mon 쥬 부드래 꼬망데 몽 쁘띠 petit déjeuner pour demain. 데쥬네 뿌르 드맹	Ich möchte Frühstück für 이히 뫼히테 후리슈틱크 퓨어 morgen bestellen. 모르겐 베슈텔렌
(7) 시에 부탁합니다.	Voulez-vous me servir le petit déjeuner à (7) heures. 불레-부 므 쎄르비르 르 쁘띠 데쥬네 아 쎄뙤르	Um (7) uhr, bitte. 움(지븐)우어, 빗테
~를 먹기 원한다.	Je voudrais manger~ 쥬 브르래 망제.~	Ich möchte flessen. 이히 뫼히테 플레쎈
커피/프림을 넣음	café/au lait 르 까페/오래	kaffee/mit Milch 카패~밑 밀히

이태리어　ITALIANO	포루투칼어　PORTUGUÊS	스페인어　ESPAÑOL
il taglio dei capelli 일 딸리오 대이 까뺄리	o corte de cabelo 우 꼬르찌 지 까밸루	el corte de pelo 엘 꼬르떼 데 뻴로
Quanto costa ? 꾸안또 꼬스따 ?	Quanto é ? 꽌뚜 애	¿ Cuánto cuesta ? 꾸안또 꾸에스따
Il servizio è compreso ? 일 쌔르비찌오 애 꼼쁘래조	Já está incluidaa goŕgeta ? 좌 이스따 인끌루이다 고르제따	Está incluido la propiria 에스따~인끌루이~도 라 쁘로삐~나
PRIMA COLAZIONE 쁘리마 꼴라찌오네	**CAFE DA MANHA~** 까훼 다 마냥	**DESAYUNO** 데사유~노
Vorrei ordinare la prima 보래이 오르디나래 라 쁘리마 colazione per domani. 꼴라찌오내 빼르 도마니	Gostaria de pedir o café da 고스따리아 지 빼지르 우 까훼 다 manhã de amanhã. 마냥 지 아마냥	Deseo pedir el desayuno para 데세오 뻬디~르 엘 데사유~노 mañana. 빠라 마냐~나
Alle (7), per favore. 알래(쌔때) 빼르 화보래	Quero tomar o café da manhã. 깨루 또마르 우 까훼 다 마냥 ás 7 horas. 아스 세치 오라스	Deseo tomarlo a las (7). 데세오 또마~를로 아 라스 시에떼
Mi da~ ? 미 다	Gostaria de tomar~. 고스따리아 지 또마르~	Ahora digo los platos que 아오~라 디고 로스 쁠라~또스께 me qustan. 메 구스딴
un caffé／con latte 운까훼／꼰 라때	o café／com leite 우 까훼／꽁 래이찌	el café／con leche 엘 까훼~／꼰 레~체

한국어　韓國語	불란서어　FRANÇAIS	독일어　DEUTSCH
홍차/레몬을 넣음	le thé/au citron 르 떼/오 씨트롱	Tee/mit Zitrone 테/밋트 찌트로-네
오렌지 쥬스	le jus d'orange 르 쥐 도랑쥬	der Orangensaft 데어 오랑엔쟈프트
토마스 쥬스	le jus de tomate 르 쥐드 또마뜨	der Tomatensaft 데어 토마텐쟈프트
오믈렛	l'omelette 로므레뜨	das Omulette 다스 오물렛테
계란 후라이/햄과 함께	l'oeuf au plat/avec jambon 뢰프 오 쁠라/아베끄 장봉	das Spiegelei/mit Schinken 다스 슈피-겔/밋트 쉭켄
베이콘과 함께	avec bacon 아베끄 바꽁	mit Speck 밋트 슈펙크
전달걀	des oeufs brouillés 데 죄 브루이에	das Rührei 다스 뤼-라이
삶은 달걀	l'oeuf dur 뢰프 뒤르	das gekochte Ei 다스 게코흐테 아이
반숙/완숙	l'oeuf à la coque/l'oeuf dur 뢰프 아라 꼬끄/뢰프 뒤르	weich gekocht/hart gekocht 봐이히 게코흐트/하르트 게코흐트
토스트/롤빵	le toast/le petit pain 로 또스뜨/르 쁘띠 뺑	das Toastbrot/das Brötchen 다스 토아스트브로트/다스 브룃트헨
잼[설탕절인 과일]	la confiture 라 꽁피뛰르	die Knofitüre 디이 크노피튀-레

이태리어 ITALIANO	포루투칼어 PORTUGUÊS	스페인어 ESPAÑOL
un tè/con limone 운 때/꼰 리모내	o chá/com limão 우 샤/꽁 리마웅	el té/con limón 엘 떼~/꼰 리몬
un'aranciata 운 아란챠따	o suco de laranja 우 쑤꾸 지 라랑쟈	el jugo de naranja 엘 후~고 데 나랑~하
un succo di pomodoro 운 쑤꼬 디 뽀모도로	o suco de tomate 우 쑤꾸 지 또마찌	el jugo de tomate 엘 후~고 데 또마~떼
una frittata 우나 후릿따	uma omelete 우마 오맬래찌	la tortilla española 라 또르띠야 에스빠~놀~라
le uova fritte/con prosciutto 래 우오바 후리떼/꼰 쁘로쉬우또	ovos fritos/com presunto 오부스 후리뚜스/꽁 쁘래준뚜	el huevo frito/con jamón 엘 우에보 후리~또/꼰 하몬~
con pancetta 꼰 빤체따	com toucinho 꽁 또우신뉴	con tocino 꼰 또씨~노
le uova strapazzate 래 우오봐 스트라빠짜때	ovos mexidos 오부스 매쉬두스	los huevos revueltos 로스 우스 르레부엘또스
l'uovo sodo 루오보 쏘도	ovos cozidos 오부스 꼬지두스	el huevo duro 엘 우에보 두~로
l'uovo alla coque/l'uovo 루오보 알라 꼬꿰/루오보	ovos quentes/bem cozidos 오부스 깬찌스/뱅 꼬지두스	el huevo pasado por aguá/ 엘 우에보 빠사도 뽀르
sodo 쏘도		el huevo duro 아구아/엘 우에보 두~로
il pane tostato/il panino 일 빠내 또쓰따또/일 빠니노	a torrada/pãozinho 아 또하다/빠웅진뉴	la tostada/el panecillo 라 또스따~다/엘 빠네씨~요
la confettura 라 꼰훼뚜라	a geléia 아 젤레이아	*la mermelada* [la confitura] 라 메르멜라~다[라 꼰휘뚜~라]

135

한국어　韓國語	불란서어　FRANÇAIS	독일어　DEUTSCH
버터	le beurre 르 뵈르	die Butter 디이 붓터
쨈	la marmelade 라 마르므라드	die Marmelade 디이 마르멜라—데
따뜻한 〔찬〕 우유	le lait *chaud* 〔froid〕 르래 쇼〔프르와〕	die *warme* 〔kalte〕 Milch 디이 봐르메〔칼테〕 밀히
출　발	DÉPART 데빠르	ABREISE 압라이제
내일 아침 (8)시에 떠납시다.	Je partirai demain à (8) heures. 쥬 빠르띠래 드맹 아 위뙤르	Ich möchte morgen um 이히 뫼히테 모르겐 움 (8) Uhr abreisen. (8) 우—어 압라이젠
지금 체크 아웃 하겠습니다.	Je vais régler ma chambre main- 쥬 베 레글래 마 샹브르 tenant. 맹뜨낭	Ich möchte jetzt abreisen. 이히 뫼히테 옛쯔트 압라이젠
보이를 보내서 짐을 내려 주세요.	Faites venir un bagagiste pour 패뜨 브니르 엉 바가지스뜨 뿌르 descendre mes bagages, s'il vous 데상드르 메 바가쥬 씰부쁘래 plaît. 대산도루 매 바가~쥬 스이루 부~쁘래	Lassen Sie bitte einen 라쎈 —빗테 아이넨 Gepäckträger zu mir kommen. 게팩크트래—거 쭈— 미어 콤멘
계산을 부탁합니다.	Préparez ma note, s'il vous plait. 프레빠레 마 노뜨 씰 부 쁘래	Die Rechnung bitte. 디이 레히눙 빗테

이태리어 ITALIANO	포루투칼어 PORTUGUÊS	스페인어 ESPAÑOL
il burro 일 부로	a manteiga 아 만때이가	la mantequilla 라 만떼끼~야
la marmellata 라 마르맬라따	a marmelada 아 마르맬래다	la mermelada 라 메르멜라~다
il latte *caldo* [freddo] 일 라 때 깔도 (후래또)	o leite *quente* [gelado] 우 래이찌 깬찌 [잴라두]	la leche *caliente* [frio] 라 레~체 깔리엔떼 [후리~오]
PARTENZA 빠르땐짜	**DESOCUPAR O QUARTO** 데조꾸빠르 우 꽈르뚜	**DEJAR LA HABITACIÓN** 데하~르 라 아비따씨온
Partirò domattina alle (8) 빠르띠로 도마띠나 알레(오또)	Partirei às (8)horas amanhã 빠르 찌래이 아스(오이뚜)오라스 아마냥 cêdo. 쎄두	Partiré mañana a las (8) 빠르띠레~마냐~나 아 라스(오쵸) de la mañana 데 라 마냐~나
Sto lasciando la camera. 스또 라샨도 라 까메라	Já estou desocupando o quarto. 쟈 이스또우 데조꾸빤두 우 꽈르뚜	Ahora, voy a dejar la 아오~라 보이 아 데하~르 habitación. 라 아비따씨온~
Mi manda un facchino per 미 만다 운 홧끼노 뻬르 sccndere i bagagli ? 샨대래 이 바갈리	Pode mandar um carregador 뽀지 만다르 웅 까해 가도르 para a bagagem. por favor ? 빠라 아 바가쟁, 뽀르 화보르	Mande un botones, por favor, 만데 운 보또~네스 뽀르 화보~르 para bajar mi equipaje. 빠라 바하~르 미에끼빠헤
Il conto, per favore. 일 꼰또, 뻬르 화보레	A minha conta, por favor. 아 미냐 꼰따, 뽀르 화보르	La cuenta, por favor. 라 꾸엔따 뽀르 화보~르

호텔에서

한국어 韓國語	불란서어 FRANÇAIS	독일어 DEUTSCH
여행자 수표는 받습니까?	Prenez-vous les chèques de voyage ? 푸르네-뿌레쎄끄 드 봐야쥬	Darf ich mit Reiseschecks zahlen ? 다르후 이히 밋트 라이제섹크스짜알렌
맡긴 귀중품을 돌려 주세요.	Je désire prendre mes objets de 쥬 데지르 프랑드르 메 조브제드 valeur. 발뢰르	Könnte ich bitte meine 쾬테 이히 빗테 마이네 Wertsachen zurück bekommen ? 베르트자ㅎ헨쮸릭크 베콤맨
이 호텔은 좋았습니다.	J'ai fait un très bon séjour ici. 쟤 패 엉 트레 봉 쎄주르 이씨	Der Aufenthalt bei Ihnen 데어 아우휀트할트 바이 이-넨 war sehr anqenehmen 바-아 제-어 안게네-맨
이 짐을 ~시까지 맡아 주세요.	Gardez ces bagages jusqu'à~ 갸르데 쎄 바가쥬 쥐스까~ heures, s'il vous plaît 뢰르, 씰부 쁘래	Bewahren Sie bitte dieses 베바-렌 지이 빗테 디이제스 Gepäck bis~ Uhr auf. 게팩크 비스-우-어 아웃후
택시를 불러 주세요.	Appelez-moi un taxi, s'il vous plaît. 아쁠레-~므와 엉 딱씨, 씰 부 쁘래	Rufen Sie ein Taxi bitte. 루-펜 지이 아인 탁시 빗테
메이드(하녀) 지배인 로비	la femme de chambre 라 팜므 드 샹브르 le gérant 르 제랑 le hall 르 올	das Zimmermädchen 다스 찜머매트헨 der Direktor 데어 디렉토어 die Halle 디이 할레

이태리어 ITALIANO	포루투칼어 PORTUGUÊS	스페인어 ESPAÑOL
Accettate i travellers cheques ? 아체따때이 트라벨래 께꿰스	Aceitam cheques de viagem ? 아쌔이땅 쉐끼스 지 뷔아쟁	¿ Aceptan cheque viajero ? 아쎕딴 체께 비아헤~로
Vorrei ritirare i miei oggetti 보래이 리띠라래 이 미애이 오젯띠 di valore in custodia. 디 발로래 인꾸스또디아	Gostaria de retirar meus 고스따리아 지 해찌라르 매우스 objetos de valor, por favor. 오바제뚜스 지 뷔 빨로 뽀르 화보르	Por favor, devuélvame mis 뽀르 화보~르 데부엘~바메 미스 efectos de valor depositados. 어헥또스 데발로~르 데뽀시따~도스
Si sta molto bene in questo 씨 스따 몰또 배네 인 꿰스또 albergo. 알베르고	Meu serviço foi de primeira. 매우 쎄르뷔쑤 휘이 지 쁘리매이라	Ei servicio de este hotel 엘 세르비씨오 데 에스떼 오뗄~ ha sido excelente. 아 시도 에스쎌렌~떼
Posso lasciare questo bagaglio 뽀쏘 라사리 꿰스또 바갈리 fino alle~ ? 휘노 알래	Pode guardar esta bagagem 뽀지 주아르다르 애스따 바가쟁 até ás~ ? 아때 아스~	Haga el favor de guardar 아가 엘 화보~르 데 구아르다~로 este equipaje hasta las~. 에스떼 에끼빠헤 아스따 라스
Mi chiama un tassi per favore ? 미 끼아마 운 땃시. 뻬르 화보래	Pode chamar um táxi, por favor ? 뽀지 샤마르 웅 딱씨, 뽀르 화보르	Por favor, IIame un taxi. 뽀르 화보~르 이야메 운 딱시
la cameriera 라 까메리애라 il direttore 일 디래또래 La sala 라 쌀라	a servente 아 쎄르뻰찌 o gerente 우 재랜찌 o vestíbulo 우 붸스찌불루	la camarera 라 까마레~라 el gerente 엘 헤렌떼 el vestibulo 엘 베스띠~불로

호텔에서

한국어　韓國語	불란서어　FRANÇAIS	독일어　DEUTSCH
숙박 카드	la fiche d'inscription 라 피슈 댕스크립씨옹	das Anmeldungsformular 다스 안멜둥스포-르뮬라-
후론트 담당	la réception 라 레쎕씨옹	der Hotelangestellte am Empfang 데어 호텔안게스텔테 암 엠팡
아침 식사 포함	avec petit déjeuner compris 아베크 쁘띠 데쥬네 꽁프리	mit Frühstück 미트 후뤼슈틱크
2식 포함	avce deux repas compris 아베끄 뒤 르빠 꽁프리	mit zwei Mahlzeiten 미트 쯔바이 말-짜이텐
안내	le concierge 르 꽁씨에르쥬	der Hotelangestellte an der Auskunft 데어 호텔안게슈텔테 안 데어 아우스쿤프트
식당	le restaurant 르 레스또랑	das Restaurant 다스 레스토랑
그릴	le bar-restaurant 르 바-레스또랑	das Grill-Restaurant 다스 그릴-레스토랑
스낵빠	le bar 르 바	die Snackbar 디이 슈낙크바
커피숍	le café 르 까페	das Café 다스 까페-
연회장	la salle de banquet 라 쌀르 드 방께	der Festsaal 데어 풰스트잘-
비상구	la sortie de secours 라 쏘르띠 드 스꾸르	der Notausgang 데어 노트아우스강

이태리어 ITALIANO	포루투칼어 PORTUGUÊS	스페인어 ESPAÑOL
i moduli di registro 이 모둘리 디 래지스뜨로 il ricevimeuto 일 리체비멘또 con prima colazione 꼰 쁘리마 꼴라지오네	o cartão de registro 우 까르따웅지 해지스뜨루 o(a) recepcionista 우(아) 해쎕씨오니스따 com café da manhã 꽁 까풰 다 마냥	la tarjeta de alojamiento 라 따르헤~따 데 알로하미엔또 el [la] recepcionista 엘[라] 레쎕씨오니스따 con desayuno 꼰 데사유~노
la con due prazo 라꼰 두에 쁘란쯔 informazione 인 휘르마찌오네 il ristorante principale 일 레스또란때 쁘린치빨래	com duas refeições 꽁 두아스 해풰이송이스 o informante 우 잉휘르만찌 o restaurante 우 해스따우란지	con dos comidas 꼰 도스 꼬미~다스 el [la] guía 엘 (라) 기~아 el comedor 엘 꼬메도~르
il grill 일 그릴 il bar 일 바르 il cafe shop 일 까풰	a churrascaria 아 슈하스까리아 a bar 아 바르 o café 우 까풰	el grill 엘 그릴 el snack bar / la cafetería 엘 스낙 바르 / 라 까풰 떼리~아 el café 엘 까풰
la sala dei banchetti 라 싸라 대이 빵께떼 l'uscita d'emergenza 룻쉬따 데매르젠짜	o salão de banquetes 우 쌀리웅 지 방께찌스 a saida de emergência 아 사이다 지 에매르젠씨아	el salón de banquetes 엘 살론~데 방께~떼스 la salida de emergencia 라 살리다 데 에메르헨씨아

호텔에서

한국어 韓國語	불란서어 FRANÇAIS	독일어 DEUTSCH
진료실 (의무실)	la clinique 라 끌리니끄	die Erste Hilfe 디 에르스테 힐훼
의사	le médecin 르 메드쌩	der Arzt 데어 아르쯔트
귀중품 보관소	le service des coffres-forts 로 쎄르비스 데 꼬프르-포르	der Hotelsafe 데어 호텔자페
아케이드	les arcades 레 자르까드	die Ladenstraβe? 디이 라-덴슈트라-쎄
지하	le sous-sol 르 쑤~쏠	des Untergeschoβ 다스 운터게쇼쓰
일 층	le rez-de-chaussée 르레~드 쇼쎄	das Erdgescho 다스 에르트게쇼쓰
이 층	le premier étage 르 프르미에 에따쥬	die erste Etate 디이 에르스테 에타테
에레베이타	l'ascenseur 라쌍쐬르	der Lift 데어 리프트
계단	l'escalier 레스깔리에	die Treppe 디이 트레페
독방	la chambre à unlit 라 샹브르 아 엉리	das Einzelzimmer 다스 아인쩰찜머
트윈 베드가 달린방	la chambre à deuxlits 라 샹브르 아뒤리	das Doppelzimmer 다스 돕펠찜머
어린이용 베드	le lit d'enfant 르 리 당팡	das Kinderbett 다스 킨더벳트

이태리어 ITALIANO	포루투칼어 PORTUGUÊS	스페인어 ESPAÑOL
il gavinetto medico 일 가비네또 메디꼬	a enfermaria 아 앤훼르마리아	la clínica／la enfermerla 라 끌리~니까／라 엔훼르메리~아
il medico 일 메디꼬	o médico 우~매지구	el médico 엘 메~디꼬
la cassetta di sicurezza 라 까쌧따 디 씨꾸래싸	o cofre para objetos de valor 우 꼬후리 빠라 옴제뚜스 지 발로르	el depósito de efectos de valor 엘 데뽀~시또 데 에훽또스 데 발로~르
la galleria di negozi 라 갈래리아 디 네꼬찌	a arcada 아 아르까다	la arcada 라 아르까~다
il piano sotteraneo 일 삐아노 쏘때라네오	o porão 우 뽀라옹	el sótano／el subsuelo 엘 소~따노／엘 숩수엘로
il pianterreno 일 삐앗때래노	o andar térreo／o rés de chão 우 안다르 때해우／우 해스 지 샤웅	la planta baja／el piso baio 라 쁠란따 바하／엘 피소 바호
il primo piano 일 쁘리모 삐아~노	o primeiro andar 우 쁘리매이루 안다르	el primer piso／el segundo piso 엘 쁘리메~르 삐소／엘 세군도 삐소
l'ascensore 랏쎈 소~래	o elevador 우 앨래화도르	el ascensor 엘 아스쎈소~르
la scala 라 스깔라	a escada 아 이스까다	la escalera 라 에스깔레~라
la camera singola 라 까메라 씬골라	o quarto de solteiro 우 꽈르뚜 지 쏠때이루	la habitación sencilla 라 아빠씨온 쎈씨~야
la camera doppia 라 까메라 돗삐아	o quarto com duas camas 우 꽈르뚜 꽁 두아스 까마스	la habitación con dos camas 라 아비따씨온~ 꼰 도스 까마스
il lettino del bambino 일 래띠노 델 밤비노	o berço de criança 우 배로쑤 지 끄리안싸	la cuna 라꾸~나

143

* 식사 예절을 지나치게 마음쓰면 요리의 맛을 느끼지 못한다.
* 저녁식사는 일반적으로 정장이 바람직하며 식사중에는 지나치게 소리를 내지 않도록 주의하고 나이프와 포오크는 바깥쪽부터 사용하고 빵은 손으로 뜯어서 입에 넣는다.
* 요리는 정식과 한가지요리로 크게 나눈다.
  ※정식 - 오르되브르(hors-d'oeuvre ; 서양요리에서 수프 전에 나오는 요리)
  ※한가지 요리(á la carte) - 한가지마다 각각 가격이 붙어있으며, 좋아하는 것을 한가지씩 주문하면 된다.

※메뉴는 손으로 써서 더욱 어려운것이 많다. 일일이 알아두는 것도 좋지만 잘모르겠으면 부끄러워 하지 말고 웨이터에게 물어보는 것이 좋다.
* 양식의 일반적인 코스
  아침식사 - 유럽에서는 빵에 쨈이나 버터 쏘세지 또는 계란을 곁들여 차와 함께 든다. 미국에서는 차와 과일 또는 쥬스, 토스트 또는 롤빵, 계란, 쏘세지 또는 베이컨등을 곁들어 든다.
  점심식사 - 음식의 종류가 적고 샌드위치, 디저트, 커피 등이 일반적이다. 계란, 고기,

야채, 사라다등도 주문할 수 있다.
저녁식사 — 따뜻한 음식이 나온다. 스프 또는 오트볼에서 시작하여 매인코스, 디저트 순으로 나온다.

레스토랑에서

한국어 韓國語	불란서어 FRANÇAIS	독일어 DEUTSCH
안 내	**RENSEIGNEMENT** 랑 쎄뉴망	**AUSKUNFT** 아우스쿤프트
이 근처의 좋은 음식점을 가르쳐 주세요.	Pouvez-vous me recommander un 뿌베-부 므 르꼬망데엉 bon restaurant près d'ici ? 봉 레스또랑 프레 디씨	Können Sie mir ein gutes Restaurant hier in 퀸넨 지이 미어 아인 굿-테스 레스토랑 히어 인 der Nähe empfehlen ? 데어 내ㅎ에 엠프휄-렌
그다지 비싸지 않은 음식점이 좋습니다.	Je voudrais aller dans un restau- 쥬 브드래 잘레당 정 레스또랑 rant pas trop cher. 빠 트로 쎄르.	Ein nicht zu teueres bitte. 아인 니히트 쭈 토이어레스 빗테
조용한 분위기의 음식점이 좋습니다.	Je préfère un restaurant où l'on 쥬 프래패르 엉레스또랑우롱 뿌~만 peut manger tranquillement. 쁘 망제 트랑낄르망	Lieber ein ruhiges Haus. 리-버 아인 루히게스 하우스
영어가 통하는 레스토랑이 좋습니다.	Je préfère un restaurant où 쥬 프레페르 엉 레스또랑 우 l'on parle anglais. 롱 빠를르 앙글래	Ein Restaurant bitte, wo ich 아인 레스토랑 빗테, 보 이히 auf Englisch bestellen kann. 아웃후 엥리쉬 베슈텔렌 칸
이 지방의 명물 요리를 먹고 싶은데요.	J'aimerais goûter une spécialité 쟴므래 구떼 윈느 스페시알리떼 du pays 뒤 뻬이	Ich möchte die Spezialität 이히 뫼흐테 디이 슈페찌알리탵 dieser Gegend versuchen. 디-저 게겐트 훼어주헨

이태리어 ITALIANO	포르투칼어 PORTUGUÊS	스페인어 ESPAÑOL
INFORMAZIONE 인훠르마쩨오네	**INFORMACÃO** 인휘루마 마존	**INFORMACIÓN** 인훠르마씨온
Mi consiglia un buon 미 꼰씰리아 운 부온 ristorante qui vicino ? 리스또란때 뀌 비치노	Poderia me recomendar um 뽀대리아 미 해꼬맨다르 웅 bom restaurante aqui perto ? 봉 해스따우란찌 아끼 뻬르뚜	¿ Puede Ud. recomendarme un 뿌에데 우스땓 ~ 르레꼬멘다 ~ 르메 움 bnen restaurante cerca de aquí ? 부엔 르레스따우란떼 쎄르까데 아끼이
Preferisco un ristorante 쁘래훼리스꼬 운 리스또란때 che non costi troppo. 께 논 꼬스띠 뜨로뽀	Um restaurante não muito caro. 웅 해스따우란찌 나웅 무이뚜 까루	Prefiero un restaurante no 쁘레휘에~로 운 르레스따우 muy caro. 란떼 노 무이 까~로
Preferisco un ristorante con 쁘래훼리스꼬 운 리스또란때 꼰 l'ambiente tranquillo. 람비엔떼 뜨랑낄로	Um restaurante tranquilo. 웅 해스따우란찌 뜨랑낄루	Prefiero un restaurante con 쁘레휘에~로 운르레쓰따우란떼 꼰 un ambiente tranquilo. 운 암비엔떼 뜨랑낄로
Preferisco ristorante dove 쁘래훼리스꼬 리스또란때 도베 si parla inglese. 시 빠를라 잉글래재	Gostaria de um restaurant 고스따리아 지 웅 해스따우란찌 onde se fale inglês. 온지 시 활리 잉글래스	Prefiero un restaurant en 쁘레 휘에~로 운 르레스따우 que se hable inglés 란떼 엔께 세 아블레 잉글레~스
Vorrei qualche specialità locale. 보래이 꾸알께 쓰뻬치알리따 로깔래	Quero comer ùm prato bem 깨루 꼬마르 웅 쁘라뚜 뱅 típico. 찌뻬구	Quiero tomar la especialidad 끼에로 또마~르 라에스뻬씨알리닫~ de este lugar. 데 에스떼 루가~르

한국어　韓國語	불란서어　FRANÇAIS	독일어　DEUTSCH
그런 음식점을 하나 가르쳐 주세요	Voulez-vous m'indiquer un de ces 블래-부 맹디께 엉 드 restaurants, s'il vous plaît. 쎄 레스또랑, 씰 부 쁘래	Bitte empfehlen Sie mir 빗테 엠펠렌 지이 미어 ein solches Restaurant. 아인 졸헤스 레스토랑
이 근처에 중국 음식점이 있습니까?	Ya-t-il un restaurant chinois à 이아 띨 엉 레스또랑 la proximité? 시노아 아 라 프록시미떼	Gibt es hier in der Nähe 깁트 애스 히어 인 데어 내-어 ein chinesisches Restaurant 아인 히네-짓슈에스 레스토랑
이태리 요리 프랑스 요리 중국 요리	la cuisine italienne 라 뀌진느 이딸리엔느 la cuisine française 라 뀌진느 프랑쎄즈 la cuisine chinoise 라 뀌진느 시노아즈	italienisches Essen 이탈리에니슈에스 에쎈 französisches Essen 프란쬐슈에 에쎈 chinesisches Essen 히네지슈에 에쎈
일본 요리 향토 요리	la cuisine japonaise 라 뀌진느 자뽀내즈 la cuisine locale 라 뀌진느 로깔로	japanisches Essen 야파니슈에 에쎈 örtliches Essen 외르틀리헤스 에쎈
여기서 예약을 해 주시겠습니까?	Pouvez-vous me faire une réservation d'ici? 뿌베-부 므 패르 윈느 레제르 바씨옹 디씨	Können Sie mir einen Tisch bestellen? 쾬넨 지이 미어 아이넨 팃쉬 베슈텔렌
(7)시에 (2) 자리 부탁합니다.	Je voudrais réserver une table 쥬브드래 레제르베 윈느 따블르 pour (2) personnes à (7) heures? 뿌르 뒤 뻬르쏜느 아 세뙤르	Einen Tisch für (2) 아이넨 팃쉬 휘어 (쯔바이) Personen um (7) Uhr bitte. 페르조넨 움 (지-벤)우-어 빗테

이태리어 ITALIANO	포루투칼어 PORTUGUÊS	스페인어 ESPAÑOL
Mi può consigliare uno di 뫼 뿌오 꼰씰리아래 우노 디 tali ristoranti. 딸리 리스또란띠	Poderia me recomendar um 뽀데리 아 미 해꼬 맨다르 움 restaurante por favor ? 헤스따우란 쩨 뽀르 화보르	Por favor, enséñeme uno 뽀르 화보~르 엔세~네메 우노 de esos restaurantes. 데 에소스 레스따우란떼스
C'è un ristorante cinese qui 체 운 리스또란떼 치내제 뀌 vicione ? 비치노	Não tem restaurante chines aqui 나웅 땡 헤스따우란쩨 쉬네스 아끼 perto ? 빼르뚜	¿ Aquí cerca hay un restaurante 아끼이 쎄르까 아이 운 레스따우란떼 de comida china ? 데 꼬미~다 치~나
la cucina italiana 라 꾸치나 이딸리아나 la cucina francese 라 꾸치나 후랍체재 la cucina cinese 라 다치나 치내제	a comida italiana 아 꼬미다 이딸리아나 a comida francesa 아 꼬미다 후랑세쟈 a comida chinesa 아 꼬미다 쉬네스	la comida italiana 라 꼬미~다 이딸리아~나 la comida francesa 라 꼬미~다 후란쎄~사 la comida china 라꼬미~다 치~나
la cucina giapponese 라 꾸치나 쟈뽀내재 la cucina locale 라 꾸치나 로깔래	a comida japonesa 아 꼬미다 쟈뽀네자 a comida local 아 꼬미다 로까우	la comida japonesa 라 꼬미~다 하뽀에~사 la comida regional 라꼬미~다 레히오날~
Si può prenotare qui ? 씨 뿌오 쁘래노 따래 뀌	Poderia fazer a reserva para mim ? 뽀대리아 화재르 아 해제르봐 빠라 밍	¿ Aquí se puede hacer la reservación ? 아끼이 세 뿌에데 아쎄르 라 레세르바씨온~
(2) posti alle (7). (두애)뽀스떠 알래(쎄때)	Mesa para(2) ~, aś(7) 매자 빠라(두아스), 아스(세치) horas. 오라스	Por favor, (2) asientos 뽀르 화보~르(도스) 아시엔또스 para las (7). 빠라 라스(시에떼)

한국어　韓國語	불란서어　FRANÇAIS	독일어　DEUTSCH
예약한 [김 보성]입니다.	Je suis (kim bo song). J'ai réservé une table. 쥬 슈이 [김 보성]제 훼레제르베 윈느 따블르	Ich habe einen Tisch bestellt. 이해 하-베 아이넨 팃쉬 베슈텔트 Mein Name ist Kim bo song 마인 나메 이스트 (김보성)
(3)사람 자리가 있습니까?	Avez-vous une table pour (3) personnes ? 아베 부 윈느 다블르 뿌르 트르와 뻬르쏜느	Haben Sie einen Tisch für (3) Personen ? 하-벤 지-아이넨 티쉬 휘어 (드라이) 페르조넨

주　문	COMMANDE 꼬망드	BESTELLUNG 베슈텔룽
식사 전에 술을 주세요.	Donnez-moi un apéritif, s'il vous plaît. 도네-므와 언 나뻬리띠프, 씰 부 쁘래	Ich möchte vor dem Essen ein Getränk haben. 이히 뫼히테 포어 뎀 에쎈 아인 케트랭크 하-벤
당신이 소개하신 요리를 들겠어요.	Je preonds le plat que 쥬 프랑 르 빨라끄 Vous m'aveg présenté(aveg) 부 마베 프레장떼	Ich möchte ein empfohlenes Menü Essen. 이히 뫼히테 아인 엠폴-레네스 메뉴 에쎈
주문표를 가져다 주세요.(메뉴)	la carte Apportez-moi(la) carte, s'il vous plaît 아~뽀르떼 므와 라 까르뜨 씰부 쁘레	Die Speisekarte bitte. 디 슈파이제카르테 빗테
영어 메뉴는 있습니까?	Avez-vous le menu en anglais ? 아베-부 르 므뉴 언 낭글래	Haben Sie die Speisekarte auf Englishch ? 하-벤 지 디 슈파이제카르테 아웃후 엥글리쉬

이태리어 ITALIANO	포루투칼어 PORTUGUÊS	스페인어 ESPAÑOL
Sono(Kim bo song) e ho la 쏘~노(김 보성)애 오 라 prenotazione. 쁘레노따찌오네	Sou (Kim bo song) Tenho uma 쏘우(김 보성), 땐뉴 우마 reserva de mesa. 해재르봐 지 매자	Soy (Kim Bo-sung) tengo hecha 소이(김 보성) 땡고, 에차 la reservación. 라 레세르바씨온~
C'è un tavolo per (3) ? 체 운 따볼로 빼르(뜨래)	Tem mesa livre(3) pessoas ? 땡 매자 리브리(뜨래스)빼소아스	¿ Hay mesa para(3) personas ? 아이 메사 빠~라(뜨레스) 뻬르소~나스

ORDINE 오르디이네	PEDIDO 뻬지투	PEDIDO 뻬디이~도
Mi da un aperitivo ? 미 다 운 아뻬리띠보	De-me um aperitivo, por favor. 우 까르다삐우, 뽀르 화보르	Tráigame un aperitivo. 뜨라~이가메 운 아뻬리띠보
Prendo quello che me consiglia 쁘랜도 꿸로 께 메 꼰씰리아 lei. 래이	Aceitarei uma boa sugestão. 아쎄이따래이 우마 보아 쑤제스따우웅	Tomaré el plato recomendado 또마레~엘 쁘랄~또 레꼬렌타~도 por usted. 뽀르 우스땐~
Mi fa vedere la lista ? 미 화 베대래 라 리스따	O cardápio, por favor. 우 까르다삐우, 뽀르 화보르	Menú, por favor. 메누~ 뽀르 화보~르
Avete una lista in inglese ? 아베때 우나 리스따 인 잉글레재	Não tem um cardápio em Inglês ? 나웅땡 웅 까르다삐우 잉 잉글래스	¿ Tiene menú escrito en inglés ? 띠에네 메누~ 에스끄리~또 엔 잉글레 ~스

레스토랑에서

한국어 韓國語	불란서어 FRANÇAIS	독일어 DEUTSCH
이 식당에서 잘하는 음식은 무엇입니까?	Quelle est la spécialité de la maison? 껠 레 라 스뻬시알리떼 드 라 매종	Welches ist die Spezialität dieses Restaurants? 벨-헤스 이스트 디 슈페찌알리탯트 디제스 레스토랑
그것을 먹겠어요.	Je le prends. 쥬 르 프랑	Das möchte ich haben. 다스 뫼히테 이히 하-벤
저는 정식으로 하겠어요.	Je prendrai un menu. 쥬 프랑드래 엉 므뉘	Ich möchte das Menü nehmen. 이히 뫼히테 다스 메뉘 네-멘
이것을 주세요.	Donnez-moi ceci, s'il vous plaît. 도네-므와 스씨, 씰 부 쁘래	Ich möchte dieses haben. 이히 뫼히테 디제스 하-벤
오토블과 고기〔생선〕요리를 하나 주세요.	Je désire un hors-d'oeuvre et de 쥬 데지르 엉 노르되브르 에 드 *la viande* [du poisson]. 라 비앙드 〔뒤 쁘와쏭〕	Eine Vorspeise und ein 아이네 휘르슈파이제 운트 아인 *Fleisch* [Fisch]-gericht bitte. 홀라이쉬〔휘쉬〕게리히트 비테
오늘은 특별 메뉴가 있습니까?	Avez-vous un plat du jour? 아베 부~앙 쁠 뒤 주르	Haben Sie ein Tagesgericht? 하-벤 지-아인 타게게리히트
곧 됩니까?	Pouvez-vous servir tout de suite? 뿌베-부 쎄르비르 뚜드쉬트	Kann ich es sofort haben? 칸 이히 에스 조포르트 하-벤

152

이태리어 ITALIANO	포루투칼어 PORTUGUÊS	스페인어 ESPAÑOL
Qual'é la specialità di questo ristorante? 꾸알레 라 스뻬치알리따 디 꿰스또 리스또란떼	Qual é a especialidade da casa? 꽐 애 아 이스뻬씨알리다지 다 까자	¿ Cuál es la especialidad de este restaurante? 꾸알 에스 라 에스뻬씨알리닫~데 에스떼 떼스따우란~떼
Lo prendo. 로 쁘랜도	Tomarei isso. 또마래이 이쑤	Tomaré eso. 또마레~에소
Lo prenderei il menu del giorno. 이오 쁘랜데래이 일 메누 델 죠르노	Quero o prato do dia. 께루 우 쁘라뚜 두 지아.	Voy a tomar el munú del día. 보이 아 또마~르 엘 메누~ 델 디아
Mi da questo? 미 다 구에스도	Este prato, por favor. 애쓰찌 쁘라뚜, 뽀르 화보르	Déme esto. 데~메 에스또
Prendero un antipasto e 쁘랜데로 운 안띠빠스또에 una *carne*[pesce]. 우나 까르네	Petiscos e *carne*[peixe], 뻬찌스꾸스 이 까르니 [뻬이쉬], por favor, 뽀르 화보르.	Tomaré entremeses y un 또마레~엔뜨레메~세스 이 운 plato de *carne* [pescado]. 쁠라~또 데 까르네[뻬스까~도]
C'è un piatto speciale di giorno? 체 운 삐아또 스뻬치알레 디 죠르노	Tem alguma especialidade de hoje? 땡 알구마 이스때시알리다지 지 오지	¿ Tiene el menúespecial de hoy? 띠에네 엘 메누~에스뻬씨알~데 오이
Sarà pronto subito? 싸라 쁘론또 쑤비또	Posso ser servido imediatamente? 뽀쑤 쎄르 세르뷔드 이매디아따맨찌	¿ Puedo tenerlo enseguida? 뿌에도 떼레~를로 엔세기~다

레스토랑에서

한국어　韓國語	불란서어　FRANÇAIS	독일어　DEUTSCH
이 지방의 와인을 먹고 싶어요.	J'aimerais goûter du vin de la région. 쥬뗴래 구떼 뒤 뱅 드 라 레지옹	Ich möchte einen Wein aus dieser Gegend trinken. 이히 뫼히테 아이넨 바인 아우스 디이저 게겐트 트링켄
저것과 같은 것을 주세요.	Servez-moi la meme chose que cela. 쎄르베-므와 라 멤므 쇼즈 끄 스라	Bitte geben Sir mir das gleiche, was mein Nachbar hat. 빗테 게에벤 지이 미어 다스 글라이헤 봐스 마인 나흐바ー 핱
잘〔중간쯤, 살짝〕구워주세요.	Je le voudrais *bien cuit*〔à point, saignant〕. 쥬르 부드래 비앵 뀌〔아 뽀앵, 쎄냥〕	*Durchbraten*〔Halbdurch-gebraten, Halbroh〕bitte 두르히브라텐〔할프두르히-게브라텐, 할브로오〕빗테
이것은 제가 주문한 것이 아닙니다.	Ce n'est pas ce que j'ai commandé. 스 네 빠 스 끄 재 꼬망데	Das habe ich nicht bestellt. 다스 하아베 이히 니히트 베슈텔트
요리가 아직 안 와요.	Je n'ai pas encore été servi. 쥬 내 빠 정꼬르 에떼 쎄르비	Mein Essen kommt immer noch nicht 마인 에쎈 콤트 임머놓흐 니히트
먹는 방법을 가르쳐 주세요.	Dites-moi comment on doit manger ceci ? 디뜨-므와 꼬망 옹 드와 망제 스씨	Wie kann man das essen ? 뷔 칸 만 다스 에쎈

이태리어 ITALIANO	포루투칼어 PORTUGUÊS	스페인어 ESPAÑOL
Vorrei un vino della zona/proviucia 보래이 운 비노 댈라 쪼나/쁘로빈치아	Gostaria de provar o vinho desta zona. 고스따리아 지 쁘로 빠르 우 뷘뉴 대스따 죠나.	Deseo tomar vino de este lugar. 데세오 또마-르 비~노 데 에스떼 루가~르
Mi da lo stesso piatto di quello. 미 다 로 스뗏소 삐앗또 디 꿸로	Quero aquele prato, por favor. 깨루 아깰리 쁘라두, 뽀르 화보르	Déme ese mismo plato. 데~메 에세 미~스모 쁠라~또
Ben cotta [media, al sangue], 밴 꼬따(메디아, 알 상구에) per favore. 뻬르 화보레	Bem passado [médi medium] 뱅 빠싸두 [메지웅] por favor. 뽀르 화보르	Por favor, *bien pasado*[no muy pasado, poco pasado.] 뽀~르 화보~르 비엔 빠사~도(노 무이 빠사~도 뽀~꼬 빠사~도
Ma, questo non è quello che ho ordinato. 마, 꿰스또 논 에 꿸로 께 오 오르디나또	Não foi isto que eu pedi! 나웅 휘이 이스뚜 끼 애우 뻬디	Esto no es lo que he pedido. 에~스또 노 에스 로 께 에 뻬디~도
Non viene ancora il piatto. 논 비에네 앙꼬라 일 삐앗또	O meu prato não veio ainda. 우 매우 쁘라뚜 나웅 베이우 아인다	Todavía no viene mi plato. 또다비~아 노 비에~네 미 쁠라~ 또
Mi dica come mangiare. 미 디까 꼬메 만쟈래	Como se come isto? 꼬무 씨 꼬미 이스뚜	¿Cómo se come esto? 꼬~모 세 꼬~메 에~스또

레스토랑에서

한국어　韓國語	불란서어　FRANÇAIS	독일어　DEUTSCH
소금〔후추〕을〔를〕주세요.	Puis-je avoir *du sel* [du poivre]? 쀠-쥬 아봐르 뒤 셀〔뒤 쁘와브르〕	*Salz* [Pfeffer] bitte. 잘쯔(페퍼)빗테
물을 주세요.	Puis-je avoir de l'eau? 쀠-쥬 아봐르 드로	Wasser bitte. 바써 빗테
빵을 좀더 주세요.	Encore un peu de pain, s'il vous plaît. 앙꼬르 엉 쁘 드 뺑, 씰 부 뜨 쁘래	Noch etwas Brot bitte. 녹흐 엩바스 브로오트 빗테
담배하나 주시겠어요.	Puis-je avoir une cigarette? 쀠-쥬 아 봐르 윈느 씨가랫드	Darf ich rauchen? 다르후 이히 라우헨
맛있었어요.	C'était délicieux 세테대대리슈~	Es hat gut geschmeckt. 에스 하트 굿 게슈메크트
너무 많아서 남겼어요.	C'était tellement copieux que je 세테 텔망 꼬피위 끄 pas pu tout manger. 쥐네 파 뛰뚜 망제	Es war mir etwas zu viel. 에스 바-르 미어 엩바스 쮸 휘일
이 계산에 써어비스료는 포함 되어 있습니까?	Le service est-il compris dans 르 쎄르비스 에띨 꽁프리 l'addition? 당 라디씨옹	Ist die Bedienung in der 이스트 디이 베디눙 인 데어 Rechnung eingeschlossen? 레히눙 아인게슐로쎈

이태리어 ITALIANO	포루투칼어 PORTUGUÊS	스페인어 ESPAÑOL
Sale [Pepe], per favor. 살레(뻬뻬), 뻬르 화보레	*O sal* [a pimenta], por favor. 우 살[아 삐맨따]뿌르 화 보르	Por favor, *la sal* [la pimienta]. 뽀~르 화보~르 라 살[라 삐미엔~따]
Acqua, per favore. 앗꾸아, 뻬르 화보레	Agua, por favor. 아구아, 뽀르 화 보르	Agua, por favor. 아~구아 뽀~르 화보~르
Ancora un po' di pane, per favore. 앙꼬라 운 뽀디 빠네, 뻬르 화보레	Mais pão, por favor. 마이스 빠웅 뽀루 화 보르	Un poco más de pan, por favor. 움 뽀~꼬 마~스 데 빤 뽀~르 화보~르
Pvó darmi una sigaretta? 뿌오 다르미 우나 씨가레따	Dê-me cigarr, por favor, 대-미 씨가후, 뽀르 화 보르	Dé un cigarrillo, por favor. 데~ 운 씨가르리~로 뽀르 화보~르
Ottimo. 옷디이모	Estava delicioso. 에스따봐 댈리씨오주	Gracias, Estuvo delicioso. 그라~씨아스 에르뚜~보 댈리씨오~소
Ho lasciato, perchè è troppo. 오 라샤또, 뻬르께 에 뜨로뽀	sobrei porque era muito. 소브래이 뽀르께 애~라 무이뚜	No he podido tomarlo todo 노 에 뽀디~도 또마~를로 또~도 por ser demasiado 뽀~르 세~르 데마시아~도
Il servizio è incluso? 일 세르비찌오 에 인클루죠	O serviço já está incluído na conta? 우 새르뷔수 쟈 이스따 인클루이두 나 꼰따	¿Está incluido el servicio 에스따~인클루이~도 엘 세르비~씨오 en esta cuenta? 엔 에스따 꾸엔~따

157

레스토랑에서

한국어 韓國語	불란서어 FRANÇAIS	독일어 DEUTSCH
위스키 워터를 주시겠어요.	Donnez-moi un whisky à l'eau, s'il vous plaît. 도네-므아 엉 위스키 아 로, 씰 부 쁘래	Bringen Sie mir bitte Whisky und Wasser. 브링엔 지이 미어 비테 비스키이 운트 바써
급사	le garçon 르 갸르송	der Kellner 데어 켈너~
아침	le petit déjeuner 르 쁘띠 데쥬네	das Frühstück 다스 후뤼이슈튁
점심	le déjeuner 르 데쥬네	das Mittagessen 다스 밋탁에쎈
저녁	le dîner 르 디네	das Abendessen 다스 아-벤트에쎈
스프	la soupe 라 수쁘	die Suppe 디이 쥬페
콘소메/포타쥬	le consommé/le potage 르 꽁소메/르 뽀따쥬	die klare Suppe/die dicke Suppe 디이 클라아레 쥬페/디이 딕케 쥬페
밥	le riz(bouilli) 르 리(부이이)	der(gekochte) Reis 데어(게코ㅎ호테) 라이스
빠	le pain 르 뺑	das Brot 다스 브로오트
버터/잼	le beurre/la confiture 르 뵈르/라 꽁피뚜르	die Butter/die Konfitüre 디이 부터/디이 콘휘튀이레
치즈	le fromage 르 프로마쥬	der Käse 데어 케에제

이태리어 ITALIANO	포루투칼어 PORTUGUÊS	스페인어 ESPAÑOL
Whisky con l'acqua, per favore. 위스키 콘 랏구와 뻬르 화 보~래	Um uísque com água, por favor. 웅 위스끼 꽁 아구아, 쁘르 화 보르	Por favor, déme whisky con agua. 뽀~르 화보르 데~메 위이~스끼 콘 아~구아
il cameriere 일 까메리에레	o garçon. 우 가르쏭	el mozo 엘 모~쏘
la prima colazione 라 쁘리마 꼴라찌오네	o café da manhã 우 까훼 다 만냥	el desayuno 엘 데사유~노
il pranzo 일 쁘란쏘	o almoço 우 알모쑤	el almuerzo 엘 알무에~르쏘
la cena 라 체나	o jantar 우 쟌따르	la cena 라 쎄~나
la zuppa 라 쭛빠	a sopa 아 쏘빠	la sopa 라 소~빠
il consommé／il potage 일 곤쏘메／일 뽀따쥬	o consomé／o creme de sopa 우 꼰쏘매／우 끄래미 지 쏘빠	el consomé／el potaje 엘 꼰소메~／엘 뽀따~헤
il riso (bollito) 일 리조(볼리또)	o arroz(cozido) 우 아호즈(꼬지두)	el arroz(cocido) 엘 아로~쓰(꼬씨~도)
il pane 일 빠네	o pão 우 빠웅	el pan 엘 빤~
il burro／la confettura 일 부로／라 꼰훼뚜라	a manteiga／a geléia 아 만떼이가／아 젤네이아	la mantequilla／la mermelada 라 만떼끼이라／라 메르멜라~다
il formaggio 일 포오르마쬬	o queijo 우 깨이쥬	el queso 엘 께~소

레스토랑에서

한국어 韓國語	불란서어 FRANÇAIS	독일어 DEUTSCH
오또블	le hors-d'oeuvre 르 오르되브르	die Vorspeise 디이 휘슈파이제
겨자	la moutarde 라 무다르드	der Senf 데어 젠프
야채	le légume 르 레귐프	das Gemüse 다스 게뮈제
감자	la pomme de terre 라 뽐므 드 떼르	die Kartoffel 디이 카르토펠
토마토	la tomate 라 또마드	die Tomate 디이 토마아테
양배추	le chou 르 슈	der Kohl 데어 코올
양파	l'oignon 르와뇽	die Zwiebel 디이 쯔브이벨
당근	la carotte 라 까로뜨	die Möhre 디이 뫼에러
옥수수	le maïs 르 마이스	der Mais 데어 마이스
호박	le potiron 르 뽀띠롱	der Kürbis 데어 퀴이르비스
시금치	l'épinard 레삐나르	der Spinat 데어 슈피나아트
버섯	le champignon 르 쌍삐뇽	der Pilz 데어 필쯔

이태리어 ITALIANO	포루투칼어 PORTUGUÊS	스페인어 ESPAÑOL
l'antipasto 란띠빠스또	os petiscos／ 우스 뻬찌스꾸스.	los entremeses 로스 엔뜨레메~세스
la sènapa 라 새나빠	a mostarda 아 모스 따르다	la mostaza 라 모스따~싸
la verdura 라 베르두~라	verduras e legumes 베르두라쓰 이 래구미쓰	las verduras 라스 베르두~라스
la patata 라 빠따따	a batata 아 바따따	la patata／la papa 라 빠따~따／라빠~빠
il pomodoro 일 뽀모・도~로	o tomate 우 또마찌	el tomate 엘 또마~떼
il càvolo 일 까볼로	o repolho 우 해뽈류	la col 라 꼴~
la cipóla 라 치뿔라	a cebola 아 새볼라	a cebolla 라 쎄보~야
la carota 라 까로따	a cenoura 아 쎄노우라	la zanahoria 라 씨나오~리아
il granoturco 일 그라노 뚜르꼬	O milho 우 밀류	el maíz 엘 마이~쓰
la zucca 라 쥿까	a abóbora／a abobrinha 아 아보보라／아 아보브린냐	la calabaza 라 깔라바~싸
lo spinacio 로・스삐 나쵸	o espinafre 우 이스삐나후래	la espinaca 라 에스삐나~까
il fungo 일 훙고	o cogumelo 우 꼬구맬루	el hongo／la seta 엘 옹~고／라 세~따

레스토랑에서

한국어　韓國語	불란서어　FRANÇAIS	독일어　DEUTSCH
사라다	la salade 라 쌀라드	der Salat 데어 잘라-트
후렌치 드래싱	la vinaigrette française 라 비내그레뜨 프랑세즈.	französisch angemacht 후란죄에지쉬 안게마흐트
삶은 [반숙, 계란 후라이] 계란	l'oeuf *dur* [à la coque, au plat] 레프 뒤르(아라꼬끄, 오 쁠라)	das *gekochte* [weich gekochte, gebratene] Ei. 다스 게코흐테 (바이히 게코ㅎ히테 게브라테네) 아이
고기	la viande 라 비앙드	das Fleisch 다스 홀라잇쉬
닭고기	le poulet 르 뿔레	das Huhn 다스 후운
쇠고기	le boeuf 르 뵈프	das Rindfleisch 다스 린트홀라잇쉬
스테이크	le bifteck 부・비휘데크	das Steak 다스 스테에크
간장(肝臟)	le foie 르 프화	die Leber 디이 레버
돼지고기	le porc 르 뽀르	das Schweinefleisch 다스 슈바이네홀라잇쉬
양고기	le mouton 르 무똥	das Hammelfleisch 다스 함멜홀라잇쉬
생선	le poisson 르 쁘와 쏭	der Fisch 데어 휫쉬
바닷가재／새우	la langouste／la langoustine 라 랑구스뜨／라 랑구스띤느	die Languste／der Hummer 디이 랑구스테／데어 훔머

이태리어 ITALIANO	포루투칼어 PORTUGUÊS	스페인어 ESPAÑOL
l'insalata 린쌀라따	a salada 아 살라다	la ensalada 라 엔살라~다
l'accondimento 라꼰디맨또	o tempêro da salada 우 땡뻬루 다 살라다	la salsa francesa 라 살~사 후란쎄~사
l'uovo *sodo* [un po'tenero, fritto] 루오보 소도(운 뽀떼네로, 후릿또)	o ovo *cozido* [quente, frito,] 우 오브 꼬지두 [깬찌, 후리뚜]	el huevo *duro*[pasado por agua, frito] 엘 우에~보 두~로(빠사~도 뽀~르 아~구아 후리~또)
la carne 라 까르네	a carne 아 까르니	la carne 라 까~르네
il pollo 일 뽈로	o frango 우 후랑구	el pollo 엘 뽀~요
il manzo 일 만초~	a carne de vaca 아 까르니 지 부아까	la carne de *vaca* [res] 라 까~르네 데 바~까[레스]
la bistecca 라 비스땟까.	o bife 우 비휘	el bistec 엘 비스떽~
il fegato 일 훼가또	o figado 우 휘가두	el hígado 엘 이~가도
il maiale 일·마이알~래	a carne de porco 아 까르니 지 뽀르꾸	la carne de *cerdo* [puerco] 라 까~르네 데 쎄~르도 (뿌에~르꼬)
il montone 일·몬또~네	a carne de carneiro 아 까르니 지 까르네이루	la carne de cordero 라 까~르네 데 꼬르데~로
la pesce 라·뺏세애	o peixe 우 뻬이쉬	el pescado 엘 뻬스까~도
l'aragosta／il gamberetto 라라고스따 일 감베레또	a lagosta／o camarão 아 라고스따／우 까마라웅	el langostino／la langosta 엘 랑고스띠~노 라 랑고~스따

163

한국어　韓國語	불란서어　FRANÇAIS	독일어　DEUTSCH
조개	le coquillage 르 꼬끼아쥬	die Muschel 디이 무쉘
굴	l'huitre 뤼트르	die Auster 디이 아우스터
게	le crabe 르 끄라브	die Krabbe 디이 크라버
직접구운	rôti 로띠	gebraten 게브라텐
석쇠에 구운	grillé 그리에	gegrillt 게그릴트
졸인	frit 프리	in schwimmend Fett gabacken 인 슈빔멘트 휏트 게박켄
볶은	cuit à la casserole 뀌아타 까스롤	gekocht 게코 흐트
살짝 프라이한(요리)	sauté 쏘떼	gebraten 게브라텐
훈제	fumé 퓌메	geräuchert 게로이헤르트
후라이/튀김	frit 프리	gebacken 게박켄
통조림한	conservé 꽁세르베	gefüllt 게휠트
과일	le fruit 르 프뤼	das Obst 다스 옵스트

이태리어 ITALIANO	포루투칼어 PORTUGUÊS	스페인어 ESPAÑOL
i molluschi 이 몰루스끼	o marisco 우 마리스꾸	el marisco 엘 마리~스꼬
l'ostrica 로스뜨리까	a ostra 아 오스뜨라	las ostras 라스 오~스뜨라스
il granchio 일 그란끼오	o siri / o caranguejo 우 시리 / 우 까란게주	el cangrejo 엘 깡그레~호
alla griglia 알라 그릴리아	o churrasco 우 슈하스꾸	en barbacoa 엔 바르바꼬~아
ai ferri 아이 훼리	grelhado 그랠랴두	a la parrilla 아 라 빠리~이야
fritto 후릿또	frito 후리뚜	frito 후리~또
stufato 스뚜화또	cozido em fogo lento 꼬지두 잉 휘구 랜뚜	cocido bien a fuego lento 꼬씨~도 비엔 아 후에~고 렌~또
soffritto 솟 후릿도	charqueado 샤르께아두	salteado 살떼아~도
affumicato 앗후미까또	defumado 대후마두	ahumado 아우마~도
fritto 후릿도	frito 후리뚜	frito 후리~또
imbottito 임보띠또	recheado 헤쉐아두	en conserva 엔 꼰세~르바
la frutta 라 후룻따	a fruta 아 후루따	la fruta 라 후-루~따

레스토랑에서

한국어 韓國語	불란서어 FRANÇAIS	독일어 DEUTSCH
사과	la pomme 라 쁨므	der Apfel 데어 압휄
포도	le raisin 르 래쟁	die Traube 디이 트라우베
오렌지	l'orange 로랑쥬	die Orange 디이 오랑저
그레이프후르츠	le pamplemousse 르 빵쁘르무쓰	die Pampelmuse 디이 팜펠무우제
배	la poire 라 뽀와르	die Birne 디이 비르네
복숭아	la pêche 라 뻬슈	der Pfirsich 데어 프휘르지히
딸기	la fraise 라 프래즈	die Erdbeeren 디이 에르트베에렌
멜론	le melon 르 몰롱	die Melone 디이 멜로오네
바나나	la banane 라 바난느	die Banane 디이 바나아네
음료	la boisson 라 브와쏭	die Getränke 디이 게트랭케
포도주	le vin 르 뱅	der Wein 데어 봐인
적/백/핑크	rouge/blanc/rose 루쥬/브랑/로제	rot/weiß/rosé 로-트/봐이쓰/로제

이태리어 ITALIANO	포루투칼어 PORTUGUÊS	스페인어 ESPAÑOL
la mela 라 멜라	a maçã 아 마쌍	la manzana 라 만싸~나
l'uva 루봐	a uva 아 우봐	la uva 라 우~바
l'arancio 라란쵸	a laranja 아 라란쟈	la naranja 라 나랑~하
il pompelmo 일 뽐뻴모	a toronja 아 또론쟈	*el pomelo*[la toronja] 엘 뽀멜~로(라 또롱~하)
la pera 라 뻬~라	a pera 아 뻬라	la pera 라 뻬~라
la pesca 라 뻬스까	o pêssego 우 뻬쎄구	*el melocotón*[el durazno] 엘 멜로꼬똔~(엘 두라~쓰노)
la fragola 라 후라~고라	o morango 우 모랑구	*la fresa* [el fresón] 라 후레~사(엘 후레손~)
il melone 일 멜로내	o melão 우 맬라웅	el melón 엘 멜론
la banana 라·바나~나	a banana 아 바나나	*la banana*[el plátano] 라 바나~나(엘 쁠라~따노)
la bevanda 라·배반다	a bebida 아 배비다	la bebida 라 베비~다
il vino 이루·뷔이~노	o vinho 우 뷘뉴	el vino 엘·비~노
rosso／bianco／rosato 로쏘／비앙꼬／로자또	tinto／branco／rosado 띤뚜／브랑꾸／호자두	rojo／blanco／rosa 로~호／블랑~꼬／르로~사

한국어　　韓國語	불란서어　FRANÇAIS	독일어　DEUTSCH
달다／달지 않다.	doux／demi-sec 두／드미 쎅	süß／nicht süß, trocken 쮜이쓰／니히트 쮜이쓰, 트록켄
맵다	piquant 삐깡	scharf 쉬아르프
맥주	la bière 라 비에르	das Bier 다스 비-어
물 섞은 위스키	le whisky à l'eau 르 위스키 아 로	Whisky mit Wasser 브이스키 밋 바써
얼음 넣은 위스키	le whisky avec de la glace 르 위스키 아베끄 드 라 글라스	auf Eis 아웃후 아이스
브랜디	le cognac 르 꼬냑	der Brandy, der Cognac 데어 브랜디, 데어 콘약
샴페인	le champagne 르 쌍빠뉴	*der Champagner* [der Sekt] 데어 샴파니어 [데어 젝트]
소다수	le soda 르 쏘다	das Selterswasser 다스 젤터스바써
(아이스)커피	le café-(glacé) 르 까페-(글라쎄)	der (Eis-)Kaffee 데어 (아이스) 카훼
코코아	le chocolat chaud 르 쇼꼴라 쇼	der kakao 데어 카카오
초콜렛	le chocolat 르 쇼꼴라	die Schokolade 디이 쇼콜라데
홍〔녹〕차	le thé *noir* [vert] 르 떼 노와르[베르]	der *schwarze* [grüne] Tee 데어 슈브아르쩨 (그뤼네)테-

이태리어 ITALIANO	포루투칼어 PORTUGUÊS	스페인어 ESPAÑOL
dolce / non dolce 돌체 / 논 돌체	doce / meio doce 도씨 / 매이우 도씨	dulce / no dulce 둘~쎄 / 노 둘~쎄
secco 샛고	sêco 새꾸	picante 삐깐~떼
la birra 라 비라	a cerveja 아~새르붸쟈	la cerveza 라 쎄르베~싸
il whisky con l'acqua 일 위스키~콘 랏꾸아	o uísque com água 우 위스끼 꽁 아구아	el whisky con agua 엘 위스키 콘 아~구아
il whisky con ghiaccio 일 위스키~콘 기앗쵸	o uísque com gêlo 우 위스끼 꽁젤루	el whisky con hielo 엘 위스키 콘 이엘~로
il brandy / congae 일 브랜디 / 일 꼬냑	o conhaque 우 꼬냐끼	el brandy 엘 브란디
lo spumante 로·스뿌만떼	a champanhe 아 샹빤냐	el champaña 엘 참빠~냐
la soda 라·소~다	a àgua tônica 아 아구아 또니까	la soda 라 소~다
il caffè (freddo) 일 갓 훼에 (후래또)	o café (gelado) 우 까훼 (젤라두)	el café (frío con hielo) 엘 까훼~ (후리~오 콘 이엘~로)
la cioccolata 라 쵸꼴라따	o chocolate 우 쇼꼬라찌	el chocolate 엘 쵸꼴라~떼
la cioccolata 라 쵸꼴라따	o chocolate 우 쇼꼬라찌	el chocolate 엘 쵸꼴라~떼
il té *all'inglese* [verde] 일 떼 알린글레제 (베르데)	o *chá* [verde] 우 샤 (붸르지)	el té negro [verde] 엘 떼~ 네~그로 (베르데)

한국어　韓國語	불란서어　FRANÇAIS	독일어　DEUTSCH
설탕	le sucre 르 쒸크르	der Zucker 데어 츄커
레모네드	la limonade 라 리모나드	die Limonade 디이 리모나아데
쥬스	le jus 르 쥐	der Saft 데어 자프트
(더운) 밀크	le lait(chaud) 르 래(쇼)	die (heiβe) Milch 디이(하이쎄)밀히
아이스 크림	la glace 라 글라스	das Eis 다스 아이스
샤베트	le sorbet 르 쏘르베	das Scherbett 다스 슈에르베트
케이크	le gâteau 르 갸또~	der Kuchen／die Torte 데어쿠ㅎ헨／디이 토르터
푸딩	la crème caramel 라 크렘므 꺄라멜	der Pudding 데어 푸딩
나이프	le couteau 르 꾸또	das Messer 다스 메쎄
포오크	la fourchette 라 푸르쎄뜨	die Gabel 디이 가아벨
수저	la cuillère 라 뀌이에르	der Löffel 데어 룁휄
네프킨	la serviette 라 쎄르비에뜨	die Serviette 디이 제르비에테

레스토랑에서

이태리어 ITALIANO	포르투칼어 PORTUGUÊS	스페인어 ESPAÑOL
lo zucchero 로 쥬께로	o açúcar 우 아쑤까르	el azúcar 엘 아쑤~까르
la limonata 라 리모나따	a limonada 아 리모나다	la limonada 라 리모나~다
il succo 일 숫꼬	o suco 우 쑤꾸	el jugo 엘 후~고
il latte(caldo) 일 라테	o leite(quente) 우 래이찌(깬찌)	la leche(caliente) 라 레~체 (깔리엔~떼)
il gelato 일 젤라또	o sorvete 우 쏘르붸찌	el helado 엘 엘라~도
il sorbetto 일 쏘르배또	o sorvete 우 쏘르붸찌	el sorbete 엘 소르베~떼
il dolce 일 돌체	o bolo 우 볼루	el pastel 엘 빠스뗄~
il budino 일 부디노	o pudim 우 뿌딩	el pudin 엘 뿌딘~
il coltello 일 꼴뗄로	a faca 아 후아까	el cuchillo 엘 꾸치~요
la forchetta 라 훠루겟다	o garfo 우 가르훠	el tenedor 엘 떼네도~르
il cucchiaio 일 굿기 아이오	a colher 아 꼴례르	la cuchara 라 꾸차ー라
(il tovagliolo) 일 또발리올로	o guardanapo 우 과르다나뿌	la servilleta 라 세르비이에~따

	한국어 韓國語	불란서어 FRANÇAIS	독일어 DEUTSCH
	재털이	le cendrier 르 쌍드리에	der Aschenbecher 데어 앗슈엔베ㅎ허
	성냥	les allumettes 레 잘뤼메뜨	das Streichholz 다스 슈트라이히홀쯔

• 하이델베르크에 있는 한국 음식점인 한국관.

이태리어 ITALIANO	포루투칼어 PORTUGUÊS	스페인어 ESPAÑOL
il portacenere 일 뽀르따체네래	o cinzeiro 우 썬재이루	el cenicero 엘 쎄니쎄~로
il fiammifero 일 휘암미훼로	o fósforo 우 휘스휘루	la cerilla／el fósforo 라 쎄리~야／엘 휘~스휘로

- 스페인은 국토가 넓은 탓에 다양한 기후 분포를 나타 내며, 그에 따른 삶의 방식도 다양하다.

* 낯선 곳에서는 길을 잃은 것처럼 불안한 일도 없다. 이럴때를 대비하여 묵고있는 호텔의 안내서나 성냥, 지도등을 휴대하면 좋다.
* 지하철이 발달된 파리, 런던, 뉴욕 등에서는 노선도만 있으면 쉽게 이용할 수 있다.
* 렌트카를 이용하려면 국제운전면허증이 있어야하며 공항이나 호텔에서 쉽게 구할 수 있다.

1 인 안내

한국어 韓國語	불란서어 FRANÇAIS	독일어 DEUTSCH
길을 묻다	**DEMANDER LE CHEMIN** 드망데 르 슈맹	**NACH DEM WEG FRAGEN** 나ㅎ하 뎀 베엑 후라겐
미안합니다만 ~가는 길을 가르쳐 주세요.	Pardon, pouvez-vous me dire le 빠르동 뿌베-부프 디르 르 chemin pour aller à~ ? 슈맹 뿌르 알레 아	Bitte zeigen Sie mir den Weg nach~. 빗테 차이겐 지이 미어 덴 베엑 나ㅎ하~
이 근처에 (우체국)이 있습니까?	Y a-t-il un (bureau de poste) près d'ici ? 이-야-띨 엉 (뷔로 드 뽀스뜨) 프레 디씨 스	Ist ein (Postamt) hier in der Nähe ? 이스트 아인 (포스트암트) 히어 인 데어 내에
~호텔은 여기서 멉니까?	Est ce que l'Hotel ~ est loin d'ici ? 에스 끄 로뗄~에 루앵 디씨	Ist das Hotel ~ weit von hier ? 이스트 다스 호텔~ 바이트 폰 히어
얼마나 걸립니까?	Combien de temps faut-il ? 꽁비앵 드 떵 포-띨	Wie lange dauert es ? 뷔이 랑에 다우에르트 에스
여기는 어디입니까?	Où suis-je maintenant ? 우 쮜이-쥬 맹뜨낭	Wo sind wir jetzt ? 보- 진트 비어 에쯔트
이 거리는 뭐라고 부릅니까?	Comment s'appelle cette rue ? 꼬망 싸뻴르 쎄뜨 뤼	Wie heiβt diese Straβe ? 뷔이 하이쓰트 디이제 슈트라아쎄

이태리어 **ITALIANO**	포루투칼어 **PORTUGUÊS**	스페인어 **ESPAÑOL**
DOMANDARE LA VIA 도만다~래 라뷔이~아	**PERGUNTANDO O CAMINHO** 빼르군딴두 우 까민뉴	**PREGUNTANDO EI CAMINO** 쁘레군딴~도 엘 까미~노
Scusi, per andare a~, per favore. 스꾸지, 뻬르 안다래 아~, 뻬르 화보레	Por favor, como posso ir a~ ? 뽀르 화보르꼬무 뽀쑤 이르 아~	Por favor, enséñeme el camino para~. 뽀~르 엔세~네메 엘 까미~노 빠~라
C'è un (ufficio postale) qui vicino ? 체 운 (우휘쵸 뽀스딸레) 뀌 비치노	Tem um (correio) aqui perto ? 땡 웅 (꼬헤이우) 아끼 뻬르뚜	¿ Hay alguna (oficina de correos) cerca de aqui ? 아이 알구~나 (오휘시~나 데 꼬~르레오스) 쎄~르까 데 아끼~
L'Hotel~. è lontano da qui ? 로뗄~애 론따노 다 뀌	O Hotel~ fica longe daqui ? 우 오때우~ 휘까 론지 다끼	¿ Está el Hotel~ lejos de aqui ? 에스따~ 엘 오뗄~ 레~호스 데 아끼~
Quanto tempo ci vuole ? 꾸안또 땜포 치 부올래	Quanto tempo leva ? 꽌뚜 땜뿌 래봐	¿ Cuánto tiempo se tarda en llegar ? 꾸안~또 띠엠~뽀 세 따~르다 엔 이예가~르
Dove siamo qui ? 도베 씨아모 뀌	Onde estamos agora ? 온지 이스따무스 아고라	¿ Dónde estamos ahora ? 돈~데 에스따~모스 아오~라
Come si chiama questa via ? 꼬메 씨 끼아마 꿰스따 비아	Como se chama esta rua ? 꼬무 씨 샤마 애스따 후아	¿ Cómo se llama esta calle ? 꼬~모 세 야마 에~스따 까~이예

1 인안내

한국어 韓國語	불란서어 FRANÇAIS	독일어 DEUTSCH
현재 위치를 가리켜 주세요	Indiquez-moi sur cette carte où je suis maintenant ? 엥디께-므와 쉬르 쎄뜨 까르뜨 우 쥬 쉬이 맹뜨낭	Bitte zeigen Sie mir auf dieser Karte, wo ich jetzt bin. 비테 차이겐 지이 미어 아웃후 디이저 카르테, 보-이히 예쯔트 빈
여기에 약도를 그려 주세요.	Voulez-vous me faire le plan ici, s'il vous plaît· 불레-부 므 패르 르 쁠랑 이씨, 씰 부 쁘래	Können Sie mir den Weg aufzeichnen ? 쾬넨 지이 미어 덴 베엑 아우후~ 짜이히넨
저 건물은 무엇입니까 ?	Quel est cet édifice là ? 껠 레 쎄뜨 에디피스-라	Was ist das für ein Gebäude ? 바스 이스트 다스 휘어 아인 게보이데
북쪽은 어디입니까 ?	De quel côté est le nord ? 드 껠 꼬떼 에르 노르	Nach welcher Richtung ist Norden ? 나하 벨허 리히퉁 이스트 노르덴
도중의 목표물을 말해 주세요.	Voulez-vous me donner un point de repère sur le chemin ? 불레-부므 도네 엉 뿌앵 드 르빼르 쒸르 르 슈맹	Können Sie mir etwas sagen, wonach ich mich unterwegs orientieren kann ? 쾬넨 지이 미어 엩바스 자아겐, 보나ㅎ하 이히 미히 운터베엑스 오리엔티-렌 칸
똑바로 갑니까 ?	Dois-je aller tout droit ? 드와-쥬 일레 뚜 드로와	Muß ich geradeaus gehen ? 무쓰 이히 게라아데아우스 게엔
동쪽／서쪽	l'est／l'ouest 레스뜨／루에스뜨	der Osten／der Westen 데어 오스텐／데어 브에스텐

이태리어 ITALIANO	포루투칼어 PORTUGUÊS	스페인어 ESPAÑOL
Dove siamo ora su questa 도붸 씨아모 오라 쑤 꿰스따 piantina ? 삐안띠나	Podeme indicar neste mapa 뽀지메 인디까르 내스찌 마빠 aonde estamos agora ? 아온지 이스따무스 아고라	Por favr, indíqueme 뽀~르 화보~르 인디~께메 dónde estamos ahora. 돈~데 에스따~모스 아오~라
Può fare una piantina ? 뿌오 화레 우나 삐안띠나	Por favor, faça um mapa aqui. 뽀르 화보르, 화싸 웅 마빠 아끼	Por favor, escriba aquí el 뽀~르 화보~르 에스끄리~바 아끼~엘 mapa abreviado. 마~빠 아브레비아~도
Quel palazzo, cosa è ? 꿸 팔랏쪼꼬자 에	Que edificio é aquele ? 께 애디휘시우 애 아꼘리	¿ Qué es ese edificio ? 께~ 에스 에~세 에디휘~씨오
In qual direzione è il nord ? 인 꾸알 디레찌오네 에 일 노르드	Em que direção fica o norte ? 잉 끼 지래싸웅 휘까 우 노르찌	¿ En qué dirección está el norte ? 에 께~ 디렉씨온~ 에스따~엘 노~르떼
Mi dica un punto di riferimento 미 디가 운 뿐또 디 리훼리멘또 della strada. 델라 스뜨라다	Poderia me dar umareferência 뽀대리아 미 다르 우마헤훼랜시아 de caminho. 지 까미뉴	Por favor, dígame algún punto 뽀~르 화보~르 디~가메 알군~뿐~또 de referencia en el camino. 데 레훼렌~씨아 엔 엘 까미~노
Vado diritto ? 바도 디리또	Sigo direto ? 시구 지래뚜	¿ Tengo que ir todo derecho ? 뗑~고 께 이~르 또~도 데레~쵸
loriente/lovest 로리엔떼/로웨스트	o leste/o oeste 우 래스떠/우 오애스찌	el este/el oeste 엘 에~스떼/엘 오~에스떼

한국어 韓國語	불란서어 FRANÇAIS	독일어 DEUTSCH
남쪽/북쪽	le sud / le nord 르 쉬드 / 르 노르	der Süden / der Norden 데어 쥐이덴 / 데어 노르덴
우/우측	la droite / le côté droit 라 드르와뜨 / 르 꼬떼드르와	rechts / die rechte Seite 레히츠 / 디 레히테 자이테
좌/좌측	la gauche / le côté gauche 라 고슈 / 르 꼬떼 고슈	links / die linke Seite 링크스 / 디 링케 자이테
앞	le devant 르 드방	die Vorderseite 디이 휘르더자이테
뒤	l'arrière 라리에르	die Rückseite 디이 뤽자이테
옆	le côté 르 꼬떼	die Seite 디이 자이테
이쪽	ce côté 스 꼬떼	auf dieser Seite 아웃후 디이저 자이테
저〔반대〕쪽	l'autre côté 로트르 꼬떼	auf der anderen Seite 아웃후 데어 안더렌 자이테
가〔街〕	le pâté de maisons 르 빠떼 드 매종	der Block 데어 블록
도로/큰길	la route / le boulevard 라 루뜨 / 르 불르바르	die Straβe / die Hauptstraβe 디이 슈트라아쎄 / 디 하우프트슈트라아쎄
가로/가로수길	la rue / l'avenue 라 뤼 / 라브뉘	die Straβe - die Allee 디이 슈트라아쎄 - 디 알레에
보도	le trottoir 르 트로뜨와	der Bürgersteig 디이 뷔르거슈타이크

이태리어 ITALIANO	포루투칼어 PORTUGUÊS	스페인어 ESPAÑOL
il sud/il nord 일 수드/일노르드	o sul/o norte 우 수울/우 노르찌	el sur/el norte 엘 수~르/엘 노~르떼
la destra 라 데스뜨라	o direito/o lado direito 우 지래이뚜/우 라두 지래이뚜	la derecha/lado derecho 라 데레~차/라~도 데레~쵸
la sinistra 라 시니스뜨라	a esquerda/o lado esquerdo 아 이스께르다/우 라두 이스께르두	la izquierda/lado izquierdo 라 이스끼에~르다/라~도 이스끼에~르도
la parte anteriore 「라 빠르떼 안떼리오레」	em frente 잉 후랜찌	el frente 엘 후렌~떼
la parte posteriore 라 빠르떼 뽀스떼리오래	atrás 아뜨라스	la parte trasera 라 빠~르떼 뜨라세~라
il late/il fianco 일 라또/일 휘안꼬	o lado 우 라두	el lado 엘 라~도
questa parte 꿰스따 빠르떼	este lado 애스찌 라두	este lado 에~스떼 라~도
l'altra parte 랄뜨라 빠르떼	o lado oposto/o aquele lado 우 라두 우뽀스뚜/우 아껠리라두	aquel lado/el lado pouesto 아껠~ 라~도 엘 라~도 오부에~스또
La strada 라 스뜨라다	a quadra/um quarteirão 아 꽈드라/웅 꽈르떼이라웅	la manzana/la cuadra 라 만싸~나/라 꾸아~뜨라
la strada/il corso 라 스뜨라다/일 꼬르소	a estrada/a avenida 아 이스뜨라다/아 아뻬니다	el camino/la avenida 엘 까미~노/라 아베니~다
la via/il viale 라 비아/일 비알레	a rua/a alameda 아 후아/아 알라매다	la calle/el bulevar 라 까~이에/엘 불레바~르
	a calcada 아 깔싸다	la acera 라 아쎄~라

한국어　韓國語	불란서어　FRANÇAIS	독일어　DEUTSCH
네거리	le carrefour 르 꺄르푸르	die Straβenkreuzung 디이 슈트라이쎈크로이쭝
막다른 곳	le bout d'une rue 르 부 뒨느 뤼	die Sackgasse 디이 자크가쎄
횡단 보도	le passage pour piétons 르 빠사쥬 뿌르 삐에똥	der Straβenübergang für Fuβgänger 데어 슈투라이쎈 위버강 휘어 훗쓰깽ー어
건널목	le passage à niveau 르 빠사쥬 아 니보	der Bahnübergang 데어 바안위버강
택시 정류장	la station de taxi 라 스따씨옹 드 딱씨	die Taxihaltestelle 디이 탁씨할테슈텔레
버스 정류장	l'arrêt d'autobus 라레 도또뷔스	die Bushaltestelle 디이 부스할테슈텔레
지하철역	la station de métro 라 스따씨옹 드 메트로	die U-Bahnstation 디이 우ー바안 슈타지오ーㄴ
기차역	la gare de chemin de fer 라 갸르 드 슈맹드 페르	der Bahnhof 데어 바안홉
다리	le pont 르 뽕	die Brücke 디이 브뤽케
교통 신호	le feu de signalisation 르 프 드 씨냘리자씨옹	des Verkehraseichen 다스 풰어케에어스짜이ㅎ헨
도로 표시	la signalisation routière 리 씨냘리자씨옹 루띠에르	das Straβenzeichen 다스 슈트라이쎈짜이ㅎ헨

이태리어 ITALIANO	포루투칼어 PORTUGUÊS	스페인어 ESPAÑOL
Un'incrocio stradale 운 인끄로초 스뜨라달레	o cruzamento 우 끄르자맨뚜	el cruce 엘 끄루~쎄
la strada senza uscita 라 스뜨라다 쌘짜 우쉬따	o fim da rua 우 핑 다 후아	el calleión sin salida 엘 까이에혼~신 살리~다
il passaggio pedonale 일 빠싸쬬 빼도날레	a passagem de pedestres 아 빠싸쟁 지 빼대스뜨래스	el paso para peatones 엘 빠~소 빠~라 빼아또~네스
il passaggio a livello 일 빠싸쬬 아 리벨로	a passagem de nível 아 빠싸쟁 지 니뵈우	el paso a nivel 엘 빠~소 아 니벨~
il posto dei tassi 일 뽀스또 데이 땃시	o ponto de taxi 우 뽄뚜 지 딱씨	la parada de taxi 라 빠라~다 데 떡~시
la fermata d'autobus 라 훼르마따 다우또부스	o ponto de ônibus 우 뽄두 지 오니부스	la parada de autobús 라 빠라~다 데 아우또 부~스
la stazione della metropolitana 라 스따지오네 델라 메뜨로뽈리따나	a estação de metrô 아 이스따싸웅 지 매뜨루	la estación de metro 라 에스따씨온~데 메~뜨로
la stazione ferroviaria 라 스따지오네 훼로비아리아	a estação ferroviária 아 이스따싸웅 훼호뷔아리아	la estación de ferrocarril 라 에스따씨온~데 훼로까르릴
il ponte 일 뽄떼	a ponte 아 뽄쩨	el puente 엘 뿌엔~떼
il semaforo 일 루~새마~휘로	a semáforo 아 새마휘루	el semáforo 엘 세마~휘로
i segnali stradali 이 세냘리 스뜨라달리	o sinal de tráfego 우 시나우 지 뜨라훼구	las señales de carretera 라스 세냘~레스 데 까르레떼~라

183

1 안내

한국어　韓國語	불란서어　FRANÇAIS	독일어　DEUTSCH
주소	l'adresse 라드레쓰	die Adresse 디이 아드레쎄
파출소	le poste de police 르 뽀스뜨 드 뽈리스	die Polizeistelle 디이 폴리짜이슈텔레
순경	l'agent de police 라장 드 뽈리스	der Polizist 데어 폴리찌스트
공중 전화	le téléphone public 르 델레뽄느 쀠블릭	das öffentliche Telefon 다스 욉헨틀리ㅎ헤 텔레폰
교회	l'église 레글리즈	die Kirche 디이 키르ㅎ헤
사원／회교 사원	le temple／la mosquée 르 땅쁘르／라 모스께	der Tempel／die Moschee 데어 템뻴／디 모슈에-
대학	l'université 뤼니베르씨떼	die Universität 디 우니베르지태에트드
도서관	la bibliothèque 라 비블리오떼끄	die Bibliothek 디 비블리오테크
상점가	la rue commerçante 라 뤼 꼬메르쌍뜨	die Geschäftsstraβe 디이 게슈앺쯔슈트라아쎄
광장	la place／le square 라 쁠라스 르 스꽈르	der öffentliche Platz 데어 욉헨틀리ㅎ 플랓쯔
분수	le jet d'eau 르 제도	der Brunnen 데어 브룬넨

이태리어 ITALIANO	포루투칼어 PORTUGUÊS	스페인어 ESPAÑOL
l'indirizzo 린디랏쪼	o endereço 우 인대래쑤	la dirección 라 디렉씨온~
la guardiola 라 구아르디올라	a delegacia de polícia 아 댈래가시아 지 뽈리시아	el puesto de policía 엘 뿌에~스또 데 뽈리씨~아
il poliziotto 일 뽈리지오또	o policial 우 뽈리씨아우	el policía 엘 뽈리씨~아
il telefono pubblico 일 뗄레훼노 뿌블리꼬	o telefone público 우 땔래휘니 뿌블리꾸	el teléfono público 엘 뗄레~휘노 뿌~블리꼬
la chiesa 라 끼에자	a igreja 아 이그래자	la iglesia 라 이글레~시아
il tempio/la moschea 일 뗌삐오/라 모스께아	o templo/a mesquita 우 뗌풀루/아 매스끼따	el templo budista/la Mezquita 엘 뗌 ~뿔로 부디~스따/라 메스끼~따
l'università 루니베르시따	a faculdade/a universidade 아 화 꿀다지/아 우니뵈르씨다지	la universidad 라 우니베르시닫~
la biblioteca 라 비블리오떼까	a biblioteca 아 비블리오때까	la biblioteca 라 비블리오떼~까
la via dei negozi 라 비아 데이 네꼬찌	a rua das lojas 아 후아 다스 로자스	la calle comercial 라 까~이에 꼬메르씨알~
la pizza 라 삐앗자	a praça/o largo 아 쁘라싸/우 라르구	la plaza 라 쁠라~싸
la fontana 라 폰따나	o chafariz 우 샤화리즈	la fuente 라 후엔 ~떼

한국어　韓國語	불란서어　FRANÇAIS	독일어　DEUTSCH
운동 경기장	le stade 르 스따드	der Sportplatz／das Stadion 데어 슈포르트 플라쯔／다스 슈타아디온
강／운하	la rivière/le canal 라 리비에르！르 까날	der Fluβ／der Kanal 데어 훌루쓰／데어 카날
공원	le parc 르 빠르끄	der Park 데어 파르크
시청	l'hôtel *de ville*[la mairie] 로뗄 드 빌르 [라 매리]	das Rathaus 다스 라아트하우스
시장	le marché 르 마르셰	der Markt 데어 마르크트
화장실	**TOILETTES** 뜨와레뜨	**DIE TOILETTE** 디 토알렛터
이 근처에 공중 변소가 있습니까?	Y a-t-il des toilettes publiques près d'ici ? 이-야-띨 데 뜨와레뜨 쀠블리끄프레디씨	Gibt es eine öffentliche Toilette in der Nähe ? 깁트 에스 아이네 왼헨틀리ㅎ헤 토알렛터 인 데어 내에
화장실은 어디 입니까?	Où sont les lavabos ? 우 쏭 레 라바보	Wo ist die Toilette ? 보~이스트 디 토알렛터
잠깐 화장실을 쓰고 싶은데요.	Puis-je utiliser les toilettes ? 쀠-쥬 위띨리제 레 뜨와레뜨	Darf ich Ihre Toilette benutzen ? 다르후 이히 이어레 토알렛터 베눗젠
남성용	MESSIEURS／HOMMES 메씨~유／옴므	HERREN／MÄNNER 헤렌／매너
여성용	DAMES／FEMMES 담므／퐘므	DAMEN／FRAUEN 다아멘／후라우엔

이태리어 ITALIANO	포루투칼어 PORTUGUÊS	스페인어 ESPAÑOL
lo stadio 로 스따디오	o estádio 우 이스따지우	el estadio de deportes 엘 에스따~디오 데 데뽀~르떼스
il fiume／il canale 일 휘우메／일 까날레	o rio／o canal 우 히우／우 까나우	el rio／el canal 엘 르리~오 엘 까날~
il parco 일 빠르꼬	o parque 우 빠르끼	el parque 엘 빠~르께
il municipio 일 무니치삐오	a prefeitura 아 쁘래훼이뚜라	el ayuntamiento 엘 아윤따미엔~또
il mercato 일 메르까또	o mercado 우 매르까두	el mercado 엘 메르까~도
TOILETTE 또일레떼	**BANHEIRO** 반네이루	**SERVICIO** 세르비~씨오
C'è un gabinetto pubblico qui vicino ? 체 운 가비네또 뿔리꼬 뀌 비치노	Tem um banheiro público aqui perto ? 땡 웅 반네이루 뿌블리꾸 아끼 뻬르뚜	¿ Aqui cerca hay un servicio público ? 아끼~ 쎄~르까 아이 운 세르비~씨오 뿌~블리꼬
Dov'e il gabinetto ? 도베 일 가비네또	Onde fica o banheiro ? 온지 휘까 우 반네이루	¿ Dónde está el servicio ? 돈~데 에스따~ 엘 세르비~씨오
Vorrei lavare le mani, per favore, 보레이 라바레 레 마니 뻬르 화보레	Posso usar o banheiro, por favor ? 뽀쑤 우자르 우 반네이루, 뽀르 화보르	Por favor, permítame usar su servicio. 뽀~르 화보~르 뻬르미~따메 우사~르 수 세르비~씨오
UOMO 우오모	**HOMENS／CAVALHEIROS** 오맹스／까발레이루스	**HOMBRES／CABALLEROS** 옴~브레스 까바이예~로스
DONNA 돈나	**MULHERES／SENHORAS** 물례리스／쎄뇨라스	**SEÑORAS／DAMAS** 세뇨~라스／다~마스

한국어　韓國語	불란서어　FRANÇAIS	독일어　DEUTSCH
택　시	**TAXI** 딱씨	**DAS TAXI** 다스 탁씨
택시 정류장은 어디 입니까?	Où se trouve la station de taxi? 우 스 트루브 라 스따씨옹 드 딱씨	Wo ist die Taxihaltestelle? 보 이스트 디이 탁씨할테슈텔레
택시를 불러 주세요.	Appelez-moi un taxi, s'il vous plaît 아쁠래-므와 엉 딱씨. 씰 부 쁘래	Rufen Sie einen Taxi bitte. 루펜 지이 아이넨 탁시 빗테
~까지 얼마나 나옵니까?	Combien cela coûte-il jusqu'à~? 꽁비앵 슬라 꾸뜨-띨 쥐스까	Wie teuer ist es von hier zu [nach]~? 비이 토이어 이스트 에스 폰 히어 쭈 [나하]~
~로 가 주세요.	Conduisez-moi à~? 꽁뒤제-므와 아	Zu ~bitte. 쭈~빗테
이 주소로 가 주세요.	Conduisez-moi à cette adresse. 꽁뒤제-므와 아 쎄뜨 아드레쓰	Gehen Sie bitte Zu dieser Adresse. 게헨 지이 빗테 쮸 디이저 아드래쎄
시내를 한 바퀴 돌아 주세요.	Voulez-vous me donner un tour 불레-부 므 도네 엉 두르 de la ville, s'il vous plaît 드 라 빌르. 씰 부 쁘래	Fahren Sie mich bitte einmal 화아렌 지이 미히 빗테 아인말 kurz durch die Stadt. 쿠르즈 두르히 디이 슈타트
여기서 잠깐 대기해 주세요.	Attendez-moi ici pour quelques minutes. 아땅데-므와 이씨 뿌르 껠끄 미뉘뜨	Bitte warten Sie hier einen Moment. 빗테 바르텐 지이 히어 아이넨 모오멘트

이태리어 ITALIANO	포루투칼어 PORTUGUÊS	스페인어 ESPAÑOL
TASSI 따시~	**TAXI** 딱씨	**TAXI** 딱~씨
Dov'e posteggio di tassì? 도베 쁘스떼쬬 디 따씨	Onde fica o ponto de táxi? 온지 휘까 우 쁜뚜 지 딱씨	¿Dónde está la parada de taxi? 돈~데 에스따~라 빠라~다 데 딱~씨
Mi chiami un tassi 미 기아~미 운 따시	Pode chamar um táxi, por fvor? 뽀지 샤마르 웅 딱씨, 뽀르 화보르	Llame un taxi, por favor. 야~메 운 딱~씨 뽀르화보~르
Quánto costa per~? 꾸안또 꼬스따 빼르	Quanto custa uma corrida ate~? 꼰뚜 꾸스따 우마 꼬히다 아떼~	¿Cuánto cuesta más o menos hasta~? 꾸안~또 꾸에~스따 마~스 오 메~노스 아~스따
Mi porti a~. per favore. 미 쁘르띠 아~빼르 화보레	Até ~, por favor 아떼~, 뽀르 화보르.	Lléveme a~ 이예~베메 아
A questo indirizzo, per favore. 아 꿰스또 인디리쪼 빼르 화보레	Para este endereço, por favor. 빠라 에스찌 앤대레쑤, 뽀르 화보르	A esta direceión, por favor. 아 에~스따 디렉씨온~뽀~르 화보~르
Può fare un giro della città? 뿌오 화레 운 지로 델라 치따	Gostaria de dar uma volta pela cidade, por favor. 고스따리아 지 다르 우마 볼따 뻴라 싸다지, 뽀르 화보르	Por favor, dé una vuelta por 뽀~르 화보~르 데~우~나 부엘~따 뽀~르 las calles de la ciudad. 라스 까~이에스 데 라 씨우닫~
Aspetti qui un momento. 아스뻿띠 뀌 운 모맨또	Espere aqui um momento. por favor. 이스빼리 아끼 웅 모멘뚜, 뽀르 화보르	Por favor, espéreme aquí un momento. 뽀~르 화보~르 에스뻬~레메 아끼~움 모멘또

한국어　韓國語	불란서어　FRANÇAIS	독일어　DEUTSCH
서둘러 주세요.	Dépêchez-vous, s'il vous plaît. 데뻬세~부 씰 부 쁘래	Bitte fahren Sie schnell ! 빗테 화렌 지이 슈넬
여기서 세워 주세요.	Arrêtez ici, s'il vous plaît. 아레떼 이씨, 씰 부 쁘래	Halten Sie bitte hier. 할텐 지이 빗테 히어
얼마입니까 ?	C'est combien ? 쎄 꽁비앵	Wieviel muβ ich bezahlen ? 비필 무스 이히 베짜알렌
잔돈은 가지세요.	Gardez la monnaie. 갸르데 라 모내~	Behalten Sie den Rest. 베할텐 지이 덴 레스트
지하철	**MÉTRO** 메트로	**U-BAHN** 우-바안
가장 가까운 지하철 역은 어디 입니까 ?	Quelle est la station de métro la 껠 레 라 스따씨옹 드 메트로 라 plus proche ? 쁠뤼프로쓔	Wo ist die nächste U-Bahnstation ? 보 이스트 디이 네히스테우-바안 슈타찌온
이등표를 두 장 주세요.	Deux billets de deuxième classe, 두 비이에 드 두지엠프 끌라쓰, s'il vous plaît. 씰 부 쁘레.	Zweimal zweiter Klasse bitte ? 쯔바이말 쯔바이터 클라쎄 빗테
이등표 회수권을 주세요.	Un carnet de deuxième classe, 엉 까르네 드 뒤지엠프 끌라쓰 s'il vous plaît. 씰 부 쁘래	Ein Fahrkartenheft zweiter 아인 화르카르텐헤프트 쯔바이터 Kiasse, bitte, 클라쎄, 빗테

이태리어 **ITALIANO**	포루투칼어 **PORTUGUÊS**	스페인어 **ESPAÑOL**
Faccia presto, per favore. 화챠 쁘레스또 뻬르 화보레	Depressa, por favor, 지쁘래싸, 뽀르 화보르	Más rápido, por favor. 마~스 라삐도 뽀~르 화보~르
Si fermi qui, per favore. 씨 훼르미 뀌, 뻬르 화보레, Quanto ? 꾸안또	Pare aqui, por favor 빠리 아끼, 뽀르 화보르 Quanto é ? 꽌뚜 에~	Pare aquí. por favor 빠~레 아끼~ 뽀~르 화보~르 ¿ Cuánto es ? 꾸안~또 에스
Tenga il resto. 땡가 일 레스또	Pode ficar com o troco. 뽀지 휘까르 꽁우 뜨로꾸	Quédese con *el cambio* [la vuelta]. 께~데세 꼰 엘 깜~비오 (라 부엘~따)
METROPOLITANA 메뜨로 뽈리따나	**METRÔ** 메뜨루	**METRO** 메~뜨로
Dov'è la stazione di metropolitana 도베 라 스따지오네 디 메뜨로뽈리따라 più vicina ? 쀼 비치나	Onde fica a estação de mêtro 온지 휘까 아 이스따싸웅 지 매뜨루 mais próxima ? 마이스 쁘로시마 ?	¿ Dónde está la estación de 돈~데 에스따~ 라 에스따씨온~ 데 metro más cercana ? 메~뜨로 마~스 쎄르까~나
Due biglietti di seconda, 두에 빌리엣떠 디 쎄꼰다 per favore. 뻬르 화보레	Duas passagens de segunda, 두아스 빠싸쟁스 지 쎄군다, por favor. 뽀르 화보르	Dos *billetes*[boletos] de segunda 도스 비이에~떼스 (볼레~또스)데 세군~다 clase, por faovr. 끌라~세 뽀~르 화보~르
Un blacchetto di secondo, 운 블라께또 디 쎄꼰도 per favor. 뻬르 화보레	Um talão de segunda, por favor. 웅 딸라웅 지 쎄군다, 뽀르 화보르	Por favor, déme un cupón de 뽀~르 화보~르 데~메 운 꾸뽄~데 billetes de segunda clase. 비이에~떼스 데 세군~다 끌라세

191

한국어　韓國語	불란서어　FRANÇAIS	독일어　DEUTSCH
~행 기차가 어느 승강장에서 출발합니까?	Quelle ligne faut-il prendre pour aller à~? 껠 리뉴 포-딜 프랑드르 뿌르 알레 아	Von welchem Bahnsteig fährt der Zug nach ~ab? 폰 벨ㅎ헴 바안슈타이크 훼에르트 데어 쭈욱 나ㅎ하~압
입구/출구	entrée/sortie 앙드레/쏘르띠	der eingang/der ausgang 데어 아인강/데어 아우스강
갈아타는 곳	correspondance 꼬레스뽕당스	der durchgang fürumsteiger 데어 두르히강 휘어움슈타이거
표파는 곳	le guichet 르 기세	der fahrkarten schalter 데어 화아르카르텐슈알터
플랫 포음에서	au quai 오 깨	zum bahnsteig 쭈움 바안수타이크
버스／전차	**AUTOBUS／TRAMWAY** 오또뷔스／트람배	**OMNIBUS／STRAβENBAHN** 옴니부스／슈트라쎈바안
~가는 버스 정류장은 어디입니까?	Où se trouve l'arrêt de l'autobus qui va à~ 우 스 트루브 라레 드 로또뷔스 끼 바 아~	Wo hält der Omnibus nach~? 보-핼트 데어 옴니부스 나ㅎ하~
이 버스는 ~까지 갑니까?	Cet autobus va-t-il jusqu'à~? 쎄뜨 오또뷔스 바-띨 쥐스까	Fährt dieser Bus nach~? 훼애르트 디이저 부스 나ㅎ하~
~까지 얼마입니까?	Quel est le tarif pour ~? 껠 레 르 따리프 뿌르	Wieviel kostet es nach~? 비필 코스텟 에스 나ㅎ하~

이태리어 ITALIANO	포루투칼어 PORTUGUÊS	스페인어 ESPAÑOL
Qual'è la linea per andar~ ? 꾸알레 라 리네아 뻬르 안다르	Para qual estrada vai ? 빠라 꽐 이스뜨라다 봐이 ?	¿ Qué número de línea tengo 께~ 누~메로 데 리~네아 뗑고 que tomar para ir a~ ? 께 또마~르 빠라 이~르아
l'entrata／l'uscita 랜뜨라따／루쉬따	a entrada／a saida 아 인뜨라다／아 싸이다	la entrada／la salida 라 엔뜨라~다／라 살리~다
la coincidenza 라 꼬인치덴짜	a baldeação 아 발대아싸웅	la puerta de transbordo 라 뿌에~르따 데 뜨란스보~르도
Biglietteria 빌리에떼리아	o guichê 우 구이쉐	la taquilla 라 따끼~야
per la banchina 뻬르 라 방끼나	pâra a plataforma 빠라 아 쁠라따훠르마	al andén 알 안덴~
AUTOBUS／TRAM 아우또부쓰／뜨람	**ONIBUS／BONDE** 오니부스／본지	**AUTOBUS／TRANVIA** 아우또부~스／뜨란비~아
Dov'è la fermata di autobus per~ ? 도베 라 훼르마따 디 아우또부스 뻬르	Onde fica o ponto de ônibus para~ ? 온지 휘까 우 뽄뚜 지 오니부스 빠라~	¿ Dónde está la parada del autobús para~ ? 돈~데 에스따~라 빠라~다 델 아우또부~스 빠라
Questo autobus va a~ ? 꾸에스또 아우또부스 바 아~	Este ônibus vai para~ ? 에스찌 오니부스 봐이 빠라~	¿ Va este autobús hasta~ ? 바 에스떼 아우또부~스 아~스따
Quanto costa per~ ? 꾸안또 꼬스따 뻬르	Quanto é até~ ? 꽌뚜 애 아때~	¿ Cuánto cuesta hasta~ ? 꾸안~또 꾸에~스따 아~스따

한국어　韓國語	불란서어　FRANÇAIS	독일어　DEUTSCH
다음 정거장에서 내립니다.	Je descends au prochain arrêt. 쥬 데쌍 오 프로세 나레	Ich steige an der nächsten 이히 슈타이게 안 데어 내흐스텐 haltestelle aus. 할테슈텔레 아우스
여기서 내려 주세요.	Déposez-moi ici, s'il vous plaît. 데뽀제즈-므와 이시, 셀 부 쁘레	Lassen Sie mich bitte hier aussteigen. 라쎈 지이 미히 비테 히이어 아우스슈타이겐
철　도	LE CHEMIN DE FER 로 슈맹 드 페르	DIE EISENBAHN 디 아이젠 바안
~가는 기차는 어느 역에서 떠납니까?	De quelle gare part le train pour~? 드 껠 갸르 빠르 트 트랭 뿌르~	Von welchem Bahnhof fährt 폰 벨ㅎ헴 바안홉 후애르트 der Zug nach ~ab? 데어 쮸욱 나ㅎ하~압
~까지 가는 이등편도 표를 1장 주세요.	Donnez-moi un aller en deuxième 도네-므와 언 날레 앙 두지엠므 classe pour~? 끌라쓰 뿌르	Eine Fahrkarte zweiter Klasse, 아이네 후아르카르테 쯔바이터 클라쎄 einfach nach~ 아인화ㅎ흐 나ㅎ하~
급행 열차가 있습니까?	Y a-t-il un express? 이 야 띨 엉 넥스프레스	Gibt es einen Schnellzug? 깁트 에스 아이넨 슈넬쮸욱
이 열차의 좌석을 예약하고 싶어요.	Je désire réserver une place dans 쥬 데지르 레제르베 윈느쁠라스 당 ce train. 스 트랭	Eine Platzkarte Für diesen Zug bitte. 아이네 플라쯔카르테 휘어 디이젠 쮸욱 비터

이태리어 **ITALIANO**	포루투칼어 **PORTUGUÊS**	스페인어 **ESPAÑOL**
Scendo alla prossima fermata. 쉔도 알라 쁘로씨마 훼르마따	Vou descer no próximo ponto 보우 대쎄르 누 쁘로씨무 뽄뚜	Voy a bajar en la siguiente parada. 보이 아 바하~르 엔 라 시기엔~떼 빠라~다
Mi fa scendere qui, per favore. 미 화 쉔테레 뀌, 뻬르 화보레	Quero descer aqui, por favor. 깨루 대쎄르 아끼, 뽀르 화보르	Por favor, déjeme bajar aquí. 뽀~르 화보~르 데~헤메 바하~르 아끼~
FERROVIA 훼로비아	**FERROVÚA** 훼호부아	**FERROCARRIL** 훼르로까르릴
Da qual stazione 다 꾸알 스따찌오네 parte il treno per~ ? 빠르떼 일 뜨레노 뻬르	De que estacao parte o trem para~ ? 지 끼 이스따싸웅 빠르찌 우 뜨랭빠라~	¿ De qué estación sale el tren para~ ? 데 께~ 에스따씨온~살~레 엘 뜨렌 빠~라
Un biglietto d'andata sola 운 빌리엣또 단다따 쏠라 di seconda classe per~. 디 쎄꼰다 끌라세 뻬르~	Uma passagem de segunda de 우마 빠싸젱 지 쎄군다 지 ida para~ ? 이다 빠라	Déme un billete de ida de 데~메 움 비이예~떼 데 이~다 데 segunda clase para~. 세군~다 끌라~세 빠라
C'è un espresso ? 체 운 에스~쁘렛소	Tem expresso ? 땡 이스쁘래쑤	¿ Hay tren expreso ? 아이 뜨렌 에스쁘레소
Vorrei prenotare un posto su 보레이 쁘레노따레 운 뽀스또 수 questo treno. 꿰스또 뜨레노	Gostaria de reservar um 고스따리아 지 assento neste trem. 해재르봐르 웅 아쎈뚜 네스떠 뜨랭	Quisiera reservar un asiento 끼시에~라 레세르바~르 운 아시엔~또 en este tren. 엔 에스떼 뜨렌~

한국어　韓國語	불란서어　FRANÇAIS	독일어　DEUTSCH
이 열차는 차량을 분리합니까?	Ce train sépare-t-il des wagons? 스 트랭 쎄빠래 띨 대 바공.	Wird dieser Zug unterwegs getrennt? 뷔르트 디이저 쭈욱 운터벡스 게트렌트
침대차가 붙어 있습니까?	Ce train a-t-il des couchettes? 스 트랭 아~띨데 꾸셰트	Hat dieser Zug einen Schlafwagen? 할 디이저 쭈욱 아이넨 슐라아프바겐
이 표를 취소할 수 있습니까?	Peut-on annuler ce billet? 뿌~똥 아뉴래 스 비애	Kann ich diese Fahrkarte zurückgeben? 칸 이히 디이제 화아르카르테 쭈뤽게벤
이 표를 1등으로 바꾸고 싶은데요.	Je voudrais changer ce billet pour 쥬 부드래 샹제 스 비이에 뿌르 une première classe. 윈느 프르미에르 끌라쓰	Ich möchte diese Fahrkarte 이히 뫼흐테 디이제 화아르카르테 gegen eine Karte erster 게에겐 아이네 카르테 에르스터 Klasse umtauschen. 클라쎄 움타우슈엔
이 열차는 ~에 정차합니까?	Ce train s'arrête-t-il à~? 스 트랭 싸레띨 아~	Hält dieser Zug in~? 핼트 디이저 쭈욱 인~
이 열차는 ~까지 직행합니까?	Ce train va-t-il directement jusqu'à? 스 트랭 바-띨 디렉뜨망 쥐스까	Geht dieser Zug direkt nach~? 게－트 디이저 쭈욱 디렉트 나흐하~

이태리어 ITALIANO	포루투칼어 PORTUGUÊS	스페인어 ESPAÑOL
Si staccheranno i vagoni 씨 스따께란노 이 봐고니 secondo la destinazione ? 쎄꼰도 라 데스띠나찌오네	Este trem separa os vagonetes ? 애스찌 뜨랭 쎄빠라 우스 봐고내찌스	¿ Este tren separa algunos vagones ? 에스떼 뜨렌 세빠~라 알구노스 바고~네스
C'è un vagone letto ? 체 운 봐고에 레또	Tem carro-dormitorio neste trem ? 땡 까후 도르미또리우 내스찌 뜨랭	¿ Tiene este tren coche-cama ? 띠에~네 에스떼 뜨렌 꼬체 까-마
Si può annullare questo biglietto ? 씨 뿌오 아눌라레 퀘스또 빌리엣또	Posso cancelar esta passagem ? 뽀쑤 깐샐라르 에쓰따 빠싸쟁	¿ Puedo anular este billete ? 뿌에도 아눌라~르 에스떼 비이예~떼
Vorrei cambiare questo biglietto 보래이 깜비아래 퀘스또 per la prima classe. 빌리에또 빼르 라 쁘리마 끌랏새	Gostaria de trocar esta 고스따리아 지 뜨로까르 에스띠 passagem para uma de primeira. 빠싸쟁 빠라 우마 지 쁘리매이라	Quisiera cambiar este 끼시에~라 깜비아~르 에스떼 billete 비이예~떼 por uno de primera clase. 뽀~르 우~노 데 쁘리메~라 끌라~세
Questo treno si ferma a~ ? 퀘스또 뜨래노 씨 훼르마 아	Este trem pára em~ ? 애스찌 뜨랭 빠라 잉~	¿ Para este tren en~ ? 빠~라 에스떼 뜨렌 엔
Questo treno va diretto a~ ? 퀘스또 뜨래노 바 디렛또 아	Este trem vai direto para~ ? 애스찌 뜨랭 봐이 디래뚜 빠라~	¿ Va este tren directamente a~ ? 바 에스떼 뜨렌 디렉따멘~떼 아

한국어 韓國語	불란서어 FRANÇAIS	독일어 DEUTSCH
어디서 갈아 탑니까?	Où dois-je changer de train ? 우 드와-쥬 샹제 드 트랭	Wo muβ ich umsteigen ? 보 무쓰 이히 움슈타이겐
도중 하차 할 수 있습니까?	Puis-je m'arrêter en cours de route ? 쀠-쥬 마레떼 앙 꾸르 드 루뜨	Kann ich die Fahrt unter brechen ? 칸 이히 디 화르트 운터 브레ㅎ헨
~까지 가는데 시간이 얼마나 걸립니까?	Combien de temps paut-il jusqu'à~ ? 꽁비엥 드 땅 포띨 쥐스까~	Wie lang dauert die Fahrt bis ? 뷔이 랑에 다우에르트 디 화르트 비스~
몇 번선에서 떠납니까?	De quel quai part le train ? 드 껠 깨 빠르 르 트랭	Von welchem Bahnsteig fährt der Zug ab ? 폰 벨ㅎ헴 바안슈타이크 훼어르트 데어쭉 압 ?
이것은 ~가는 열차입니까?	Est-ce bien le train pour ? 에-스 배앵르 트랭 뿌르	Ist dieser Zug nach~ ? 이스트 디이저 쭈욱 나하~
이 자리는 누가 있습니까?	Cette place est-elle occupée ? 쎄뜨 플라스 에-뗄 오뀌빼	Ist dieser Platz besetzt ? 이스트 디이저 플라쯔 베젯쯔트
여기는 제 자리 인데요.	Je pense que c'est ma place. 쥬 빠스 끄 쎄 마 플라스	Ich nehme an, das ist mein Sits. 이히 네에메 안, 다스 이스트 마인 짓쯔
식당차가 달려 있습니까?	Ya-t-il un wagon-restaurant dans ce train ? 이야-띨 엉 바공-레스 또랑 당 스 트랭	Hat dieser Zug cinen Speise wagen ? 한 디이저 쭈욱 아이넨 슈파이제 바아겐

이태리어 ITALIANO	포루투칼어 PORTUGUÊS	스페인어 ESPAÑOL
Dove si cambia ? 도베 씨 깜비아 ?	Onde devo fazer baldeação ? 온지 대부 화재르 발대아싸웅	¿ Donde tengo que cambiar ? 돈~데 뗑고 께 깜비아~르
Posso fare l'interruzione del viaggio ? 뽀소 화레 린떼루찌오네 델 비아고 ?	É possível descer de caminho ? 애 뽀시붸우 대쎄르 지 까민뉴	¿ Puedo interrumpir el viaje 뿌에~도 인떼룸삐~르 엘 비아~헤 sin perder la validez ? 신 빼르데~르 라 발리데~스
Quanto tempo ci vuole per andare a~ ? 꾸안또 땜뽀 치 부올레 빼르 안다래아	Quanto tempo leva até~ ? 꽌뚜 땜뿌 래봐 아때	¿ Cuánto se tarda en llegar a~ ? 꾸안~또 세 따~르다 엔 이에가~르 아
Da che binario parte ? 다 께 비나리오 빠르떼	De que plataforma sai ? 지 끼 쁠라따훠르마 싸이	¿ De qué andén sale el tren para~ ? 데 께 안덴~살~레 엘 뜨렌 빠~라
Questo è un treno per~ ? 꿰스또 에 운 뜨래노 빼르~	Este é o trem para~ ? 애스찌・애~우 뜨랭 빠라~	¿ Este tren va a~ ? 에스떼 뜨렌 바 아
É occupato questo posto ? 에 오꾸빠또 꿰스또 뽀스또	Este lugar esta ocupado ? 애스찌 루가~르 이스따 오꾸바두	¿ Está ocupado este asiento ? 에스따~ 오꾸빠~도 에스떼 아시엔~또
Credo che questo sia mio posto. 끄래도 께 꿰스또 시아 미오 뽀스또	Acho que este é o meu lugar. 아슈 끼 애스찌 애 우 매우 루가르	Creo que este asiento es el mío. 끄레오 께 에스떼 아시엔~또 에스 엘 미~오
C'è un vagone ristorante ? 체 운 바고네 리스또란떼	Tem vagão restaurante ? 땡 봐가웅 해스따우란찌	¿ Lleva este tren *coche—* 이에-바 에스떼 뜨렌 꼬~체 *restaurante*[coche-comedor] ? 레스따우란~떼[꼬~체 꼬메도~르]

한국어　韓國語	불란서어　FRANÇAIS	독일어　DEUTSCH
식당차는 예약제입니까?	Est-il obligatoire de réserver une table au wagon-restaurant? 에-띨 오블리가뜨와르 드 레제르베 윈느 따블르 오 바공-레스또랑	Muß ich vorher einen Platz bestellen? 무쓰 이히 호어헤어 아이넨 플라쯔 베슈텔렌
그러면 (7)시로 예약해 주세요.	Alors Voulez-vous me réserver une table à (7)heures 알로르 블레-부 므 레제르베 윈느 따블로 아 쎄뜨르	Dann möchte ich für (7) Uhr bestellen. 단 뫼히테 이히 휘어(지븐) 우어 베슈텔렌
이 차량은 틀림없이 ~에 가죠?	Est-ce bien la voiture directe pour aller à~? 에-스 비앵 라 봐뛰르 디렉뜨 뿌르 알레 아	Geht dieser Wagen bestimmt nach~? 게-트 디이저 바겐 베슈팀트 나흐하~
지금 어디를 지나고 있습니까?	Où passe-t-on maintenant? 우 빠쓰-똥 맹뜨낭	Wo sind wir jetzt? 보- 진트 뷔어 예쯔트
창문을 열어도 좋습니까?	puis-je ouvrir la fenêtre? 쀠 쥬 우브리르 라 퍼네트르	Darf ich das Fenster öffnen? 다루후 이히 다스 휀스테 욉호넨
담배를 피워도 좋습니까?	Puis-je fumer? 쀠-쥬 퓌메	Darf ich rauchen? 다르후 이히 라우흐헨

이태리어 ITALIANO	포루투칼어 PORTUGUÊS	스페인어 ESPAÑOL
Bisogna fare la prenotazione 비쏘냐 화레 라 쁘레노따찌오네 per il vagone ristorante? 뻬르 일 바고네 리스또란떼	Precisa fazer reserva no vagão restaurante? 쁘래씨자 화제르 해제르봐 누 봐가옹 해스따우란찌	¿ Se tiene que reservar el coche-comedor? 세 띠에~네 께 레세르바~르 엘 꼬~체 꼬메도~르
Allora, alle (7), per favore. 알로라 알레 쎗떼(7), 뻬르 화보레	Então gostaria de reservar uma. 인따웅 고스따리아 지 해재르봐르 우마 mesa para as(7), ~por favor. 매자 빠라 아스(쎄치)뽀르 화보르	Entonces, deseo hacer la 엔똔~쎄스 데세오 아세~르 라 reservación a las siete. 레세르바씨온~ 아 라스 시에~떼
É sicuro che questo vagone va a~? 에 씨꾸로 께 꿰스또 바고네 바 아~	Este vagão vai para~, não é~? 에스찌 봐가앙 봐이 빠라~ 나웅 애~	¿ Exactamente va este vagón a~? 엑사따멘~떼 바 에스떼 바곤~아
Dove siamo adesso? 도베 씨아모 아뎃쏘	Por onde estamos passando agora? 뽀르 온지 이스따무쓰 빠싼두 아고라	¿ Por dónde estamos pasando ahora? 뽀~르 돈~데 에스따~모스 빠산~도 아오~라
Posso aprire la finestra? 뽀소 아쁘리래 라 휘네스트라	Posso abrir a janela? 뽀쑤 아브리르 아 쟈넬 라	¿ Se puede abrir la ventana? 세 뿌에~데 아브리~르 라 벤따~나
Posso fumare? 뽀소 후마~래	Posso fumar? 뽀쑤 후마르	¿ Se puede fumar? 씨 뿌에~데 후마~르

한국어 韓國語	불란서어 FRANÇAIS	독일어 DEUTSCH
다음 정류장은 어디입니까?	Quelle est la prochaine gare ? 껠레 라 프로셴느 갸르	Wie heißt der nächste Bahn-hof? 뷔이 하이스트 데어 내흐스테 바안홉
얼마나 정차합니까?	Combien de temps le train 꽁비앵 드 떵르 트랭 s'arrête-t-il ici ? 사레트-띨 이씨	Wie lange hält der Zug hier? 뷔이 랑에 핼트 데어 쮸욱 히이어
표를 잃어버렸습니다. 어떻게 하면 좋을까요?	J'ai perdu mon billet. Que dois-je faire ? 재 뻬르뒤 몽 비이에 끄 드와-쥬페르	Ich habe meine Fahrkarte 이히 하아베 마이네 화아르카르테 verloren. Was muß ich jetzt tun? 훼어로렌. 봐스 무쓰 이히 에쯔트 툰
열차 안에(가방을)두고 내렸습니다.	J'ai oublié mon(sac)dans le train. 재 우블리에 몽(싹) 당 르 트랭	Ich habe mein (Gepäck)im Zug gelassn. 이히 하아베 마인(게팩)임 쮸욱 게라쎈
역 플랫포옴 차장	la gare 라 갸르 le quai 르 께 le conducteur 르 꽁뒥뙤르	der Bahnhof 데어 바안홉 der Bahnsteig 데어 바안슈타이크 der Schaffner 데어 슈압흐너
포터	le porteur 르 뽀르뙤르	der Gepäckträger 데어 게팩트래애거

이태리어 ITALIANO	포루투칼어 PORTUGUÊS	스페인어 ESPAÑOL
Quale è prossima stazione ? 꾸알레 에 쁘롯시마 스따찌오네	Qual é próxima estação ? 꽐 애 쁘로시마 이스따싸웅	¿ Cuál es la estación siguiente ? 꾸알~ 에스 라 에스따씨온~ 시기엔~떼
Quanto tempo si ferma ? 꾸안또 땜뽀 씨 훼르마	Quanto tempo o trem fica aqui ? 꽌뚜 땜뿌 우 뜨랭 휘까 아끼	¿ Cuánto tiempo para el tren aquí ? 꾸안~또 띠엠~뽀 빠~라 엘 뜨렌 아끼~
Ho perduto il mio biglietto. 오 뻬르두또 일 미오 빌리엣또 Come si fa ? 꼬메 씨 화	Perdi minha passagem 뻬르지 미냐 빠싸쟁 Que devo fazer ? 께대부 화재르	He perdido mi *billete* [boleto]. 애 뻬르디이~도 미 비제떼[볼레~또] ¿ Qué tengo que hacer ? 께~ 뗑고 께 아쎄~르
Ho lasciato il mio (bagaglio) 오 라샤또 일 미오(바갈리오) nel treno. 넬 뜨레노	Esqueci minha(mala) no trem. 이스께씨 미냐(말라)누 뜨랭	He dejado mi (cartera) en 에 데하~도 미 (까르떼~라) 엔 el tren. 엘 뜨렌
la stazione 라 스따찌오네 la banchina 라 방끼나 il conduttore 일 꼰두또레	a estacao 아 이스따싸웅 a plataforma 아 쁠라따휘르마 o condutor 우 꼰두또르	la estación 라 에스따씨온~ el andén 엘 안덴~ el revisor／el conductor 엘 레비소~르／엘 꼰둑또~르
il facchino 일 홧기~노	o carregador 우 까해가도르	el maletero 엘 말레떼~로

203

한국어 韓國語	불란서어 FRANÇAIS	독일어 DEUTSCH
입구/출구	l'entrée/la sortie 랑트레/라 쏘르띠	der Eingang/der Ausgang 데어 아인강/데어 아우스강
수하물 일시 보관소	la consigne 라 꽁씨뉴	die Gepäckaufbewahrung 디 게팩아우프베바아룽
개찰구/매표구	le guichet 르 기셰	der Fahrkartenschalter 데어 화아르카르텐슈알터
개찰구	l'accès aux quais 락쎄 오 깨	die Sperre 디 슈페러
열차	le train 르 트랭	der Personenzug 데어 페르조오넨쮸욱
보통 열차	le train omnibus 르 트랭 옴니뷔스	der Nahverkehrzug 데어 나~훼어케어쮸욱
급행 열차	le train express 르 트랭 엑스프레스	Der Schnellzug 데어 슈넬쮸욱
특급 열차	le train rapide 르 트랭 라삐드	Der D–Zug 데어 대~쮸욱
주간[야간] 열차	le train *de jour*[de nuit] 르 트랭 드 주르 [드 뉘]	der *Tageszug*[Nachtzug] 데어 타게스쭉(나흐트쭉)
개실	le compartiment 르 꽁빠르띠망	das Abteil 다스 압타일
상단[하단] 침대	la couchette *supérieure* [inférieure] 라 꾸셰뜨 쉬뻬리외르 [앵페리외르]	das *obere*[untere] Bett 다스 오버레(운터레)베트

이태리어 ITALIANO	포루투칼어 PORTUGUÊS	스페인어 ESPAÑOL
l'entrata / l'uscita 렌드라따 / 루쉬따	a entrada / a saída 아 인드라다 / 아 사이다	la entrada / la salida 라 엔드라~다 / 라 살리~다
il deposito bagaghli 일 대뽀지또 바갈리	o depósito de bagagens. 우 지뽀지뚜 지 바가쟁쓰	la consigna 라 꼰시~그나
la biglietteria 라 빌리에때리아	o guichê 우 기쉐	la taquilla 라 따끼~이야
il controllo biglietti 일 꼰뜨롤로 빌리에띠	a portaria 아뽀르따리아	el torniquete / el portillo de andén 엘 또르니께-떼 / 엘 뽀르띠요 데 안덴~
il treno 일 뜨레노	o trem 우 뜨랭	el tren 엘 뜨렌
il treno ordinario 일 뜨레노 오르디나리오	o trem comun 우 뜨랭 고뭉	el tren ordinario 엘 뜨렌 오르디나~리오
il treno espresso 일 뜨래노 에스쁘래소	o trem expresso 우 뜨랭 이스쁘래쑤	el tren expreso 엘 뜨렌 에스쁘레~소
il treno rapido 일 뜨래노 라쁘도	o trem rápido 우 뜨랭 하삐두	el tren rápido 엘 뜨렌 라-삐도
il treno di *giorno*[notte] 일 뜨래도 디 죠르노(노때)	o trem *diurno* [notruno] 우 뜨랭 지우르누[노뚜르누]	el tren de *día*[noche] 엘 뜨렌 데 디~아(노~체)
Lo scompartimento 로 스꼼파르띠멘또	o compartimento 우 꽁빠르찌맨뚜	el compartimento 엘 꼼빠르띠미엔~또
la cuccetta in *alto*[basso] 라 꾸체따 인 알또	o beliche *de cima* [de baixo] 우 밸리쉐 지 씨마 [지 바이슈]	la litera *superior*[inferior] 라 리떼~라 수뻬리오~르(인훼리오~르)

한국어　韓國語	불란서어　FRANÇAIS	독일어　DEUTSCH
편도편	le billet d'aller simple 르 비이에 달레 쌩쁠르	eine einfache Karte 아이네 아인화흐헤 카르테
왕복표	le billet d'aller et retour 르 비이에 달레 에 르뚜르	die Rückfahrkarte 디 뤽화아르카르테
흡연차	la voiture fumeurs 라 봐뛰르 농-퓌뫼르	der Raucher 데어 라우흐허
금연차	la voiture non-fumeurs 라 봐뛰르 농-퓌뫼르	der Nichtraucher 데어 니히트라우흐허
시간표	l'horaire 로 래르	der Fahrplan 데어 화아르플란
렌 트 카	**LOCATION DE VOITURE** 로까지옹 드 봐뛰르	**DER MIETSWAGEN** 데어 미이츠바아겐
차를 빌리고 싶은데요	Je voudrais louer une voiture. 쥬 부드래 루에 윈느 봐뛰르	Ich möchte ein Auto mieten. 이히 뫼흐테 아인 아우토 미이텐
요금표를 보여 주세요.	Montrez-moi une liste des tarifs. 몽트레-므와 윈느 리스뜨 데 따리프	Zeigen Sie mir bitte Ihre Preisliste. 짜이겐 지이 미어 비테 이-레 프라이슬리스테
다른 지점에 버려 두어도 됩니까?	Puis-je rendre la voiture dans une 쀠~쥬 랑드르 라 봐뛰르 당 쥔느 autre de vos agences? 오트르 드 보 자장스	Kann ich am Zielort den Wagen 칸 이히 암 지일오르트 덴 바아겐 stehen lassen? 슈테엔 라쎈
선불입니까?	Demandez-vous un acompte? 드망데-부 전 나꽁뜨	Muβ ich voraus zahlen? 무쓰 이히 휘라우스 짜알렌

이태리어 ITALIANO	포루투칼어 PORTUGUÊS	스페인어 ESPAÑOL
il biglietto d'andata 일 빌리엣또 단다따	uma passagem de ida 우마 빠싸쟁 지 이다	el billete de ida 엘 비이에~떼 데 이~다
il biglietto d'andata e ritorno 일 빌리엣또 단다따 에 리또르노	uma passagem de ida e volta 우마 빠싸쟁 지 이다 이 뷜따	el billete[boleto]de ida y vuelta 엘 비이에~떼(볼레~또)데 이~다 이 부엘~따
la vettura per fumatori 라 베뚜라 뻬르 후마또리	vagão de fumantes 봐가웅 지 후만찌스	el coche para fumadores 엘 꼬~체 빠~라 후마도~ 레스
la vettura per non fumatori 라 베뚜라 뻬르 논 후마또리	vagão para não fumantes 봐가웅 빠라 나웅 후만찌스	el coche para no fumadores 엘 꼬~체 빠~라 노 후마도~레스
l'orario 로라리오 라~리오	o horário 우 오라리우.	el horario 엘 오라~리오
AUTONOLEGGIO 아우또넬로쪼	**CARRO DE ALUGUEL** 까후 지 알루게우	**COCHE DE ALQUILER** 꼬~체 데 알낄레~르
Vorrei noleggiare una macchina. 뷔래이 노랫자래 우나 맛끼나	Gostaria de alugar um carro. 고스따리아 지 알루가르 웅 까후	Deseo alquilar un coche. 데~세오 알낄라~르 운 꼬~체
Mi mostri la tariffa. 미 모스뜨리 라 따리화	posso ver a lista de preços ? 뽀쑤 베르 아 리스따 지 쁘래쑤스	Enséñeme la lista de precios. 엔세~네메 라 리스따 데 쁘레~씨오스
Posso lasciare la macchina alla 뽀소 라샤~래 라맛기나 mia destinazione ? 알라 미아 데스띠나찌오네	Posso deixar o carro no destino ? 뽀쑤 대이샤르 우 까후 누 대스찌누	¿ Puedo dejar el coche alquilado ? 뿌에도 데하~르 엘 꼬~체 알낄라~도
Devo pagare un deposito ? 데보 빠가래 운 대뽀지또	Precisa deixar depósito ? 쁘래씨자 대이샤르 대뽀지뚜	¿ Se necesita el pago anticipado ? 세 네쎄시~따 엘 빠~안디씨빠~도

한국어　韓國語	불란서어　FRANÇAIS	독일어　DEUTSCH
이 차종으로 (24)시간 빌리고 싶어요.	Je voudrais louer une voiture de 쥬 부드래 루에 윈느 봐뛰르 드 ce type pour (24) heures. 스 디쁘 뿌르(뱅까트르)뢰르	Ich möchte einen Wagen von 이히 뫼히테 아이넨 바겐 폰 diesem Typ für (24) Studen mieten. 디이젬 튑 휘어(휘어운트쯔반찌히) 슈툰덴 미-텐
사고가 날 경우 연락처를 가르쳐 주세요.	Dites-moi qui je dois contacter 디뜨-므와 끼 쥬 드와 꽁딱떼 en cas de besoin. 앙 까 드 브주앵	Geben Sie mir bitte einige 게에벤 지이 미어 빗테 아이니게 Adressen, an die ich mich 아드레쎈, 안 디 이히 미히 wenden kann, wenn ein Unfall passiert. 벤덴 칸, 벤 아인 운활 파씨어르트
이것은 제 국제 운전 면허증입니다.	C'est mon permis de conduire international 쎄 몽 뻬르미 드 꽁뒤르 앵떼르나씨오날	Das ist mein internationaler 다스 이스트 마인 인터나찌오나알러 Führerschein. 휘어러슈아인
내일 아침 ~ 호텔로 차를 보내 주세요.	Envoyez-moi une voiture à l'hôtel 앙브와이에-므와 윈느 봐뛰르 아 로뗄 demain matin, s'il vous plaît· 드맹 마땡, 씰 부 쁘래	Bitte, Schicken Sie morgen 빗테, 쉭켄 지이 모르겐 früh einen Wagen zum~Hotel 휘뤼이 아이넨 바아겐 쭈움~호텔

이태리어　ITALIANO	포루투칼어　PORTUGUÊS	스페인어　ESPAÑOL
Vorrei noleggiare questo tipo di 보레이 놀래짜래 꿰스또 띠뽀 디 macchina per (24) ore. 마끼나 뻬르(벤띠 꾸아뜨로)오래	Gostaria de alugar um carro 고스따리아 지 알루가르 웅 까후 deste tipo por (24) horas. 대스찌 찌뿌 뽀르(빈찌 이 꽈뜨루) 오라쓰	Deseo alquilar un coche de este tipo 데세~오 알낄라~르 운 꼬~체 por (24) horas. 데 에스떼 띠뽀 뽀르(베인띠 꾸아드로) 오~라스
A chi mi rivolgo in caso 아 끼 미 리볼고 인까조 d'incidente 던치댄떼	Que devo chamar em caso 끼 대부 샤마르 잉 까주 de problemas? 지 쁘로블래미스	Indiqueme algunos sitios a 인디~께메 알구~노스 시~띠오스 아 los que pueda llamar en caso de acciden- te. 로스 께 뿌에다 이야마~르 엔 까소 데 악씨덴~떼
Ecco la mia patente inter- 앳고 라 미아 빠땐데 nazionale. 인테르나찌오날레	Aqui está minha carteira de 아끼 이스따 미냐 까르때이라 지 motorista internacional. 모또리스따 인때르나 시오나우	Esta es mi licenci a inter 에스따 에스 미 리쎈~씨아 nacional de conducir. 인떼르나씨오날~데 꼰두씨~르
Mi mandi una macchina all' 미 만디 우나 마끼나 알로뗄~ Hotel~domattina. 도마떠나	Pode mandar um carro 뽀지 만다르 웅 까후 para o Hotel ~amanhã cêdo, por favor? 빠라 우 오떼우~아마냥 쎄두, 뽀르 화보르	Por favor, envieme un coche 뽀~르 후아보~르 엔비~ 에메 운 꼬~체 al Hotel~mañana por la mañana. 알 오뗄~ 마냐~냐 뽀르 라 마냐~나

1 인 안내

한국어 韓國語	불란서어 FRANÇAIS	독일어 DEUTSCH
고장입니다. 가질러 와 주세요.	Je suis en panne. Envoyez quelqu'un pour me dépanner, s'il vous plaît. 쥬 쉬 정 빤느. 앙브와이에 껠껑 뿌르 므 떼빠네, 씰 부 쁘래	Dieser Wagen ist nicht in Ordnung. Bitte, schicken Sie jemanden, um ihn abzuholen. 디저 바이겐 이스트 니히트 인 오르드눙. 비테, 슈익켄 지이 예에만덴, 움 이-인 압쭈우호올렌
보증금 차용료 자동차 사고 보험	la caution 라 꼬씨옹 le prix de la location 르 프리 드 라 로까지옹 l'assurance contre les accidents 라 쉬랑스 꽁트르 레 작시당	die kaution 디이 카우치이온~ die Mietkosten 디이 미이트코스텐 die Autounfallversicherung 디이 아우토운활훼어지ㅎ허룽
브레키 수리 공장 고장 중	le frein 르 프랭 le garage 르 갸라쥬 en panne 앙 빤느	die Bremse 디이 브렘저 die Auto-Werkstatt 디이 아우토-베르크슈타트 nicht in Ordnung 니히트 인 오르드눙
밧데리 타이어 휘발유	la batterie 라 바뜨리 le pneu 르 쁘느 l'essence 레쌍스	die Batterie 디이 바테리이 der Reifen 데어 라이휀 das Benzin 다스 벤찌인

이태리어 ITALIANO	포루투칼어 PORTUGUÊS	스페인어 ESPAÑOL
É guasto. Mi mandi 애 구아스또 미 만디이 qualcuno per ritirarla 꾸알꾸노 빼르 리띠라르라	Não funciona. Pode mandar alguém 나웅 훈시오나. 뽀지 만다르 알갱 Para levar isto. 빠라 개바르 이스뚜	Este coche está descompuesto. 에스떼 꼬~체 에스따~데스꼼뿌에~스또 Por favor, envie a alguien que lo recoja. 뽀르 후아보~르 엔비~에 아 알~기엔 껠로 르레꼬~하
il deposito 일 데뽀지또 la tariffa di noleggio 라 따리화 디 놀랫쬬 l'assicurazione per gli incidenti stradali 랏시구라찌오~네 뻬루 리 인치덴떼 스뜨라달리	o depósito 우 대뽀지뚜 o preço do aluguel 우 쁘래쑤 두 알루개우 o seguro de acidente de tráfego 우 쌔구루 지 아씨덴찌 지 드라훼구	el depósito 엘 데뽀~시또 el precio de alquiler 엘 쁘레~씨오 데 알낄레~르 el seguro de accidentes de tráfico 엘 세구~로 데 악씨덴~떼스 데뜨라~휘꼬
il freno 일 후레노 l'autorimessa 라우도리 맷사 guasto 구아스또	o breque 우 브래끼 a garagem 아 가라쟁 está quebrado 이스따 깨브라두	el freno 엘 후레~노 el taller de reparación 엘 따이예~르 데 르레빠라씨온~ está averiado 에스따~ 아베리아~도
la batteria 라 밧대리~아 il pneumatico 이루 뿌네우마~디이고 la benzina 라 밴지~나	a bateria 아 바때리아 o pneu 우 쁘내우 a gasolina 아 가졸리나	la batería 라바떼리~아 el neumático／la llanta 엘 네우마~띠꼬／라 이얀~따 la gasolina 라 가솔리~나

1 안내

한국어 韓國語	불란서어 FRANÇAIS	독일어 DEUTSCH
주유소	la station service 라 스따씨옹 쎄르비스	die Tankstelle 다이 탕크슈텔레
가득 차 있음	le plein 르 쁠랭	das Volltanken 다스 폴탕켄
기름	l'huile 륄르	das Öl 다스 욀-
도로 지도	la carte routière 라 까르뜨 루띠에르	die Straβenkarte 디이 슈트라쎈카르테
고속 도로	l'autoroute 로또루뜨	die Autobahn 디이 아우토바안
유료 도로	l'autoroute à péage 로또루드 아 뻬아쥬	die gebührenpflichtige Straβe 디이 게뷔렌플리히티게 슈트라쎄
국도	la route nationale 라 루뜨 나씨오날르	die Landstraβe 디이 란트슈트라쎄
모텔	le motel 르 모뗄	das Motel 다스 모텔
주차장	le parc de stationement 르 빠르끄 드 스따씨온느-망	der Parkplatz 데어 파르크플라쯔
통행 금지	*route*[rue]barrée 루뜨[뤼]바레	Keine Durchfahrt 카이네 두르히화르트
주차 금지	stationnement interdit 스따씨온느망 앵떼르디	Parken verboten 파르켄 풰어보텐
서행	ralentir 라랑띠르	langsam 랑자암

이태리어 ITALIANO	포루투칼어 PORTUGUÊS	스페인어 ESPAÑOL
la stazione di servizio 라 스따찌오네 디 세르비찌오	o posto de gasolina 우 뽀스뚜 지 가졸리나	la gasolinera 라 가솔리네~라
il pieno 일 삐에노	o tanque cheio 우 딴끼 쉐이우	depósito de gasolina lleno 데뽀~시또 데 가솔리~나 이예~노
	o óleo 우 올레우	el aceite 엘 아쎄~이떼
la carta stradale 라 까르따 스뜨라달레	o mapa rodoviário 우 마빠 호도뷔아리우	el mapa de carreteras 엘 마~빠 데 까르르떼~라스
l'autostrada 라우또스뜨라다	auto-estrada 아우또 이스뜨라다	la autopista 라 아우또삐~스따
la strada a pedaggio 라 스뜨라다 아 뻬다쬬	a rodovia de pedágio 아 호도뷔아 지 뻬다지우	la carretera de peaje 라 까르레떼~라 데 뻬아~헤
la strada statale 라 스뜨라다 스따딸래	a rodovia federal 아 호도뷔아 훼데라우	la carretera nacional 라 까르레떼~라 나씨오날~
il motel 일 모땔	o motel 우 모때우	el motel 엘 모뗄~
il parcheggio 일 빠르껫쬬	o estaτão nento 우 이스따써웅	el aparcamiento／el estacionamiento 엘 아빠르까미엔~또／엘 에스따씨오나미엔~또
entrata vietata 엔뜨라따 비에따따	transito proibido 뜨란씨뚜 쁘로이비두	prohibido transitar 쁘로이비~도 뜨란시따~르
divieto di sosta 디비에또 디 쏘스따.	estacionamento proibido 이스따시오나맨뚜 쁘로이비두	prohibido estacionarse 쁘로이비~도 에스따씨오나~르세
rallentare 랄랜따레	devagar 데봐가르	velocidad reducida 벨로씨닫~ 르레두씨~다

213

한국어　韓國語	불란서어　FRANÇAIS	독일어　DEUTSCH
공사 중	attention travaux 아땅씨옹 트라보	die Baustelle 디이 바우슈텔레
배	**BATEAU** 바또~	**DAS SCHIFF** 다스 쉬프
~가는 배를 타는 곳은 어디 입니까?	Où se fait l'embarquement pour 우 스 패 랑바르끄망 뿌르 le bateau qui va à~? 르 바또 끼 바 아	Wo ist die Landungsstelle 보 이스트 디이 란둥스슈텔레 des Schiffes nach~? 데스 쉬페스 나하~
승선 시간은 몇 시 입니까?	Quand est-ce qu'on embarque? 껑떼~스 꽁 앙바르끄	Wann gehen wir an Bord? 반 게엔 뷔어 안 보르트
언제 떠납니까?	Quand ce beteau part-il? 껑스빠도~빠~띨	Wann fährt das Schiff ab? 반 훼르트 다스 쉬프 압
정박 중에 시내를 구경하고 싶어요.	Je voudrais visiter la ville pen- 쥬 부드래 비지떼 라 빌 dant l'escale. 팡당 레스깔르	Ich möchte mir einige Sehens- 이히 뫼히테 미어 아이니게 제엔스- würdigkeiten ansehen, während 뷔르디히카이텐 안제-엔, 뵈렌트 das Schiff im Hafen ist. 다스 쉬프 임 하-펜 이스트
나는 갑판 의자를 예약하고 싶습니다.	Je désire prendre un fauteuil de pont. 쥬 데지르 프랑드르 엉 포뙤이으 드 뽕	Ich möchte einen Deckstuhl 이히 뫼히테 아이넨 덱슈투울 reservieren 레저비이렌

이태리어 ITALIANO	포루투칼어 PORTUGUÊS	스페인어 ESPAÑOL
lavori in corso 라보리 인 꼬르쏘	em construção 잉 꼰스뜨루싸웅	bajo construción 바~호 꼰스뜨룩씨온~
NAVE 나~붸애	**NAVIO** 나뷔우	**BARCO** 바르꼬
Dov'è il molo d'imbarco per~ ? 도베 일 몰로 딤빠르꼬 빼르~	Onde fica o cais do navio para~ ? 온지 휘까 우 까이스 두 나뷔우 빠라~	¿Dónde está el muelle del barco para~ ? 돈데 에스따~엘 무에~에 델 바~르꼬 빠라
A che ora ci s'imbarca ? 아께 오라 치 씸바르까	A que hora embarcamos ? 아 께 오라 앰바르까무스~	¿A gué hora embarcamos ? 아 께 오라 엠바르까~모스
Quando parte questa nave ? 꾸안 또 빠릇대 꿰스따 나베 ?	Quando partirá este navio ? 꽌두 빠르지라 애쓰찌 나뷔우	¿Cuándo sale este barco ? 꾸안도 살~레 에스떼 바르꼬
Vorrei fare una gita turistica 뵈래이 화~래 우나지~따 뚜리스까까 mentre la nave è in porto. 맨뜨래 라 나베 에 인 쁘르또	Gostaria de dar um passeio 고스따리아 지 다르 응 빠세이우 enquanto o navio fica 인꽌뚜 우 나뷔우 휘까 atracado. 아뜨라까두	Quisiera hacer algunos 끼시에~라 아쎄~르 알구-노쎈 recorridos turísticos mientras 르레꼬리~도스 뚜리~스떠꼬스 미엔~뜨라스 el barco está en el puerto. 엘 바르꼬 에스따~엔 엘 뿌에~르또
Vorrei riservare una sedia 보래이 리쎄르바래 우나 세디아 a sdraio. 아 즈드라이오	Gostaria de reservar uma 고스따리아 지 해재르바르 우마 cadeira na coberta. 까데이라 나 꼬배르따	Quiero reservar una silla de cubierta. 끼에로 레세르바~르 우나 시~야 데 꾸비에~르따

1 인 안내

한국어 韓國語	불란서어 FRANÇAIS	독일어 DEUTSCH
이 배에 한국인 손님이 타고 있습니까?	Y a-t-il des passagers coréen sur 이-야-띨 데 빠싸제 꼬래앵 쉬르 ce bateau ? 스 바또	Sind koreanische Passagiere 진트 코레아니쉐 파싸지이레 auf diesem Schiff ? 아웃후 디이젬 쉬프
식사 시간은 몇 시부터 입니까?	Quelles sont les heures des repas ? 껠 쏭 레 죄르 데르빠	Können Sie mir die 쾬넨 지이 미어 디이 Essenszeiten sagen ? 에쎈스짜이텐 자겐
배멀미가 심한데 의사를 불러 주시겠어요?	J'ai un très violent mal de mer. 재 엉 트레 비올랑 말드 메르 pourriezvous appeler un médecin 프리에르 메드쎙 드 브니르	Ich bin seekrank geworden. Können 이히 빈 제-크랑크 게보르덴. 쾬넨 Sie bitte einen Arzt kommen lassen ? 지이 빗테 아이넨 아르쯔트 콤멘 랏 쎈
객선(客船) 훼리 항구	le navire de passagers 르 나비르 드 빠싸제 le ferry-boat 르 페리-보트 le port 르 뽀-	das Passagierschiff 다스 파싸지어쉬프 die Fähre 디이 훼레 der Hafen 데어 하펜
부두 기항지 승선권	le quai 르 깨 l'escale 레스깔르 le billet de passagers 르 비이에 드 빠싸제	die Landungsbrücke 디이 란둥스브뤽케 der Anlaufhafen 데어 안라우후하펜 der Schiffsfahrschein 데어 쉬프스화아르슈아인

이태리어 ITALIANO	포루투칼어 PORTUGUÊS	스페인어 ESPAÑOL
C'è qualche passeggiero coreano su questa nave ? 체 꾸알께 빳세지에로 코레아노 쑤 꿰스따 나베	Tem algum passageiro coreano a bordo ? 땡 알궁 빠싸제이루 꼬래아누 아 보르두	¿ Hay algún pasajero coreano en este barco ? 아이 알군~ 빠사헤~로 꼬레아~노 엔 에스떼 바르꼬
Mi dica a che ora posso pranzare. 미 디까 아 께 오라 뽀소 쁘란짜래	A partir de que hora servem as refeições, por favor ? 아 빠르찌르 지 끼 오라 쎄르뱅 아쓰 해훼이쏘응이스, 뽀르 화보르	Por favor, indíqueme las horas de comidas. 뽀르 화보~르 인디~께메 라스 오~라스 데 꼬미~다스
Ho mal di mare. Mi può chiamare un dottore ? 오 말 디 마래. 미 뿌오 끼아마래 운 도또래	Estou muito nauseado chame um médico, por favor. 이스또우 무이뚜 나우쎄아두, 샤미 응 매지꾸, 뽀르 화보르	Siento un mareo mu fuerte. 시엔떼 움 마레오 무이 후에르떼 Por favor, llame al médico. 뽀르 화보~르 이야메 알 메~디꼬
la nave passeggeri 라 나베 빳세제리	o navio de passageiros 우 나뷔우 지 빠싸제이루스	el bacro de pasajeros 엘 바르꼬 데 빠사헤~로스
il ferry-boat 일 훼리 보우뜨	a balsa 아 발싸	el transbordador 엘 뜨란스보르다도~르
il porto 일 뽀루도	o porto 우 뽀르뚜	el puerto 엘 뿌에~르또
il molo 일 몰로	o cais 우 까이스	el muelle 엘 무에~예
lo scalo 로 스깔로	o porto de escala 우 뽀르뚜 지 이스깔라	el puerto de escala 엘 뿌에~르또 데 에스깔~라
il biglietto 일 빌리엣또	a passagem 아 빠싸쟁	el *billete*[boleto]de embarque 엘 비이에~떼[볼레~또] 데 엠바~르께

1 인안내

한국어 韓國語	불란서어 FRANÇAIS	독일어 DEUTSCH
기선 회사	la compagnie maritime 라 꽁빠니 마리띰므	die Schiffs gesellschaft 디이 쉬프스 게젤샤프트
선장	le capitaine 르 까삐땐느누	der Kapitän 데어 카피텐
사무장	le commissaire de bord 르 꼬미쎄르 드 보르	der Zahlmeister 데어 짜알마이스터
급사	le steward 르 쓰뛰아르드	der Steward 데어 슈테바르트
사무실	le bureau du commissaire 르 뷔로 뒤 꼬미쎄르	die Zahlmeisterei 디이 짜알마이스터라이
선실	la cabine 라 까빈느	die Kabine 디이 카비네
침대	la couchette 라 꾸셰뜨	das Bett 다스 벳트
욕실	la salle de bains 라 쌀르 드 뱅	das Badezimmer 다스 바데찜머
의무실	l'infirmerie 랭피르므리	das Arztzimmer／die Klinik 다스 아르쯔트짐머／디이클리닉
구명 조끼	le gilet de sauvetage 르 질레 드 쏘브따쥬	die Schwimmweste 디이 슈빔베스테
튜브	la bouée de sauvetage 라 부에 드 쏘브따쥬	der Rettungsring 데어 레퉁스링
구명 보트	le canot de sauvetage 르 까노 드 쏘브따쥬	das Rettungsboot 다스 레퉁스보-트

이태리어 ITALIANO	포루투칼어 PORTUGUÊS	스페인어 ESPAÑOL
la compagnia di navigazione 라 꼼빠니아 디 나비가찌오네	a companhia marítima 아 꽁빠니아 마리찌마	la compañía naviera 라 꼼빠니~아 나비에라
il capitano 일 까삐따노	o capitão 우 까삐따웅	el capitán 엘 까삐딴~
il commissario di bordo 일 꼼미싸리오 디 보르도	o comissário de bordo 우 꼬미싸리우 지 보르두	el sobrecargo / el comisario 엘 소브레까~르고 / 엘 꼬미사~리오
il cameriere 일 까메리에레	o camareiro 우 까마래이루	el camarero 엘 까마레~로
l'ufficio del commissario di bordo 루휘쵸 델 꼼미싸리오 디 보르도	o posto do comissário 우 뽀스뚜 두 꼬미싸리우	el despacho del sobrecargo 엘 데스빠~쵸 델 소브레까~르고
la cabina 라 까비나	a cabina / o camarote 아 까비나 / 우 까마로찌	el camarote 엘 까마로~떼
la cuccetta 라 꾸쳇따	o beliche 우 밸리쉐	la litera 라 리떼~라
il bagno 일 바뇨	o banheiro 우 반네이루	el cuarto de baño 엘 꾸아~르또 데 바~뇨
la clinica 라 끌리니까	o enfermaria 우 앤훼르마리아	el cuarto del médico 엘 꾸아르또 델 메디꼬
la giacca di salvataggio 라 쟈까 디 쌀바따죠	o colete salva-vidas 우 꼴래지 쌀봐-뷔다스	el chaleco salvavidas 엘 찰레~꼬 살바비~다스
il salvagente 일 살바젠떼	a boia salva-vidas 아 보이아 쌀봐-뷔다스	los flotadores salvavidas 로스 훌로따도~레스 살바비~다스
la scialuppa di salvataggio 라 샬루빠 디 쌀바따쪼	o bote salva-vidas 우 보찌 쌀봐-뷔다쓰	la lancha salvavidas 라 란차 살바비~다스

* 관광안내소는 공항이나 역등에 있으며 관광안내도는 무료로 구할 수 있다.
* 관광버스는 관광객이 찾을만한 도시에 대부분있다. 관광버스를 이용하면 가격도 저렴하고 시간·코스에 따라 편리하게 이용할 수 있어 여행자들에게 권할만하다. 안내는 대개 영어이며 호텔에서 예약하면 된다.
* 각각 시즌에 따라 공연계획이 있으므로 관광안내소에서 받을 수 있는 오락정보지를 미리보면 본고장의 풍물을 만끽할 수 있어 여행이 주는 큰 즐거움을 느낄 수 있을 것이다.
* 공항에서의 수하물 검사는 X선검사이므로 필림과 같이 X선이 통과하면 손실될 위험이 있는 물건은 전용 봉지에 싸서 보호하는 것이 좋다.
  우리나라와 마찬가지로 군사시설등 촬영금지구역에선 조심해야 한다.
* 해외여행에서 팁은 항상 따라다니며 보통 요금의 10~15% 정도이다.

관광안내소에서

한국어 韓國語	불란서어 FRANÇAIS	독일어 DEUTSCH
관광 안내소	BUREAU DE TOURISME 뷔로 드 뚜리슴	DAS FREMDEN- 다스 후렘덴- VERKEHRSBÜRO 훼어케어스뷔로
이 동네의 관광 팜프렛을 원하는 데요.	Je voudrais avoir des brochures 쥬 부드래 아브와르 데 브로쉬르 touristiques sur la ville. 뚜리스띠끄 쉬르 라 빌르	Ich hätte gern einige Bro-schüren 이히 햇테 게른 아이니게 브로쉬렌 für die Besichtigung dieser Stadt. 휘어 디 베지히티궁 디저 슈타트
무료 시가 지도가 있습니까?	Avez-vous un plan de la ville gratuit? 아베-부 정 플랑 드 라 빌르 그라뒤	Haben Sie einen kostenlosen Stadtplan? 하벤 지이 아이넨 코스텐로젠 슈타트플란
저는 ~을 보고 싶어요.	Je voudrais aller voir~? 쥬 부드래 잘래 브와르	Ich möchte ~sehen. 이히 뫼히테~제엔
저는 ~에 가고 싶어요.	je voudrais aller à~. 쥬 부드래 잘래 아	Ich möchte nach~gehen. 이히 뫼히테 나하~게~엔
(한국말)을 할 수 있는 가이드를 부탁하고 싶어요	Je desire un guide-interprète pa- 쥬 데지로 엉 기드-앵떼르프레뜨 rlant coréen 빠를랑(꼬래앵)	Ich möchte einen Führer 이히 뫼히테 아이넨 휘러 haben, der (Koreanisch) spricht 하아벤, 데어(코레아니쉬) 슈프리히트

이태리어 ITALIANO	포루투칼어 PORTUGUÊS	스페인어 ESPAÑOL
UFFICIO DI INFORMAZIONI 웃휘쵸 디 인포르마찌오니 **TURISTICHE** 뚜리스띠께	**AGÊNCIA DE INFORMAÇÃO** 아젠시아 지 인휘르마써웅 **TURÍSTICA** 뚜리스찌까	**OFICINA DE INFORMACÍON** 오후이씨~나 데 인휘르마씨온~ **DE TURISMO** 데 뚜리~스모
Vorrei qualche opuscolo 보래이 꽐께 오뿌스꼴로 turistico di questa città 뚜리스띠꼬 디 꿰스따 치따	Queria um folheto turístico 께리아 웅 휠래뚜 뚜리스찌꾸 desta cidade. 대스따 씨다지.	Quiero conseguir un folleto 끼에로 꼰세기~르 운 휘예~또 de turismo de esta ciudad 데 뚜리~스모 데 에스따 씨우닫~
Avete una piantina gratuita 아붸떼 우나 삐안띠나 그라뚜이따 di questa città ? 디 꿰스따 치따 ?	Tem um mapa da cidade gratuito ? 땡 웅 마빠 다 씨다지 그라뚜이뚜	¿ Hay plano de la ciudad gratuito ? 아이 쁠라~노 데 라 씨우닫~ 그라뚜이~또
Vorrei vedere~. 뵈래이 붸대~래	Gostaria de ver~. 고스따리아 지 붸르~	Deseo ver~. 데세~오 베르
Vorrei andare a~. 뵈래이 안다~래·아~	Queria ir~ 께리아 이르~	Quiero ir a~ 끼에로 이~르 아~
Vorri una quida che parli 뵈래이 우~나 구이~다~께 (coreano). 빠를리(꼬래아노)	Gostaria de ter um guia que 고스따리아 지 때르 웅 기아 께 falar(coreano) 활라르(꼬래따누)	Quisiera un guía que hable 끼시에~라 운 기~아 께 아~블레 (coreano) (꼬레아~노)

223

한국어　韓國語	불란서어　FRANÇAIS	독일어　DEUTSCH
하루에 얼마입니까?	Quel est le prix pour une journée ? 껠 레 르 프리 뿌르 윈느 주르네	Wieviel kostet es pro Tag ? 뷔필 코스텟 에스 프로 타악
관광 버스	**AUTOCAR DE TOURISME** 오또까르 드 뚜리슴	**DIE BESICHTIGUNGS** 디이 베지히티궁
시내 관광 버스가 있습니까?	Est-ce qu'il y a des excursions 에스 낄 이 야 데 젝스뀌로 씨옹 organisées de la ville en autocar ? 조르가니제 드 라 빌 엉 오또까르	Gibt es Busse, die 깁트 에스 부쎄, 디 Besichtigungsfahrten machen ? 베지히티궁스화르텐 마ㅎ헨
하루[반일] 코스가 있습니까?	Avez-vous une excursion organisée 아베-부 윈느 엑스뀌르시옹 오르가니제 pour la journée[demi-jouronée] ? 뿌르 라 주르네[드미-주르네]	Gibt es *Eintags*-[Halbtags-] 깁트 에스 아인탁스-(할프탁스-) Fahrten ? 화-르텐
오전[오후, 밤]코스가 있습니까?	Avez-vous une excursion organisée 아베-부 윈느 엑스뀌르씨옹 오르가니제 pour *la matinée*[l'aprè-mdi, le soir] ? 뿌르 라 마떼네 [라프레-미디, 르 쓰와]	Haben Sie eine Rundfahrt 하아벤 지이 아이네 룬트화아르트 *am Morgen* [am Nachmittag, am Abend] ? 암 모르겐(암 나흐미탁, 암 아벤트)

이태리어 ITALIANO	포루투칼어 PORTUGUÊS	스페인어 ESPAÑOL
Quanto costa al giorno ? 꾸안또 꼬스따 알 죠르노	Quanto custa por dia ? 꽌뚜 꾸스따 뽀르 지아	¿ Cuánto se le paga por dia ? 꾸안~또 셀레 빠~가 뽀르 디이아
AUTOBUS PER GIRI TURISTICI" 아우또부스 뻬르 TURISTICI 지리 뚜리스띠치	**ÔNIBUS DE TURISMO** 오니부스 지 뚜리즈무	**AUTOBÚS DE TURISMO** 아우또부~스 데 뚜리~스모
C'è un autobus per i giri 체 운 아우또부스 뻬르 이 지리 뚜리스띠치 turistici ? 죠루나~다	Tem algum ônibus que faz o 땡 알궁 오니부스 끼 화스 우 giro turístico da cidade ? 뚜리스찌꾸 다시다지	¿ Hay algún autobúss que haga 아이 알군~ 아우또부~스 께 아~가 el recorrido turístico de la ciudad ? 엘 르레꼬르리~도 뚜리~스떠꼬 델 라 씨우닫~
C'è una gita per una *giornata* 체 우나 지따 뻬르 우나 죠르나따 [mezza giornata] ? (메짜 죠르나따)	Tem excursão turística para o 땡 애스꾸르싸웅 뚜리스찌까 빠라 우 *dia inteiro*[meio dia] ? 지아 인때이루[매이우 지아]	¿ Hay recorrido de *un dia* 아이 르레꼬르리~도 데운 디이~아 [medio día] ? 메~디오 디이~아
C'è un giro di *mattina* 체 운 지로 디 마띠나 [pomeriggio, notte.] ? (뽀매리쬬, 노때)	Tem excursão turística para a 땡 애스꾸르싸웅 뚜리스찌까 빠라 아 *manhã*[a tarde, a noite] ? 마냥[아 따르지, 아 노이찌]	¿ Hay algún recorrido por 아이 알군~ 르레꼬르리~도 뽀를 *la mañana*[la tarde, la noche] ? 라 마냐~나[라 따~르데, 라 노~체]

관광안내소에서

한국어 韓國語	불란서어 FRANÇAIS	독일어 DEUTSCH
어디를 돕니까?	Qu'est-ce qu'on visite au cours de l'excursion? 께-스 꽁 비지뜨 오 꾸르 드 렉스뀌씨옹	Was kann ich auf dieser Rundfahrt sehen? 봐스 칸 이히 아웃후 디이저 룬트화르트제-엔
몇 시간 걸립니까?	Combien de temps dure l'excursion? 꽁비앵 드 떵 뒤르 렉스뀌르씨옹	Wie lange dauert diese Rundfahrt? 뷔이 랑에 다우어르트 디이제 룬트화르트
식사 포함입니까?	Les repas sont-ils compris? 레 르빠 쏭 띨 꽁프리	Ist das Essen eingeschlossen? 이스트 다시 엣쎈 아인게슐로쎈
몇 시 출발입니까?	A quelle heure part-elle? 아 껠 뢰르 빠르-뗄	Wann fährt der Bus ab? 반 훼르트 데어 부스 압
몇 시에 되돌아 옵니까?	A quelle heure revient-elle? 아 껠뢰르 르비앵-뗄?	Wann kommt der Bus zurück? 반 콤트 데어 부스 쭈뤽
어디서 출발합니까	D'où l'autocar part-il? 두 로또까르 빠르-띨	Wo fährt er ab? 보-훼르트 에어 압
~호텔에서 탈 수 있습니까?	Puis-je prendre l'autocar à l'hôtel~? 쀠-쥬 프랑드르 로또까르아 로뗄	Kann ich mich dieser Rundfahrt am Hotel~anschließen~? 칸 이히 미히 디이저 룬트파르트 암 호텔~안슐리쎈

226

이태리어 ITALIANO	포루투칼어 PORTUGUÊS	스페인어 ESPAÑOL
Che cosa c'è da vedere in questa gita ? 께 꼬자 체 다 베대레 인 꿰스따 지따	O que se pode ver nesta excursão ? 우 끼 씨 뽀지 붸르 네스따 애스꾸르싸웅	¿ Qué cosas se ven en este recorrido ? 께 꼬~사스 세 붼 엔 에스떼 르레꼬르리도
Quanto tempo ci vuole ? 꾸안또 땜뽀 치 부올래	Quanto tempo leva esta excursão ? 꽌뚜 땜뿌 래봐 애스따 애스꾸르싸웅	¿ Cuánto tiempo dura este recorrido ? 꾸안~또 띠엠뽀 두~라 에스떼 르레꼬르리도
Con pranzo ? 꼰 쁘란쪼	Com refeicao incluida ? 꽁 헤훠이 까옹 인글루이다	¿ Con comidas ? 꼰 꼬미~다스
A che ora parte ? 아 께 오라 빠르떼	A que hora parte ? 아끼 오라 빠르찌	¿ A qué hora empieza el recorrido ? 아께 오~라 엠뻬에싸 엘르레꼬르리~도
A che ora ritorna ? 아 께 오라 리또르나	A que hora termina ? 아끼 오라 때르미나	¿ A qué hora termina ? 아 께 오~라 떼르미~나
Da dove parte ? 다 도베 빠르떼	De onde sai ? 지 온지 싸이	¿ De dónde sale ? 데 돈데 살~레
Posso prendere questo giro all Hotel~ ? 뽀쏘 쁘래대래 퀘스또 지로 알 오뗄.	Posso tomar a excursão no Hotel~ ? 뽀쑤 또마르 아 애스꾸르싸웅 누 오때우~	¿ Puedo unirme a este recorrido en el Hotel~ ? 뿌에도 우니~르메 아 에스떼 르레꼬르리도 엔 엘 오뗄~

관광안내소에서

한국어 韓國語	불란서어 FRANÇAIS	독일어 DEUTSCH
표는 어디서 삽니까?	Où puis-je acheter le billet ? 우 쀠-쥬 아슈떼 르 비이에	Wo kann man die Fahrkarte kaufen ? 보-칸 만 디 화르카르테 카우휀
~호텔에서 내려 주시겠습니까?	Pouvez-vous me déposer à l'hôtel ? 뿌베-부 므 데뽀제 아로뗄	Kann ich am Hotel~aussteigen ? 칸 이히 암 호텔~아우스슈타이겐
이 관광 요금은 얼마입니까?	Quel est le prix de cette excursion ? 껠 레 르 프리 드 쎄뜨 엑스뀌르씨옹	Wie teuer ist diese Fahrt ? 뷔이 토이어 이스트 디-제 화-르트
구경 고적 명소	la visite 라 비지트 le lieu d'intérêt historique 르 리유 댕떼레 이스또리끄 l'endroit célèbre 랑드르와 셀레브르	die Besichtigung 디이 베지히티궁 Stellen von geschichtlichen Interesse 슈텔렌 폰 게쉬히틀리ㅎ헨 인터레쎄 die berühmten Orte 디이 베륌텐오르테
시내 중심 교외 미술관	le centre de la ville 르 쌍트르 드 라 빌르 la banlieue 라 방리유 le musée des beaux-arts 르 뮈제 데 보자르	die Stadtmitte 디이 슈타트미테 die Vororte 디이 후오-ㄹ오르테 das Kunstmuseum 다스 쿤스트무제움

이태리어 ITALIANO	포루투칼어 PORTUGUÊS	스페인어 ESPAÑOL
Dove si può comprare il biglietto ? 도베 씨 뿌오 꼼쁘라래 일 빌리엣또	Onde posso comprar um bilhete ? 온지 뽀쑤 꼰쁘라르 웅 빌레찌	¿ Dónde se puede comprar el *billete*[boleto] ? 돈데 세 뿌에데 꼼브라~르 엘 비이예~떼[볼레~또]
Mi fa scendere a l'Hotel~ ? 미 화 쉔대래 아 로땔~	Posso descer no Hotel~ ? 뽀수 대쎄르 누 오때우~	¿ Podría dejarme en frente del hotel ? 뽀드리~아 데하~르메 엔 후렌떼 델 오뗄~
Quanto costa questa gita ? 꾸안또 꼬스따 꿰스따 지따	Quanto custa esta excursão ? 꽌뚜 꾸스따 애스따 애스꾸르싸웅	¿ Cuánto cuesta este viaje de turismo ? 꾸안또 꾸에스따 에스떼 비아~헤 데 뚜리~스모
il giro turistico 일 지로 뚜리스띠꼬 i loughi d'interesse storico 이 루오기 딘때렛세 스또리꼬 i loughi famosi 이 루오기 화모지 il centro della citta 일 첸트로 델라 치따. i sobborghi 이 솟뽀루기 il museo dárte 일 무재오 다르때	a excursão turistica 아 애스꾸르싸웅 뚜리스따까 lugares de interesse histórico 루가래스 지 인때레씨 이스또리꾸 lugares famosos 루가래스 화모쥬스 o centro da cidade 우 쌘뜨루 다 씨다지 o subúrbio 우 쑤부르비우 o museu de arte 우 무재우 지 아르찌	la visita turistica 라 비시~따 뚜리~스띠까 los sitios de interés histórico 로스・시~띠오스 데 인떼레~스 이스또~리꼬 los sitios célebres 로스・시~띠오스 쎌~레브레스 el centro de la ciudad 엘 쎈뜨로 데 라 시우닫~ los suburbios / los alrededores 로스・숩우~르비오스 / 로스 알레데도~스 la galería de artes 라 갈레리~아 데 아르떼스

229

관광안내소에서

한국어　韓國語	불란서어　FRANÇAIS	독일어　DEUTSCH
박물관	le musée 르 뮈제	das Museum 다스 무제움
화랑	la galerie de peinture 라 걀르리 드 뼁뛰르	die Gemäldegalerie 디이 게맬데갈러리
전람회	l'exposition 렉스뽀지씨옹	die Ausstellung 디이 아우스슈텔룽
장(터)	la foire 라 프와르	die Ausstellung／die Messe 디이 아우스슈텔룽／디 메쎄
의사당	le bâtiment de la Diète 르 바띠망 드 라 디에뜨	das Parlment 다스 파아르멘트
성	le château 르 샤또	das Schloβ 다스 슐로쓰
궁전	le palais 르 빨래	der Palast 데어 팔라스트
교회	l'église 레글리즈	die Kirche 디이 키르ㅎ해
대사원	la cathédrale 라 까떼드랄	*die Dom* [die Kathedrale] 디이 도-옴 (디이 카테-드랄레)
동상	la statue 라 스따뛰	die Statue 디이 슈타투에
연못	l'étang 레땅	der Teich 데어 타이ㅎ히
정원	le jardin 르 쟈르뎅	der Garten 데어 가르텐

230

이태리어 ITALIANO	포루투칼어 PORTUGUÊS	스페인어 ESPAÑOL
il museo 일 무재~오	o museu 우 무재우	el museo 엘 무세~오
la pinacoteca 라 삐나 꼬떼까	a galeria de arte 아 갈래리아 지 아르찌	la galería de pinturas 라 갈레리~아 데 삔뚜~라스
l'esposizione 레스뽀지찌오네	a exposicão 아 애스뽀지싸웅	la exposición 라 에스뽀시씨온~
la fiera 라 휘애라	a feira 아 훼이라	la feria 라 훼~리아
il palazzo del parlamento 일 빨랏죠 델 빠를라맨또	o edificio do Congresso 우 애지휘시우 두 꽁 그래쑤	el edificio del congreso/parlamento 엘 에디 휘~씨오 델 꽁그레~소/빠를라멘~또
il castello 일 까스땔로	o castelo 우 까스땔루	el castillo 엘 까르띠이~죠
il palazzo 일 빨라죠	o palácio 우 빨라씨우	el palacio 엘 빨라~씨오
la chiesa 라 끼에자	a igreja 아 이그래자	la iglesia 라 이글레~시아
la cattedrale 라 까떼드랄레	a catedral 아 까떼드라우	la catedral 라 까떼드랄~
la statua 라 스따뚜아	a estátua 아 애스따뚜아	la estatua 라·에스따~뚜아
lo stagno 로 스따뇨	o lago 우 라구	el estanque 엘 에스땅~께
il giardino 일 자르디노	o jardim 우 자르딩	el jardín 엘 하르딘~

231

관광안내소에서

한국어　韓國語	불란서어　FRANÇAIS	독일어　DEUTSCH
동물원	le zoo 르 주	der Zoo 데어 쮸-
식물원	le jardin botanique 르 자르댕 보따니끄	der botanische Garten 데어 보타니쉐 가르텐
수족관	l'aquarium 라까리옴	das Aquarium 다스 아쿠브아리옴
유원지	le parc d'attractions 르 빠르끄 다트락씨옹	der Vergnügungspark 데어 훼어그뉘궁스파르크
묘지・묘	le cimetière/la tombe 르 씨메띠에르/라 똥브	der Friedhof/das Grab 데어 후리드호프/다스 그랍
기념비	le monument 르 모뉘망	das Denkmal 다스 뎅크말
특별[연중] 행사	la fête *exceptionnelle*[annuelle] 라 페뜨 엑셉씨오넬르[아뉘엘르]	das *besondere*[jährliche]Ereignis 다스 베존데레[얘-ㄹ리ㅎ헤] 에라이그니스
축제	la fête/le festival 라 페뜨/로 페스디발	das Fest 다스 훼스트
유람선	le bateau d'excursion 르 바또 덱스뛰르 시옹	das Ausflugsschiff 다스 아우스훌룩스쉽
마차	la voiture à cheval 라 봐뛰르 아 슈발	die Kutsche 디 쿳췌
케이블카	le funiculaire 르 퓌니뀔래르	die Drahtseilbahn 디이 드라-츠아이바안
로프웨이	le téléphérique 르 뗄레페리끄	die Seilbahn 디이 자일바안

이태리어 ITALIANO	포루투칼어 PORTUGUÊS	스페인어 ESPAÑOL
il giardino zoologico 일 자르디노 쭐로지꼬	o jardim zoológico 우 자르딩 조올로지꾸	el jardín zoológico 엘 하르딘~쏘올로~히꼬
il giardino batanico 일 자르디노 바따니꼬	o jardim botânico 우 자르딩 보따니꾸	el jardín botánico 엘 하르딘~ 보따~니꼬
l'acquario 락꾸아리오	o aquário 우 아꾸아리우	el acuario 엘 아꾸아~리오
il parco dei divertimenti 일 빠르고 데이 디베르띠멘띠	o Parque de diversões 우 빠르끼 지 지붸르쏘옹이스	el parque de atracciones 엘 빠르께 데 아뜨락씨오~네스
il cimitero/la tomba 일 치미때로/라 돔바	o cemitério/a campa 우 쎄미때리우/아 깜빠	el cementerio/la tumba 엘 쎄멘떼~리오/라 뚬바
il monumento 일 모누맨또	o monumento 우 모누맨뚜	el monumento 엘 모누멘~또
l'avvenimento *speciale*[annuale] 라베니맨또 스뻬치알레(안누알래)	as festas *especiais*[anuais] 아스 훼스따스 이스뻬시아이스 [아누아이스]	los actos *especiales*[anuales] 로스 악또스 에스뻬씨알~레스 (아누알~레스)
la festa 라 훼스따	a festa 아 훼스따	la fiesta 라 휘에~ 스따
il battello turistico 일 바땔로 뚜리스띠꼬	o barco turístico 우 바르꾸 뚜리스띠꾸	el barco de turismo 엘 바~르꼬 데 뚜리~스모
la carrozza 라 까롯짜	a charrete 아 샤해찌	el coche de caballos 엘 꼬~체 데 까바~로스
la funicolare 라 후니꼴라레	o bondinho 우 본딘뉴	el funicular 엘 후니꿀라~르
la funivia 라 후니비아	o teleférico 우 뗄래훼리꾸	el teleférico 엘 뗄레훼~리꼬

관광안내소에서

한국어　韓國語	불란서어　FRANÇAIS	독일어　DEUTSCH
지　도	CARTE 까르뜨	LANDKARTE 란트카르테
나라, 지방	le pays 르 뻬이	die Nation／das Land 디 나찌이온／다스 란트
주	la province 라 프로뱅스	das Land／die Provinz 다스 란트／디 프로빈쯔
시	la ville 라 빌르	die Stadt 디 슈타트
면	la ville／le bourg 라 빌르／르 부르	das Gemeindeamt 다스 게마인데암트
읍	le village 르 빌라쥬	das Dorf 다스 도르후
바다／육지	la mer／la terre 라 메르／라 떼르	das Meer／das Land 다스 메-어／다스 란트
만	la baie 라 배	die Bucht 디 부흐트
반도／곶	la presqu'île／le cap 라 프레스낄르／르 까쁘	die Halbinsel／das Kap 디 할프인젤／다스 카압
섬	l'île 릴르	die Insel 디 인젤
산／화산	la montagne／le volcan 라 몽따뉴／르 볼깡	der Berg／der Vulkan 데어 베르크／데어 불카안
강	la rivière 라 리비에르	der Fluβ 데어 훌루쓰

234

이태리어 ITALIANO	포루투칼어 PORTUGUÊS	스페인어 ESPAÑOL
CARTA GEOGRAFICA 까르따 제오그라휘까	**O MAPA** 우 맛빠	**EL MAPA** 엘 마~빠
il paese 일 빠에제	o país 우 빠이스	el país 엘 빠이~스
la provincia 라 쁘로빈챠	o estado／o município 우 이스따두／우 무니시삐우	la provincia／el estado 라 쁘로빈~씨아／엘 에스따~도
la citta 라 치따.	a cidade 아 씨다지	la ciudad 라 씨우닫~
la città 라 치따	o povoado 우 뽀붜아두	el pueblo 엘 뿌에~블로
il villaggio 일 빌라쬬	a vila 아 뷜라	la aldea 라 알데~아
il mare／la terra 일 마래／라 떼라	o mar／a terra 우 마르／아 때하	el mar／la tierra 엘 마~르／라 띠에~르라
il golfo 일·고루휘	a bahia 아 바이~아	la bahía 라 바이~아
la penisola／la punta 라 뻬닌술라／라 뿐따	a península／o cabo 아 뻬닌술라／우 까부	la peninsula／el cabo 라 뻬닌~술라／엘 까보
l'isola 리~졸라	a ilha 아 일랴	la isla 라 이슬라
la montagna／il vulcano 라 몬따냐／일 불까노	a montanha／o vulcão 아 몬따냐／우뷜까웅	el monte／el volcán 엘 몬~떼／엘 볼깐~
il fiume 일 휘우메	o rio 우 히우	
		el río 엘 르리~오

한국어　韓國語	불란서어　FRANÇAIS	독일어　DEUTSCH
숲	la forêt 라 포레	der Wald 데어 봘트
호수	le lac 르 락	der See 데어 제―
폭포	la cascade 라 까스까드	der Wasserfall 데어 봐써활
사막	le désert 르 데제르	die Wüste 디이 뷔스테
해안/바닷가	la côte／la plage 라 꼬뜨／라 쁠라쥬	die Seeküste／der Strand 디이 제에퀴스테／데어 슈트란트
사　진	**PHOTOGRAPHIE** 포또그라피	**DIE PHOTOGRAPHIE** 디이 포토그라피이
여기서 사진을 찍어도 됩니까?	Puis-je prendre des photos? 쀠―쥬 프랑드르 데 포또	Darf ich hier Photographieren? 다르후 이히 히어 포토그라휘어렌
후랫시를 사용해도 됩니까?	Puis-je utiliser un flash électronique? 쀠―쥬 위띨리제 엉 플라쉬 엘렉트로니끄	Darf ich Blitzlicht benutzen? 다르후 이히 블릿츨리히트 베눗첸
미안합니다만 셔터를 눌러 주세요.	Voudriez vous appuyer sur le bou- 부드리에―부자쀠이에 쉬르르 ton, s'il vous plaît? 똥, 씰 부 쁘래	Würden Sie bitte für mich 뷔르덴 지이 비테 휘어 미히 den Auslöseknopf drücken? 덴 아우스뢰져크놉후 드뤽켄

이태리어 ITALIANO	포루투칼어 PORTUGUÊS	스페인어 ESPAÑOL
il bosco 일 보스꼬	a floresta 아 훌로래스따	el bosque 엘 보~스께
il lago 일 라고	o lago 우 라구	el lago 엘 라~고
la cascata 라 까스까따	a cachoeira 아 까쇼오애이라	el salto／la cascada 엘 살또／라 까스까다
il deserto 일 뎃세루또	o deserto 우 대재르뚜	el desierto 엘 데시에~르또
la costa／la spiaggia 라 꼬스따／라 스삐앗짜	a costa／a praia 아 꼬스따／아 쁘라이아	la costa／la playa 라꼬스따／라 쁠라~야
FOTOGRAFIA 휘두구라휘~아	**FOTOGRAFLA** 휘또그라휘아	**FOTOGRAFÍA** 휘또그라휘~아
Posso fotografare qui ? 뽀소 포또그라파래 뀌	Pode tirar fotografia aqui 뽀지 찌라르 휘또그라휘아 아끼	¿ Puedo *sacar*[tomar]fotos aqui ? 뿌에도 사까~르(또마~르)휘또스 아끼~
Posso usare il flash ? 뽀소 우자~래 일 후랏슈	Pode usar flashe aqui ? 뽀지 우자르 홀라쉬 아끼	¿ Puedo usar flash ? 뿌에~도 우사~르 훌라~시
Mi scusi, Potrebbe fotogra · fare ? 미 스꾸지 뽀뜨랩배 휘또그라화래	poderia tirar minha fotografia por favor ? 뽀데리아 찌라르 미냐 포또그라피아 뽀르 화보르	¿ Podría apretar el botón del obturador ? 뽀드리~아 아쁘레따~르 엘 보똔~ 옵뚜라도~르

관광안내소에서

한국어　韓國語	불란서어　FRANÇAIS	독일어　DEUTSCH
나와 함께 사진을 찍어 주시겠어요?	Puis-je me faire photographier 쀠-쥬 므 패르 포또그라피에 avec vous? 아베끄 부	Würden Sie sich mit mir 뷔르덴 지이 지히 밑 미어 fotografieren lassen? 포토그라휘어렌 라쎈
당신 사진을 찍어도 됩니까?	Puis-je vous prendre en photo? 쀠-쥬 부 프랑드르 앙 포또	Darf ich eine Aufnahme von 다르후 이히 아이네 아웃후나아메 폰 Ihnen machen? 이-넨 마흐헨
사진을 보내 드리겠어요.	Je vous enverrai la photo. 쥬 부 장베래 라 포또	Ich schicke Ihnen Abzug. 이히 슈익케 이-넨 압쮸욱
주소를 여기에 써 주세요.	Veui-llez écrire votre adresse ici. 뵈이에 에크리르 보트르 아드레쓰 이씨	Schreiben Sie bitte hier Ihre 슈라이벤 지이 비테 히이어 이-레 Anschrift auf 안슈리프트 아 웃후
촬영 금지	DÉFENSE DE PHOTOGRAPHIER 데팡스 드 포토그라피에	PHOTOGRAPHIEREN VERBOTEN! 포토그라휘어렌 훼어보오텐
후렛시 금지	DÉFENSE D'UTILISER UN FLASH 데팡스 뒤띨리제 엉 플라슈	BLITZLICHT VERBOTEN! 블릿쯜리히트 훼어보오텐

이태리어 ITALIANO	포루투칼어 PORTUGUÊS	스페인어 ESPAÑOL
Voul posare con me ? 부울 뽀사레 꼰 메	Quer tirar fotografia comigo ? 깨르 찌라르 휘또그라휘아 꼬미구	¿ Tendría inconveniente en retratarse 뗀드리~아 인꼰베니엔~떼엔 르레뜨라따 conmigo ? ~르세 꼼미~고
Posso fotografar La ? 뽀쏘 휘또그라화르 라	Posso tirar uma fotografia sua ? 뽀쑤 찌라르 우마 휘또그라휘아 쑤아	¿ Me permite tomar su foto ? 메 뻬르미~떼 또마~르 수 휘또
Gliela manderò. Metta qui il 리 엘라 만대로 · 메따 뀌 일 suó indirizzo. 쑤오 인디리쪼	Mandarei uma fotografia Escreva 만다래이 우마 휘또그라휘아. 이스끄래봐 seu endereço aqui. por favor 쌔우 엔대래쑤아끼, 뽀르 화보르	Le enviaréla foto. Por favor, 레 엠비아레~라 휘또. 뽀르 화보~르 escriba aquí su dirección. 에스끄리~바 아끼~ 수 디렉씨온~
VIETATO FOTOGRAFARE 비에따또 훼또그라화레	PROIBIDO FOTOGRAFAR 쁘로이비두 휘또그라휘아르구	SE PROHIBE TOMAR FOTOS 세 쁘로이~베 또마~르 휘또스
NON USARE IL FLASH 논 우자래 일 훌라쉬	PROIBIDO USAR FLASHE 쁘로이비두 우자르 훌라쉬	SE PROHIBE USAR FLASH 세 쁘로이~베 우사~르 훌라시

관광안내소에서

한국어 韓國語	불란서어 FRANÇAIS	독일어 DEUTSCH
카메라 상점	**MAGASIN D'APPAREILS** 마가쟁 다빠레이으 **PHOTOS** 포또	**FOTOGESCHÄFT** 포토게쉐프트
35mm 칼라 필름을 주세요.	Je voudrais acheter une pellicule 쥬 부드래 아슈떼 윈느 뻬리뀔르 en couleur de 35mm 앙 꿀뢰르 드 트랑뜨 쌩끄 밀리 메트르	Einen 35mm 아이넨 휜후운트드라이찌히 Farbfilm bitte. 화르프휠름 빗테
셔터 상태가 나빠요.	L'obturateur ne marche pas bien. 로브뛰라뙤르 느 마르슈 빠 비앵	Der Verschluβ geht nicht. 데어 훼어슐루스 게에트 니힛트
잠깐 봐 주시겠습니까 ?	Pouvez-vous le vérifier ? 뿌베-부 르 베리피에	Bitte sehen Sie sich das einmal an. 빗테 제엔 지이 지히 다스 아인말 안
흑백 필름	la pellicule en noir et blanc 라 뻬리뀔르 앙 노아르 에 블랑	der Schwarzweiβ film 데어 슈바르쯔바이쓰 필름
슬라이드용 필름	la pellicule pour diapositives 라 뻬리뀔르 뿌르 디아뽀지띠브	der Farbfilm für Diaskop 데어 화르프휠름 휘어 디아스코-프
프린트용 필름	la pellicule pour négatifs 라이 뻬리 뀔르 이후 뿌르 네가띠브	der Farbfilm 데어 화르프필름
전지	la pile 라 필르	die Batterie 디이 밧떼리-

240

이태리어　ITALIANO	포루투칼어　PORTUGUÊS	스페인어　ESPAÑOL
NEGOZIO DI FOTO 네고찌오 디 휘또	**LOJA DE MAQUINA FOTOGRÁFICA.** 로자 지 마까나 휘또그라휘까	**TIENDA DE CAMARAS** 띠엔~다 데 까마~라스
Mi da una pellicola a colori di 35mm? 미 다 우나 뻴리꼴라 아 꼴로리 디 뜨랜따 친꿰 미리매뜨로?	Um filme colorido de 35mm, 웅 휠미 꼴로리두 지 뜨린따 por favor. 이 싱꾸 밀리매뜨루스, 뽀르 화보르.	Déme un rollo de 35mm 데~메 운 ㄹ로~요 데 뜨레인따이 씽고 밀리~메뜨로스 de color. 데 꼴로~르
Lo scatto non funziona bene. 로 스케또 논 훈찌오나 배네	O obturador não funciona. 우 오브 뚜라도르 나웅 훈씨오나	El obturador no funciona bien. 엘 옵뚜라도~르 노 훈씨오~나 비엔~
Può scatto non funziona bene. 뿌오 스까또 논 훈찌오나 배내	Poderia dar uma olhada. por favor. 뽀대리아 다르 우마 올랴다, 뽀르 화보르.	¿ Podría examinar? 뽀드리~아 엑사미나~르
la pellicola monocroma 라 뻴리꼴라 모노끄로마 la pellicola a colori per dispositiva 라 뻴리꼴라 아 꼴로리 빼르 디스쁘지띠바 la pellicola stampa a colori 라 뻴리꼴라 스땀빠 아 꼴로리	filme preto e branco 휠미 쁘랫뚜 이 브랑꾸 film colorido para diapo-sitivas 휠미 꼴로리두 빠라 지아 쁘지떠와스 filme colorido para copias 휠미 꼴로리두 빠라 꼬삐아쓰	rollo de blanco y negro 로~죠 데 블랑꼬 이 네그로 rollo de color para diapositivas 로~죠 데 꼴로~르 빠라 디아쁘시띠~바스 rollo de color para copias 로~죠 데로 꼴로~르 빠라 꼬
la pila 라 삐~라	a pilha 아 뻴랴	la pila 라 삘라

한국어 韓國語	불란서어 FRANÇAIS	독일어 DEUTSCH
오 락	DISTRACTIONS 디스트락씨옹	VERANSTALTUNGEN 훠어안슈탈퉁엔
~을 가보고 싶어요.	Je voudrais aller voir~ 쥬 부드래 쟐레 브와르	Ich möchte sehen~. 이히 뫼히테 제-엔
~을 하고 싶어요.	Je voudrais faire~ 쥬 브드래 패르	Ich möchte~. 이히 뫼히테~
쇼나 연극을 볼 수 있는 코스가 있습니까?	Y a-t-il un tour voir les spectacles 야 띨 엉 뜨르 브와르 래 스뻭따끌 ou le show? 우 르 쑈우	Haben Sie eine Rundfahrt, 하벤 지이 아이네 룬트화르트, die einige Shows oder Theater. 디이 아이니 게 쇼우스 오더 테라터 ansehen? 안제-엔
입장료는 포함돼 있습니까? 입장료는 얼마입니까?	Le droit d'entrée est-il compris 르 드르와 당트레 에-띨 꽁프리 (dans le prix)? (당 르 프리) Combien coûte le droit d'entrée? 꽁비앵 꾸뜨 르 드르와 당트레	Ist der Eintrittspreis in dem 이스트 데어 아인트 릿츠프라-이스 인 뎀 Preis der Rundfahrt ein-geschlossen? 프라이스 데어 룬트화-르트 아인게슐로-쎈 Wie hoch ist der Eintrittspreis? 뷔이 호흐 이스트 데어 아인트릿츠- 프라-이스
(오페라)는 어디서 볼 수 있습니까?	Où puis-je voir (un opéra)? 우 쀠-쥬 브와르 (언 오뻬라)	Wo kann ich (eine Oper) sehen? 보오 칸 이히 (아이네 오퍼) 제-엔

이태리어 ITALIANO	포루투칼어 PORTUGUÊS	스페인어 ESPAÑOL
SPETTACOLO 스뻬따 꼴로	**JOGO** 조구	**PASATIEMPO** 빠사띠엠~뽀
Vorrei vedere~. 뷔래이 붸대~래 Vorrei fare~. 뷔래이 화~래	Quero ver~. 께루 붸르~ Quero~ 께루~	Quiero ver~. 끼에로 베~르 Quiero~. 끼에~로
C'è un giro per vedere 체 운 지로 뻬르 베대래 spettacoli o teatri ? 스뻬따꼴 리 오 때아뜨리	Tem alguma excursão que posso ver 땡 알구마 이스꾸르싸웅 끼 뽀쑤 붸르 teatros ou espetáculos ? 때아뜨루쓰 오우 이스빼따끌루쓰	¿ Hay algún recorrido que vaya ? 아이 알군 레꼬르리~도 께 바~야 a espectáculos o teatros ? 아 에스뻬 따~꿀로스 오 떼아~뜨로스
L'ingresso è incluso nel prezzo 린그랫소 애 인클루조 낼 쁘랫소 della gita ? 댈라 지따 Quanto costa L'ingresso ? 꽌또 꼬스따 린그랫소	As entradas já estão in- 아즈 앤뜨라다쓰 쟈 이스따웅 cluídas ? 잉끌루이다쓰 Quanto é a entrada ? 꽌뚜 애 아 앤뜨라다	¿ Están incluidas las entradas 에스딴~인끌루이~다스 라스 엔뜨 라다스 en el precio de este recorrido ? 엔 엘 쁘레씨오 데 에스떼 레꼬르리~도 ¿ Cuánto cuesta la entrada ? 꾸안또 꾸에~스따 라 엔뜨라~다
Dove si può vedere (un'opera lirica) ? 도베 씨 뿌오 베대래 (운오뻬라~ 리리까)	Onde posso ver (uma ópera) ? 온지 뽀쑤 베르 (우마 오뻬라)	¿ Dónde puedo ver (ópera) ? 돈데 뿌에도 베~르 (오~뻬라)

관광안내소에서

한국어 韓國語	불란서어 FRANÇAIS	독일어 DEUTSCH
지금 무슨연극을 하고 있습니까?	Que joue-t-on au théâtre en ce moment? 꾸 주 똥 오 떼아트르 앙 스 모망	Was spielt man jetzt? 봐스 슈필-트 만 옛츠트
지금 뭐가 가장 인기 있습니까?	Quelle est la pièce qui a le 껠 레 라 삐에스 끼 아 르 plus de succès en ce moment? 쁠뤼 드 쉭세 앙 스 모망	Was ist jetzt am populärsten? 봐스 이스트 엣츠트 암 포풀래- 르스텐
누가 출연하고 있습니까?	Qui joue dans cette pièce? 끼 주 당 쎄뜨 삐에스	Wer sind die Hauptdarsteller? 붸어 진트 디이 하우프트다-르슈텔러
개막[종막]은 몇 시 입니까?	A quelle heure *commence-t-on* 아 껠 뢰르 꼬망스-똥 [finit-on]? [피니-똥]	Um wieviel Uhr *beginnt* 움 뷔필 우어 베긴트 [endet] die Vorstellung? [엔데트]디이 포아슈텔~룽
언제까지 합니까?	Jusqu'à quelle date joue-t-on? 쥐스까 껠 다뜨 주-똥	Wie lange wird das Stück 뷔이 랑에 뷔르트 다스 슈튁 gegeben werden? 게게벤 붸르덴
자리를 예약하고 싶어요.	Je voudrais faire une réservation. 쥬 부드래 패르 윈느 레제르바시옹	Ich möchte Plätze reservieren. 이히 뫼히테 플랫쩨 레저비-렌
제 자리에 안내해 주세요.	Conduisez-moi à ma place, s'il 꽁뒤제-므와 아 마 플라스, vous plait. 부 쁠래	Zeigen Sie mir bitte meinen 짜이겐 지이 미어 빗테 마이넨 Platz. 플랏츠

이태리어 ITALIANO	포루투칼어 PORTUGUÊS	스페인어 ESPAÑOL
Che danno adesso ? 께 단노 아대쏘	Que está fazendo agora ? 끼 이스따 화잰두 아고라	¿ Qué están representando ahora ? 께 에스딴~ 르레쁘레센딴~도 아오~라
Che gode molta reputazione adesso ? 께 고대 몰따 래뿌따찌오내 아대쏘	Que está fazendo sucesso agora ? 끼 이스따 화잰두 쑥쎄쑤 아고라	¿ Qué está adquiriendo una popularidad ? 께 에스따~ 앋끼리엔~도 우나 뽀뿔라리닫~
Chi sono gli attori ? 끼 쏘노 리 아또리	Quem são os atores ? 깽 싸웅 우스 아또리스	¿ Quiénes son los actores ? 끼에네스 손 로스 악또~레스
A che ora *comincia*[finisce] lo spettacolo ? 아 께 오라 꼬민챠(휘니쉐) 로 스뻬따꼴로	A que hora *começa*[termina] a função ? 아 끼 오라 꼬매싸(때르미나) 아 훈싸웅	¿ A qué hora *empieza*[termina] la función ? 아 께~오~라 엠삐에~싸(떼르미~나) 라 훈씨온~
Fino a quando lo danno ? 휘노 아 꾸안도 로 단노	Quantos dias leva ? 꽌뚜쓰 지아쓰 래봐	¿ Cuántos días durará ? 꾸안또스 디~아스 두라라~
Vorri prenotare un posto. 보래이 쁘래노따래 운 뽀스또	Gostaria de fazer a reserva. 고스따리아 지화제르 아 해재르바	Quiero reservar un asiento. 끼에로 르레세르바~르 운 아시엔~또
Mi mostri il mio posto, per favore. 미 모스뜨리 일 미오 뽀스또, 빼르 화보래	Pode me mostrar meu lugar ? 뽀지 미 모스뜨라르 매우 루가르	Haga el favor de indicarme mi asiento. 아~가 엘 화보~르 데 인디까~르메 미 아시엔또

한국어　韓國語	불란서어　FRANÇAIS	독일어　DEUTSCH
대인/소인	l'adulte/l'enfant 라뒬뜨/랑팡	der Erwachsene/das Kind 데어 애어봐크제네/다스 킨트
예약석	la place réservée 라 쁠라스 레제르베	der Platz, den man vorher 데어 플랏쯔, 덴 만 보헤-어 reservieren muβ 래재뷔-랜 무쓰.
자유석	la place non-réservée 라 쁠라스 농-제레르베	der Platz, den man sich 데어 플랏츠, 덴 만 지히 sellbst wählen kann 젤브스트 뷜랜 칸
음악회/음악당	le concert/la salle de concert 르 꽁쎄르/라 쌀르 드 꽁쎄르	das Konzert/die Knozerthalle 다스 콘쩨르트/디이 콘쩨르트할래
연극 작품	la pièce de théâtre 라 삐에스 드 떼아트르	das Stück/das Spiel 다스 슈튁/다스 슈필
극장	le théâtre 르 떼아트르	das Theater 다스 테아~터
영화/영화관	le film/le cinéma 르 필름/르 씨네마	der Film/das Kino 데어 휠름/다스키노
고전[경]음악	la musique *classique*[légère] 라 뮈지끄 끌라씨끄[레제르]	die *klassische* [leichte] Musik 디이 클라씨쉐(라이히테)무지크
민요[고전 무용]	la *musique*[danse]folklorique 라 뮈지끄[당스] 폴끄로리끄	*die Volksmusik* [der Volkstanz] 디이 휠크스무지크(데어 휠크스탄쯔)

이태리어 ITALIANO	포루투칼어 PORTUGUÊS	스페인어 ESPAÑOL
l'adulto/il bambino 라둘또/일 밤비노	o adulto/a criança 우 아둘뚜/아 끄리앙싸	los adultos/los niños 로스 아둘또스/로스 닌뇨스
i posti prenotati 이 뽀스띠 쁘래노따띠	o lugar reservado 우 루가르 해제르 봐두	el asiento reservado 엘 아시엔~또 레레세르바~도
i posti liberi 이 뽀스띠 리배리	o lugar livre 우 루가르 리브리	el asiento libre 엘 아시엔~또 리브레
il concerto/la sala da concerto 일 꼰채르또/라 살라 다 꼰체르또	o concerto/a sala de concerto 우 꽁쎄르뚜/아 쌀라 지 꽁쎄르뚜	el concierto/el salón de concierto 엘 꼰시에~르또/엘 살론~데 꼰씨에~르또
il dramma 일 드람마	a peca de teatro 아 빼싸 지 떼아뜨루	el drama 엘 드라~마
il teatro 일 때아뜨로	o teatro 우 떼아뜨루	el teatro 엘 떼아~뜨로
il film/il cinematografo 일 휠므/일 치네마또 그라포	o filme/o cinema 우 휠미/우 씨내마	la película/el cine 라 쁘리~꿀라 엘 씨~비
la musica *classica*[leggera] 라 무지까 끌라씨카(래쩨라)	a música *clássica* [leve] 아 무지까 끌라씨까(래뷔)	la música *clásica*[ligera] 라무~시까 끌라~시까[리헤~라]
la musica folcloristica 라 무지까 휠플로리스띠까 [il ballo folcloristico] (일 발로 휠플로리스띠꼬)	a canção [a dança] popular. 아 깐싸웅[아 단싸] 뽀쁠라르	*la música folklórica* 라 무~시까 휠플로~리까 [las danzas folklórcias] (라스 단~싸스 휠플로~리까스)

247

관광안내소에서

한국어　韓國語	불란서어　FRANÇAIS	독일어　DEUTSCH
써커스	le cirque 르 씨르끄	der Zirkus 데어 찌르쿠스
시사 희극(時事喜劇)	la revue 라 르뷔	die Revue 디이 래뷔-
뮤지칼	la comédie musicale 라 꼬메디 뮈지깔르	die Operette 디이 오페래테
만당	le vaudeville 르 보드빌르	die Variéte 디이 봐리어테-
발레	le ballet 르 발레	das Ballett 다스 빨랫트
비어홀	la brasserie 라 브라쓰 리	die Bierhalle 디이 비-어할래
캬바레	le cabaret 르 꺄바레	das Kabarett 다스 카바랫트
댄스홀	le dancing 르 당씽	die Tanzhalle 디이 탄쯔할래
나이트 클럽	la boîte de nuit 라 브와뜨 드 뉘	der Nachtklub 데어 나크트클루프
좌석료	le couvert 르 꾸베르	der Sitzpreis 데어 짙츠프라이스
경마	les courses de chevaux 레 꾸르쓰 드 슈보	das Pferderennen 다스 페르데렌넨
카지노	le casino 르 까지노	das Casino 다스 카지노

이태리어 ITALIANO	포루투칼어 PORTUGUÊS	스페인어 ESPAÑOL
il circo 일 치르꼬	o circo 우 씨르꾸	el circo 엘 씨르꼬
la rivista 라 리비스따	a revista 아 해뷔스따.	la revista 라 레비~스따
la commedia musicale 라 꼼매디아 무지깔래	a comédia musical 아 꼬매디아 무지까우	la comedia musical 라 꼬메~디아 무지깔~
l'operetta, la farsa 로뻬래따, 라 화르사	o espectáculo de variedades 우 이스뻬따끌루 지 봐리애다지스	la función de varidades 라 훈씨온~데 바리다~데스
il balletto 일 발래또	o bailado 우 바일라두	el ballet 엘 발엣
la birreria 라 비레리아	a cervejaria 아 쎄르붸쟈리아	la cervecería 라 쎄르베쎄리~아
il cabaret 일 까바래뜨	o cabaré 우 까바래	el cabaret 엘 까바렛~
la sala da ballo 라 쌀라 다 발로	o salão de baile 우 쌀라웅 지 바일리	la sala de baile 라 살~라 데 바~일레
il night club 일 나이트 클럽	a boîte 아 보이찌	el club nocturno 엘 끌룹~녹뚜~르노
il coperto 일 꼬뻬르또	o preço de assento 우 쁘래쑤 지 아쎈뚜	el precio de admisión 엘 쁘레~씨오 데 아드미시온~
la corsa di cavalli 라 꼬르사 디 까발리	a corrida de cavalos 아 꼬히다 지 까봘루스	la carrera de caballos 라 까레레~라 데 까바~이요스
il casino 일 까지노	o casino 우 까지누	el casino 엘 까시~노

한국어　韓國語	불란서어　FRANÇAIS	독일어　DEUTSCH
디스코장	la discothèque 라 디스꼬땍끄	die Disco-Bar 디이 디스코-바-아
골프	le golf 르 골프	der Golf 데어 골프
골프장	le terrain de golf 르 떼랭 드 골프	der Golfplatz 데어 골프플랏츠
수영	la natation 라 나따씨옹	das Schwimmen 다스 슈뷤맨
수영장	la piscine 라 삐신느	das Schwimmbad 다스 슈빔바아트
테니스	le tennis 르 떼니스	der Tennis 데어 테니스
테니스 코트	le court de tennis 르 꾸르 드 떼니스	der Tennisplatz 데어 테니스플랏츠
보트 놀이	le canotage 르 까노따쥬	die Ruderfahrt 디이 루더화-르트
낚 시	la pêche à la ligne 라 뻬슈 아 라 리늬	das Angeln 다스 앙겔른
자전거 하이킹	le cyclisme 르 씨끄리슴므	das Radfahren 다스 라트화-렌
빌리는 자전거	la bicyclette de location 라 비씨끌레뜨 드 로 까씨옹	das geliehende Fahrrad 다스 겔리-앤대 화아라트

이태리어 ITALIANO	포루투칼어 PORTUGUÊS	스페인어 ESPAÑOL
la discoteca 라 디스꼬때까	a discoteca 아 디스꼬때까	la discoteca 라 디스꼬떼~까
il golf 일 골후	o gôlfe 우 골풰	el golf 엘 골후
il campo da gioco del golf 일 깜뽀 다 죠꼬 댈 골후	o campo de gôlfe 우 깜뿌 지 골풰	el campo de golf 엘 깜~뽀 데 골후
il nuoto 일 누오또	a natação 아 나따싸웅	la natacion 라 나따씨온~
la piscina 라 삐쉬나	a piscina 아 삐씨나	*la piscina*[la alberca] 라 삐씨~나(라 알베~르까)
il tennis 일 때니스	o tênis 우 때니쓰	el tenis 엘 떼~니스
il campo da tennis 일 깜뽀 다 때니스	a campo de tênis 우 깡 뿌 지 때니쓰	la pista de tenis 라 삐스따 데 떼니스
il barcheggio 일 바르께쬬	o passeio de bote 우 빠쎄이우 지 보찌	el paseo en bote 엘 빠세~오 엔 보~떼
la pesca 라 뻬스까	a pesca à linha 아 뻬스까 아 리냐	la pesca 라 뻬스까
il ciclisomo 일 치끌리즈모	o ciclismo 우 씨끌리스무	el ciclismo 엘 씨끌리~스모
le biciclette a noleggio 레 비치끌래때 아 놀랫쪼	a bicicleta de aluguel 아 비씨끌래따 지 알루개우	la bicicleta de alquiler 라 비씨끌레~따 데 알낄레~르

* 외국에서 쇼핑을 할 때는 상점의 영업시간을 확인해둘 필요가 있다. 각국에 따라 다르지만 토요일 오후 일요일은 대부분 휴업한다. 그리고 낚시, 등산, 골프등 전문상점은 보통 오후 5시까지 영업한다.
* 물건을 살때는 점원에게 주문을 하며 살 의사가 없으면 구경하는 것은 괜찮지만 상품을 만지지 않는것이 좋다.
* 백화점에서는 가격을 깎을 수 없으나 벼룩시장 같은 곳에서는 값을 흥정할 수 있다.
* 보석류·시계 등은 신용할 수 있는 상점에서 구입하는 것이 좋다.
* 귀국할때를 고려하여 부피가 크고 많은 짐이 안되도록 하는 것이 좋다.

쇼핑 센타에서

쇼핑센타에서

한국어　韓國語	불란서어　FRANÇAIS	독일어　DEUTSCH
안　내	SERVICE DE 쎄르비스 드 RENSEIGNEMENTS 랑쎄뉴망	AUSKUNFT 아우스쿤프트
이 동네의 상점가는 어디 있습니까?	Où se trouve la rue commerçante 우 스 트루브 라 뤼 꼬메르쌍뜨 de cette ville? 드 쎄뜨 빌르	Wo ist in dieser Stadt der 보 이스트 인 디이저 슈타트 데어 Einkaufsbezirk? 아인카우프스베치르크
백화점이 있습니까?	Y a-t-il des grands magasins? 이-야-띨 데그랑 마가쟁	Gibt es ein Warenhaus? 깁트 에스 아인 봐렌하우스
이 동네 특산품은 무엇입니까?	Quelle est la spécialité de cette ville? 껠레 라 스페시알리떼 드 쎄뜨 빌르	Für welche Produkte ist diese 휘어 벨ㅎ헤 프로둑테 이스트 디이제 Stadt berühmt? 슈타트 베륌트
(그것)은 어디서 살 수 있습니까?	Où peut-on l'acheter? 우 뷔-똥 라슈떼	Wo kann ich (das)kaufen? 보오 칸 이히(다스) 카우휀?
면세품점이 있습니까?	Y a-t-il une boutique hors taxe? 야-띨 윈느 부띠끄 오르 딱쓰	Gibt es einen zollfreien Laden? 깁트 에스 아이넨 쪼올후라이엔 라-덴
가게 영업 시간은 몇 시부터 몇 시까지 입니까?	Quelles sont les heures d'ouver- 껠 쏭 레 죄르 두베르뛰르 ture des magasins? 데 마가쟁	Von wann bis wann ist die 폰 봔 비스 봔 이스트 디이 Geschftszeit? 게슈에프츠짜이트

이태리어 **ITALIANO**	포루투칼어 **PORTUGUÊS**	스페인어 **ESPAÑOL**
INFORMAZIONE 인훠르마찌오네	**INFORMACAO** 잉훠르마싸웅	**INFORMACIÓN** 인훠르마씨온~
Dov'è il centro commerciale di questa città ? 도베 일 첸뜨로 꼼메르찰래 디 꿰스따 치따	Onde fica o centro comercial desta cidade ? 온지 휘까 우 쎈뜨루 꼬메르씨아우 데스따 씨다지	¿ Dónde está el centro comercial de esta ciudad ? 돈데 에스따~ 엘 쎈뜨로 꼬메르씨알~ 데 에스따 씨우닫~
C'è un grande magazzino ? 체 운 구란데 마가찌노	Não tem armazém ? 나웅 땡 아르마쟁	¿ Hay almacenes ? 아이 알마쎄~네스
Qual'à il prodotto speciale di questa città ? 꽐라 일 쁘로도또 스뻬찰래 디 꿰스따 치따	Que éproduto tipico desta cidade ? 께 애쁘로두뚜 찌삐꾸 대스따 씨다지	¿ Cuál es el producto especial de esta ciudad ? 꾸알 에스 엘 쁘로둑~또 에스뻬씨알~ 데 에스따 씨우닫~
Dove si può comprare (quelle) ? 도베 씨 뿌오 꼼쁘라래 (꿸래)	Onde posso comprar(aquilo)~ ? 온지 뽀쑤 꽁쁘라르 (아낄루)~	¿ Dónde puedo comprar (eso) ? 돈데 뿌에도 꼼쁘라~르(에소)
C'è un negozio esente da tassa ? 체 운 네꼬찌오 에샌때 다 따사	Não tem loja isenta de imposto ? 나웅 땡 로쟈 이잰따 지 잉쁘스뚜	¿ Hay tienda libre de impuesto ? 아이 띠엔~다 리브레 데 임뿌에스또
Da che ora fino a che ora sono aperti i negozi ? 다 께 오라 휘노 아 께 오라 소노 아뻬르띠 이 네고찌	Qual é o horário das lojas ? 꽐 애 우 오라리우 다쓰 로쟈쓰	¿ A qué hora abre y a qué hora cierra sus negocisos ? 아 께~ 오라 아브레 이 아 께~ 오 ~라 씨에~ㄹ라 수스 네고~씨오스

255

한국어　韓國語	불란서어　FRANÇAIS	독일어　DEUTSCH
물건 고르기	**CHOIX** 슈와	**DER KAUF** 데어 카우프
~파는 곳은 어디 입니까?	Où est le rayon de~ ? 우 에 르레이옹 드	Wo wird ~verkauft? 보오 뷔르트~훼어 카우프트
~을 사고 싶어요.	Je voudrais acheter~. 쥬 부드레 아슈떼	Ich möchte ~kaufen. 이히 뫼히테~카우휀
~을 보여 주세요.	Montrez-moi~ 몽트레-므와	Bitte zeigen Sie mir~. 빗테 짜이겐 지이 미어
잠깐 보는 것 뿐입니다.	Je regarde seulement. 쥬 르갸르드 쐴르망	Ich möchte mir nur die Sachen einmal ansehen. 이히 뫼히테 미어 누어 디 자흐헨 아인말 안제-엔
이 싸이즈를 보여 주십시요.	Montrez-moi quelque chose de cette taille. 몽트 레-므와 껠끄 쇼즈드 쎄뜨 따이으	Bitte zeigen Sie mir etwas in dieser Größe. 빗테 짜이겐 지이 미어 엣트봐스 인 디이저 그뢰-쎄
이것과 같은 것이 있습니까?	En avez-vous un pareil ? 안 나베-부 정 빠레이으	Haben Sie das gleiche wie dieses ? 하-벤 지이 다스 글라이히헤 뷔이 디이제스
다른 것을 보여 주십시요.	Montrez-m'en un autre. 몽트레 망 언 오트르	Bitte zeigen Sie mir etwas anderes. 빗테 짜이겐 지이 미어 엣트봐스 안데레스

쇼핑센타에서

이태리어 ITALIANO	포루투칼어 PORTUGUÊS	스페인어 ESPAÑOL
SCEGLIERE LE MERCI 쉘리에레 래 매르치	**ESCOLHA DAS COMPRAS** 이스꼴랴 다쓰 꽁쁘라쓰	**SELECCIÓN DE ARTÍCULOS** 셀렉씨온~데 아르띠~꿀로스
Dov'è il reparto di~ ? 도베 일 레빠르또 디~	Aonde vende~ ? 아온지 뻰지~	¿ Dónde se vende~ ? 돈데 세 벤~데
Vorrei compare ? 보래이 꼼쁘라래	Quero comprar~. 께루 꽁쁘라르~	Quiero compar~. 끼에로 꼼쁘라~르
Mi mostri~. 미 모스뜨리	Poderia me mostrar~. 뽀대리아 미 모스뜨라르~	Por favor, enséñeme~. 뽀르 화보~르 엔세~네메
Sto solo guardando 스또 쏠로 구아르단도	Só estou olhando. 오 이스또우 올란두	Estoy solamente mirando. 에스또~이 솔라멘~떼 미란~도
Me ne faccia vedere di questa 메 네 화차 베대래 디 꿰스따 misura. 미주라	Me mostre alguma coisa neste 미 모스뜨리 알구마 꼬이자 네쓰찌 tamanho, por favor. 따만뉴, 뽀르 화보르	Enséñeme otro de este tamaño. 엔세~네메 오뜨로 데 에스떼 따마~뇨
Avete lo stresso di questo ? 아베떼 로 스뜨래쏘 디 꿰스또	Não tem outro igual a esta ? 나웅 땡 오우뜨루 이구아우 아 애스따	¿ No tiene otro igual a éste ? 노 띠에네 오뜨로 이괄~ 아 에스떼
Mi faccia vedere un altro. 미 화챠 베대래 운 알뜨로	Me mostre outro, por favor. 미 모스뜨리 오우뜨루, 뽀르 화보르	Enséñeme otro. 엔세~네메 오뜨로

쇼핑센타에서

한국어　韓國語	불란서어　FRANÇAIS	독일어　DEUTSCH
좀더 큰〔작은〕것이 있습니까?	Avez-vous quelque chose de plus *grand*〔petit〕? 아베-부 껠끄 쇼즈 드 쁠뤼 그랑〔쁘띠〕	Haben Sie ein *größeres* 〔kleineres〕? 하-벤 지이 아인 그뢰-쎄레스 〔클라이너레스〕
좀더 싼 것이 있습니까?	Avez-vous quelque chose de meilleur marché? 아베-부 껠끄 쇼즈 드 메이외르 마르셰	Zeigen Sie mir bitte etwas Billigeres. 짜이겐 지이 미어 빗테 엣트봐스 빌리거레스.
너무 화려〔수수〕합니다.	C'est trop *voyant*〔discret〕. 쎄트로 브와이앙〔디스크레〕	Das ist zu *auffällig*〔schlicht〕. 다스 이스트 쭈 아우후 핼리히 〔슐리힛트〕
이 색〔타입〕은 좋아하지 않습니다.	*Cette couleur*〔Ce modèle〕ne me plaît pas. 쎄뜨 꿀뢰르〔스 모델르〕느 므 쁠래 빠	Ich mag diese *Farbe*〔Art〕nicht. 이히 막 디이제 화르베〔아르트〕니힛트
이것과 같으면서 색깔이 다른 것이 있습니까?	Avez-vous la même chose que cela mais de couleur différente? 아베-부 라 멤므 쇼즈 끄슬라 매 드 꿀뢰르 디페랑뜨	Haben Sie das gleiche in anderer Farbe 하-벤 지이 다스 글라이히에 인 안더러 화르베
만져 봐도 됩니까?	Puis-je le toucher? 쀠-쥬 르 뚜셰	Darf ich es einmal anfassen? 다르후 이히 에스 아인말 안홧쎈
입어 보고 싶은데요.	Puis-je l'essayer? 쀠-쥬 레쎄이에	Ich möchte es einmal anprobie-ren. 이히 뫼히테 에스 아인말 안프로비-이렌

258

이태리어 ITALIANO	포루투칼어 PORTUGUÊS	스페인어 ESPAÑOL
Ne avete più *grande*[piccolo]? 네 아뻬때 쀼 그란대(삐꼴로)?	Não tem um *maior*[menor] 나웅 땡 웅 마이오르[매노르]	¿ Tiene uno más *grande* 띠에~네 우노 마스 그란데 [pequeño]? (뻬께~뇨)
Ne avete più a buon mercato? 네 아베때 쀼 아 부온 매르까또	Não tem um mais barato? 나웅 땡 웅 마이쓰 바라뚜	Enséñeme otro más barato. 엔세-네메 오뜨로 마스 바라~또
E troppo *vistoso* [semplice]. 애 뜨로뽀 비스또조(쎔쁠리체)	É muito berrante[discreto] 애 무이뚜 배한찌[지스끄래뚜]	Es demasiado/llamativo[apagado] 에스 데마시아~도 이야마띠~보 (아빠가~도)
Non mi piace questo *colore*[tipo] 논 미 삐아체 퀘스또 꼴로래(디뽀)	Não gosto *desta cor*[deste tipo]. 나웅 고스뚜 대스따 꼬르[대스찌 찌뿌]	A mí no me gusta este *color* [tipo]. 아 미~노 메 구스따 에스떼 꼴로~르 (띠~뽀)
Ne avete di un altro colore? 네 아베때 디 운 알뜨로 꼴로래	Não tem o mesmo modelo em 나웅 땡 우 매즈무 모댈루 잉 outra cor? 오우뜨라 꼬르	¿ No tiene el mismo que éste 노 띠에~네 엘 미스모 께 에~스떼 en otro color? 엔 오뜨로 꼴로르
Posso toccare? 뽀쏘 똣까~래	Posso tocar? 뽀쑤 또까르	¿ Podría probarlo? 뽀드리~아 쁘로바~를로
Vorrei provare. 보래이 쁘로바래	Gostaria de prová-lo. 고스따리아 지 쁘로바~를로	¿ Podría probarlo? 뽀드리~아 쁘로바~르로

한국어　韓國語	불란서어　FRANÇAIS	독일어　DEUTSCH
여기가 끼는데요.	C'est trop serré ici. 쎄 트로 쎄레 이씨	Hier ist es etwas zu eng. 히어 이스트 에스 엣트봐스 쭈 엥
제게는 너무 비싸요. 싸게 할 수 없습니까?	C'est trop cher pour moi. 쎄 트로 셰르 뿌르 므와 Pourriez-vous descendre le prix? 뿌리에-부 데쌍드르 르 프리	Das ist zu teuer. 다시 이스트 쭈 토이어 Können Sie es nicht billiger verkaufen? 쾬넨 지이 에스 니히트 빌리-거 훼어카우훼
면세로 살 수 있습니까?	Puis-je l'acheter en hors taxe? 뛰-쥬 라 슈떼 앙 오르 딱쓰	Kann ich das zollfrei kaufen? 칸 이히 다스 쪼-올후라이 카우훼
그 서류를 만들어 주시겠어요? 이걸 사겠습니다.	Pourriez-vous me préparer les pa- 뿌리에-부 므 프레빠레 레 빠삐에 piers nécessaires? 네쎄쎄르 Je vais prendre cela. 쥬 배 프랑드르 슬라	Können Sie für mich das 쾬 넨 지이 휘어 미히 다스 Formular ausfüllen? 포뮬라 아우스휠렌 Ich nehme *diesen* [diese, dieses]. 이히 네-메 디이젠〔디이제, 디이제스〕
선물입니다. 포장해 주시겠습니까?	C'est pour faire un cadeau. Pou- 쎄 뿌르 패르 엉까도 vez-vous faire un bel emballage? 뿌베-부 패르 엉 벨 랑발라쥬	Das ist ein Geschenk. Können 다스 이스트 아인 게슈엥크 쾬넨 Sie es schön einpacken? 지이 에스 슈엔 아인팍켄

이태리어 ITALIANO	포루투칼어 PORTUGUÊS	스페인어 ESPAÑOL
É un po' stretto qui. 에 운 뽀 스뜨래또 뀌	É um pouco apertado aqui. 애 웅 뽀우꾸 아빼르따두 아끼	Aquí me aprieta. 아끼 메 아쁘리에~따
É troppo caro per me. Non 애 뜨로뽀 까로 빼르 매. 논 poù farlo meno caro ? 뿌오 화르로 메노 까로	É um pouco caro 애 웅 뽀우꾸 까루 Não faz um desconto ? 나웅 화스 웅 대스꽁뚜	Es demasiado caro. No puede 에스 데마씨아~도 까~로. 노 뿌에~데 Ud. rebajarlo un poco ? 우스 렏~ㄹ레바하~르로 움 뽀꼬
Si può comprarlo esente di tassa ? 씨 뿌오 꼼쁘라를로 에쌘떼 데 따싸	Posso pagar isento de imposto ? 뽀쑤 빠가르 이젠뚜 지 잉뽀스뚜	¿ Podría comprar sin impuesto ? 뽀드리~아 꼼쁘라~르 신 임뿌에~스또
Può fare i documenti per questo. 뿌오 화래 이 도꾸맨떼 빼르 꿰스또 Prenderò questo. 쁘래대로 꿰스또	Poderia preencher o 뽀대리아 쁘리앤쉐르 우 formulário ? 휘르물라리우 Vou comprar este. 뷔우 꽁쁘라르 애 스찌	¿ Podría formular ese documento ? 뽀드리~아 휘르물라~르 에세 도꾸멘~또 Me quedo con esto. 메 께도 꼰 에스 또
È un regalo. Può fare un 애 운 래갈로. 뿌오 화래 운 pacchetto ? 빠껫또	Pode embrulhar este 뽀지 잉블룰랴르 애스찌 presente ? 쁘래잰찌	Es para un regalo. Por favor, 에스 빠라 운 ㄹ레갈~로. 뽀르 화보~르 envuélvalo bonito. 엠부엘~발로 보니~또

261

한국어　韓國語	불란서어　FRANÇAIS	독일어　DEUTSCH
배 달	**LIVRAISON** 리브래종	**LIERERUNG** 리-레룽
~호텔까지 갖다 주시겠어요?	Pouvez-vous faire livrer cela à 뿌베-부 패르 리브레 슬라 아 l'hôtel~? 로뗄	Schicken Sie es bitte zum 쉭켄 지이 에스 빗테 줌 Hotel~? 호텔~
오늘 중〔내일까지〕(으로)갖다. 주세요.	Faites-moi livrer cela *dans la* 패뜨-므와 리브레 슬라 당 라 *journée*〔jusqu'à demain〕. 쥬르네〔쥐스까 드맹〕	Ich möchte es heute 이히 뫼히테 에스 호이테 〔bis morgen〕haben. 〔비스 모르겐〕하-벤
한국의 제 주소로 보내. 주시겠어요.	Pourriez-vous envoyer cela à mon 뿌리에 부 장부와이에 슬라 아 몽 adresse à la corée 나드레쓰 아라꼬래	Können Sie es an meine 퀸 넨 지이 에스 안 마이네 Adresse in Korea schicken? 아드레쎄 인 코레아 쉭켄
배편〔항공편〕으로 부탁합니다.	*Par bateau*〔Par avion〕, s'il vous plaît. 빠르 바또〔빠르 아비옹〕씰 부 쁘래	*Mit Seepost*〔Mit Luftpost〕bitte. 밋트 제-포스트〔밋트 루프트포스트〕 빗테
지 불	**PAIEMENT** 빼망	**BEZAHLEN** 베짤-렌
전부해서 얼마입니까?	C'est combien en tout? 쎄 꽁비앵 앙 뚜	Wieviel kostet das zusammen? 뷔필 코스테트 다스 쭈잠멘

이태리어 ITALIANO	포루투칼어 PORTUGUÊS	스페인어 ESPAÑOL
DISTRIBUZIONE 디스뜨리부쪼오내	**ENTREGA A DOMICÍLIO** 인뜨래가 아 도미씰리우	**SERVICIO A DOMICILIO** 세르비~씨오 아 도미씰~리오
Me lo faccia mandare in al 맬 로 화챠 만다래 인 알 bergo ~, per favore, 배르고 ~. 뻬르 화보래	Pode mandar isto para o 뽀지 만다르 이스뚜 빠라 우 Hotel~, por favor? 오매우, 뽀르 화보르	Envíelo al Hotel~, por favor. 엠비~엘로 알 오뗄~, 뽀르 화보~르
Me lo faccia mandare oggi 맬 로 화챠 만다래 오찌 [domani]. (도미니)	Poderia mandar *hoje*[amanhã]? 뽀대리아 만다르 오지 [아마냥]	Por favor, envíelo a mi domicilio 뽀르 화보~르, 엠비~엘로 아 미 도미씰 *hoy mismo* [hasta mañana]. ~리오 오이 미스모(아스따 마냐~나)
Può spedire al mio indirizzo 뿌오 즈뻬디래 알 미오 인디리쪼 in corea? 인 꼬래아	Poderia despachá-lo para meu 뽀대리아 대스빠샬루 빠라 매우 endereço em Coreia? 앤대레쑤 잉 꼬래이아	¿ Podría enviarlo a mi dirección 뽀드리~아 엠비아~를로 아 미 디렉씨온~ en Corea? 엔 꼬레~아
Per *via mare* [via aerea] 뻬르 비아 마래(비아 아애래아), per favore. 뻬르 화보래	*Por navio* [correio aéreo], Por 뽀르 나뷔우(꼬헤이우 아에레우), 뽀르 favor. 화보르	*Por barco*[via aerea], Por 뽀르 바~르꼬(비~아 아에~레아) favor. 뽀르 화보~르
PAGAMENTO 빠가맨또	**PAGAMENTO** 빠가맨뚜	**PAGO** 빠~고
Quanto è in tutto? 꾸안또 애 인 뚜또	Quanto custa em tudo? 꽌뚜 꾸스따 잉 뚜두	¿ Cuánto cuesta en total? 꾸안또 꾸에~스따 엔 또딸~

263

한국어 韓國語	불란서어 FRANÇAIS	독일어 DEUTSCH
계산서가 틀리지 않아요?	N'y a-t-il pas d'erreur dans la facture? 니-야-띨 빠 데뢰르 당 라 팍뛰르	Ist das nicht ein Versehen 이스트 다스 니히트 아인 풰어제-엔 in der Rechnung? 인 데어 레히눙
다시 한번 확인해 주세요.	Voulez-vous la vérifier, s'il vous plaît· 불레-부 라 베리피에, 씰 부 쁘레	Bitte rechnen Sie einmal nach. 빗테 레히넨 지이 아인말 나흐하
잔돈이 틀리는데요	Vous vous êtes trompé en me 부 부 제뜨 트롱뻬 앙므 rendant la monnaie. 랑당 라 모내	Sie haben mir *zuwenig*[zuviel] 지이 하-벤 미어 쭈뵈니히[쥬힐-] herausgegeben. 헤라우스게게벤
영수증을 주세요.	Donnez-moi un reçu, s'il vous plaît· 도네-므와 엉 르쉬 씰부쁘레	Eine Quittung bitte. 아이네 쿠빗퉁 빗테
여행수표로 지불해도 됩니까?	Prenez-vous le chèue de 푸루네 부 르 셰끄 드 voyage? 브와 야쥬	Kann ich mit Reiseschecks 칸 이히 밋트 라이제슈엑크스 zahlen? 짜알렌
환전소가 있습니까?	Y a-t-il un bureau de change? 아야-띨 엉 뷔로드 샹쥬	Kann ich irgendwo Geld wechseln? 칸 이히 이르겐트보오 겔트 붹젤른
대금은 이미 지불했어요.	J'ai déjà payé le prix 제 데쟈 뻬이에 르 프리	Ich habe schon bezahlt! 이히 하베 숀 베짜알트

이태리어 ITALIANO	포루투칼어 PORTUGUÊS	스페인어 ESPAÑOL
Non c'è un errore in calcolo ? 논 체 운 애로래 인 깔꼴로	Não tem êrro na conta ? 나옹 땡 애후 나 꼰따	¿ No está equivocada la cuenta ? 노 에스따~에끼보까~다 라 꾸엔~따
Vuol esaminarlo, per favore. 부올 애자미나를로, 빼르 화보래	Poderia conferir outra vez ? 뽀대리아 꽁훼리르 오우뜨라 붸스	¿ Podría Ud. revisarla ? 뽀드리~아 우스뗀~ 르레비사~를라
Il resto non è corretto. 일 래스또 논 애 꼬래또	O troco está errado. 우 뜨로꾸 이스따 애하두	El cambio está equivocado. 엘 깜~비오 에스따~ 에끼꼬까~도
Mi da una ricevuta ? 미 다 우나 리체부따	Um recibo, por favor. 웅 해씨부, 뽀로 화보르	Déme el recibo. 데~메 엘르레씨보
Posso pagare in travellers 뽀소 빠가래 인 트래벨레르스 cheques ? 께꿰스	Posso pagar com cheque de 뽀쑤 빠가르 꽁 쉐끼 지 viagem. 뷔아젱	¿ Podría pagar por cheque 뽀드리~아 빠가~르 뽀르 체~께 viajero ? 비아헤~로
C'è un ufficio cambio ? 체 운 웃휘쵸 깜비오	Onde está casa de câmbio ? 온지 이스따 까자 지 깡비우	¿ Hay alguna casa de cambio ? 아이 알구~나 까사 데 깜~비오
Ho già pagato. 오 쟈 빠가또	A conta já está pagada. 아 꼰따 쟈 이스따 빠가다	Ya he pagado la cuenta. 야 에 빠가~도 라 꾸엔~따

쇼핑센타에서

한국어 韓國語	불란서어 FRANÇAIS	독일어 DEUTSCH
외투	le pardessus 르 빠르드쉬	der Mantel 데어 만텔
코트	le manteau 르 망또	der Mantel 데어 만텔
레인코트	l'imperméable 랭뻬르메아블	der Regenmantel 데어 레~겐 만텔
양복 상하	le complet 르 꽁쁠레	der Anzug 데어 안죽
상의	le veston／la veste 르 베스똥／라 베스뜨	die Jacke 디이 야케
바지	le pantalon 르 빵딸롱	die Hose 디이 호-재
조끼	le gilet 르 질레	die Bluse 디이 블루재
넥타이	la cravate 라 크라바뜨	die Krawatte 디이 크라봐테
와이샤쓰	la chemise 라 슈미즈	das Oberhemd 다스 오버햄트
브라우스	le chemisier／le corsage 르 슈미지에／르 꼬르싸쥬	die Bluse 디이 블루재
스카트	la jupe 라 쥐쁘	der Rock 데어 로크
바지	le pantalon 르 빵딸롱	der Pantalon 데어 판탈론

이태리어 ITALIANO	포루투칼어 PORTUGUÊS	스페인어 ESPAÑOL
il cappotto 일 까뽀또	o sobretudo 우 쏘브리뚜두	el abrigo 엘 아브리~고
il mantello 일 만뗄로	o casaco 우 까자꾸	el abrigo 엘 아브리~고
l'impermeabile 림뻬르메아빌래	a capa de chuva 아 까빠 지 슈봐	el impermeable 엘 임뻬르메아~블레
il completo 일 꼼쁠래또	o terno 우 때르누	el traje 엘 뜨라~헤
la giacca 라 쟈까	o paletó 우 빨래또	la chaqueta 라 챠께~따
i calzoni 이 깔쪼니	as calças 아스 깔싸스	los pantalones 로스 빤딸로~네스
il panciotto 일 빤쵸또	a jaqueta 아 쟈께따	el chaleco 엘 찰레~꼬
la cravatta 라 끄라바따	a gravata 아 그라봐따	la corbata 라 꼬르바~따
la camicia 라 까미챠	a camisa 아 까미자	la camisa 라 까미~사
la camicetta 라 까미체따	a blusa 아 블루자	la blusa 라 블루~사
la gonna 라 곤나	a saia 아 싸이아	la falda 라 후알다
i pantaloni 이 빤딸로니	as bombachas 아스 봉바샤스	los pantalones 로스 빤딸로~네스

쇼핑센타에서

한국어　韓國語	불란서어　FRANÇAIS	독일어　DEUTSCH
슬랙스 [긴바지]	le pantalon 르 빵달롱	die lange Hose 디이 랑에 호-제
원피스	la robe 라 로브	das Kleid 다스 클라이트
투피스	l'ensemble 랑쌍블르	das Kostüm／das Jackenkleid 다스 코스튀임／다스 야켄클라이트
쉐터	le chandail 르 샹다이으	der Pullover 데어 풀오-버
폴로샤스	la chemise sport／le polo 라 슈이즈 스뽀르／르뿔로	das Polohemd 다스 폴로헴트
티샤쓰	le T-shirt 르 띠-쉬르	das T-Shirt 다스 테-쉬르트
손수건	le mouchoir 르 무슈와르	das Taschentuch 다스 타슈엔투흐
스카프	l'écharpe 레샤르브	der Schal 데어 샤-알
속옷 내의	le tricot de corps 르 트리꼬 드 꼬르	die Unterwäsche 디이 운터패쉐
무명	le coton 르 꼬똥	die Baumwolle 디이 바움볼래
마	le lin 르 랭	das Leinen 다스 라이넨
명주／비단	la soie 라 스와	die Seide 디이 자이데

이태리어 ITALIANO	포루투칼어 PORTUGUÊS	스페인어 ESPAÑOL
i calzoni 이 깔쪼니	a calça esporte 아 깔싸 이스뽀르찌	los pantalones 로스 빤딸로~네스
l'abito 라삐또	o vestido 우 붸스찌~두	el vestido de una pieza 엘 베스띠~도 데 우나 삐에~싸
il due pezzi 일 두애 빼찌	o costume 우 꼬스뚜미	el traje de dos piezas 엘 뜨라~헤 데 도스 삐에~싸스
il pullover 일 뿔오베르	o suéter 우 쑤애때르	el suéter 엘 수에~떼르
la maglia girocollo 라 말리아 지로꼴로	a camisa 아 까미자	la camisa de polo 라 까미사 데 뽈로
la maglietta 라 말리에따	a camiseta 아 까미재따	la camiseta deportiva 라 까미세~따 데뽀르띠바
il fazzoletto 일 홧 쪼래또	o lenço de assoar 우 랭쑤 지 아쏘아르	el pañuelo 엘 빠뉴엘~로
il foulard 일 홀라르	o cachecol 우 까쉐꼬우	el pañolón 엘 빠뇰론
la sottoveste 라 쏘또오베스때	o roupa interior 아 호우빠 잉때리오르	la ropa interior 라 르로빠 인떼리오~르
il cotone 일 꼬또내	o algodão 우 알고다웅	el algodón 알고돈
il lino 일 리노	o linho 우 리뉴	el lino 엘 리~노
la seta 라 쌔따	a seda 아 쌔다	la seda 라 세다

쇼핑센타에서

한국어　韓國語	불란서어　FRANÇAIS	독일어　DEUTSCH
울	la laine 라 랜느	die Wolle 디이 볼레
나이롱	le nylon 르 닐롱	das Nylon 다스 나이론
폴리에스터	le polyester 르 뽈리에스떼르	der Polyester 데어 플리에스터
맞춤	sur mesure 쒸르 므쥐르	auf Bestellung gemacht 아우프 배슈텔룽 게마크트
기성복	le prêt-à-porter 르 프레-따-뽀르떼	der fertige Anzug 데어 훼르티게 안쭉크
수제품	fait main 패 맹	die Handarbeit 디이 한트아르바이트
자수	la broderie 라 브로드리	die Stiekerei 디이 슈티커라이
아동복	le vêtement pour enfants 르 베뜨망 뿌르 앙팡	die Kinderbekleidung 디이 킨더배클라이둥
피혁 제품점	**MAROQUINERIE** 마로끼느리	**LEDERWARENGESCHÄFT** 레데봐-렌게쉐프트
양 화 점	**MAGASIN DE CHAUSSURES** 마가쟁 드 쇼쒸르	**SCHUHLADEN** 슐-라-댐
핸드백	le sac à main 르 싹 까 맹	die Handtasche 디이 한트타쉐

이태리어 ITALIANO	포루투칼어 PORTUGUÊS	스페인어 ESPAÑOL
la lana 라 라~나	a lã 아 랑	la lana 라 라나
il nylon 일 닐론	o nylon 우 닐롱	el nylón 엘 닐론~
il polyestere 일 뽈리애스떼래	o poliéster 우 뽈리애스때르	el poliéster 엘 뽈리에~스떼르
fatto su misura 홧또 쑤 미주라	feito sobre medida 훼이뚜 쏘브리 매지다	hecho a la medida 에쵸 알 라 메디~다
confezionato 꼰훼찌오나또	confecção 꽁첵싸웅	confeccionado 꼰훼씨오나~다
fatto a mano 홧또 아 마노	feito a mão 훼이뚜 아 마웅	hecho a mano 에~쵸 아 마~노
ricamato 리까마또	bordado 보르다두	bordado 보르다~도
l'indumento per bambini 린두맨또 빼르 밤비니	roupa de criança 호우빠 지 끄리앙싸	la ropa paraniños 라 로~빠 빠라닌~뇨스
NEGOZIO DEGLI ARTICOLI 네고찌오 대리 아르띠뽈리 **DI PELLE** 디 빼래	**LOJA DE COURO** 로쟈 지 꼬우루	**TIENDA DE ARTÍCULOS DE** 띠엔다 데 아르띠~ 꿀로스 데 **CUERO** 꾸에로
CALZOLAIO 깔쫄라이오	**SAPATARIA** 싸빠따리아	**ZAPATERÍA** 싸빠떼리~아
la borsa 라 보르사	a bolsa 아 볼싸	el bolso 엘 볼소

한국어 韓國語	불란서어 FRANÇAIS	독일어 DEUTSCH
숄더백	le sac en bandoulière 르 싹 앙 방둘리에르	die Schultertasche 디이 슐터-타쉐
드는 백	la pochette 라 뽀셰뜨	die Handtasche 디이 한트타쉐
서류 가방	la serviette 라 쎄르비에뜨	die Aktentasche 디이 악텐타쉐
여행 가방	le sac de voyage 르 싹 드 브와야쥬	die Reisetasche 디이 라이재타쉐
트렁크	la valise 라 발리즈	der Koffer 데어 코퍼
지갑	la portefeuille 라 뽀르뜨피이으	die Briefasche 디이 브리프타쉐
지갑	le porte-monnaie 르 뽀르뜨-모내	das Portemonnaie 다스 폴테모네-
동전 지갑	le petit porte-monnaie 르 쁘띠 뽀르뜨-모내	die Kleingeldbörse 디이 클라인겔트뵈르재
장갑	les gants 레 강	die Handschuhe 디이 한트슈-애
벨트	la ceinture 라 쎙뛰르	der Gürtel 데어 귀르텔
소 가죽	le veau 르 보	das Rindleder 다스 린트래더
악어 가죽	le crocodile 르 크로 꼬딜르	das Krokodilleder 다스 크로코디일래더

이태리어 ITALIANO	포루투칼어 PORTUGUÊS	스페인어 ESPAÑOL
la borsa a tracolla 라 보르사 아 뜨라꼴라	a bolsa à tiracolo 아 볼싸 아 찌라꼴루	el bolso de bandolera 엘 볼소 데 반돌레~라
la cartella 라 까르뗄라	a sacola 아 싸꼴라	el bolso sin asa 엘 볼소 신 아사
la cartella 라 까르뗄라	a carteira 아 까르때이라	la cartera 라 까르떼~라
la borsa da viaggio 라 보르사 다 비아쬬	a mala 아 말라	la maleta 라 말레~따
la valigia 라 발리쟈	o baú 우 바우	el baúl 엘 바울~
il portacarte 일 뽀르따까르때	a carteira 아 까르때이라	la cartera 라 가르떼~라
il portafogli 일 뽀르따폴리	a carteira 아 까르때이라	la bolsa 라 볼사
il protamonete 일 뽀르따모내때	o porta-moeda 우 뽀르따-모애다	el portamonedas 엘 뽀르따모네~다스
i guanti 이 구안떼	as luvas 아스 루봐스	los guantes 로스 구인떼스
la cintura 라 친뚜라	o cinto 우 씬뚜	el cinturón 엘 씬뚜론~
la pelle di bue 라 뺄래 디 부에	o pele de vaca 아 뺄리 지 봐까	la piel de vaca 라 삐엘~데 바~까
la pelle di coccodrillo 라 뺄레 디 꼬꼬드릴요	a pele de crocodilo 아 뺄리 지 끄로꼬질루	la piel de cocodrilo 라 삐엘 데 꼬꼬드릴~

273

한국어　韓國語	불란서어　FRANÇAIS	독일어　DEUTSCH
타조 가죽	l'autruche 로트뤼슈	das Straußenleder 다스 슈트라우쎈래-더
사슴 가죽	la peau de daim 라 쁘 드 댕	das Hirschleder 다스 히르쉴래-더
신사화	des chaussures d'hommes 데 쇼쉬르 돔므	die Herrenschuhe 디이 해랜슈-애
숙녀화	des chaussures de dames 데 쇼쉬르 드 담므	die Damenschuhe 디이 다-맨슈-애
높은 구두	des souliers à talons hauts 데 쑬리에 아 딸롱 오	die Schuhe mit hohen Absätzen 디이 슈-애 밑트 호-엔 앞잿쩬
낮은 구두	des souliers bas 데~쑬리에 리 바~	die Schuhe mit flachen Absätzen 디이 슈-에 밑트 플라ㅎ헨 앞재쩬
부츠	des bottes 데 보뜨	der Stiefel 데어 슈티펠
보석 상점	**BIJOUTERIE** 비주트리	**JUWELIERLADEN** 유벨리어라-덴
시계 상점	**HORLOGERIE** 오를로즈리	**UHRENLADEN** 우-랜라-덴
장식 가게	**MAGASIN D'ARTICLES** 미가쟁 다르띠끌르	**SCHMUCKGESCHÄFT** 슈무크게쉐프트

이태리어 ITALIANO	포루투칼어 PORTUGUÊS	스페인어 ESPAÑOL
la pelle di struzzo 라 뻴레 디 스뜨루쪼	a pele de avestruz 아 뻴리 지 아붸스뚜르쓰	la piel de avestruz 라삐엘~ 데 아베스뜨루~쓰
la pelle di camościo 라 뻴래 디 까모쉬오	a pele de cervo 아 뻴리 지 쌔르부	la piel de ante 라 삐엘~ 데 안떼
le scarpe da uomo 래스까르뻬 다 우오모	os sapatos de homem 우스 싸빠뚜쓰 지 오맹	los zapatos de caballero 로스 사빠~또스 데 까바제~로
le scarpe da donna 래 스까르뻬 다 돈나	os sapatos de senhora 우스 싸빠두쓰 지 씨뇨라	los zapatos de señora 로스 싸빠~또스 데 세뇨~라
le scarpe con tacchi alti 래 스까르빼 꼰 따끼 바씨	sapato alto 싸빠뚜 알뚜	los zapatos con tacón alto 로스 싸빠~또스 꼰 따꼰~알또
le scarpe con tacchi bassi 래 스까르빼 꼰 따끼 바씨	sapato baixo 싸빠뚜 바이슈	los zapatos con tacón bajo 로스 싸빠~또스 꼰 따꼰~바~호
gli stivali 리 스띠발리	as botas 아쓰 보따쓰	las botas 라 스 보~따스
GIOIELLERIA 죠이앨래리아 **OROLOGIAIO** 오롤로지 아이오 **TAPPEZZERIA** 따뻬쩨리아	**JOALHERIA** 죠알례리아 **RELOJOARIA** 헬로죠아리아 **LOJA DE AR TIGOS** 로쟈 지 아르찌구쓰~ **LOJA DE DECORA ÇÃO** 지 대꼬라싸웅	**JOYERÍA** 호제리~아 **RELOJERÍA** 렐로헤리~아 **TIENDA DE ARTÍCULOS DE** 띠엔다 데 아르띠~꿀로스 **DECORACIÓN** 데 데꼬 라씨온~

한국어 韓國語	불란서어 FRANÇAIS	독일어 DEUTSCH
반지	la bague 라 바그	der Ring 데어 링
목걸이	le collier 르 꼴리에	die halskette 디이 할스케테
팔찌	le bracelet 르 브라슬레	das Armband 다스 아름반트
브로우치	la broche 라 브로슈	die Brosche 디이 브로쉐
펜단트	le pendentif 르 빵당띠프	der Anhänger 데어 안행어
귀고리	La boucle d'oreille 라 부끌르 도레이으	die Ohrringe 디이 오~르링에
타이핀	l'épingle à cravate 레뼁글르 아 크라바뜨	die Krawattennadel 디이 크라봐텐나~델
카우스 보단	le bouton de manchette 르 부똥 드망셰뜨세앳트	die Manschetenknöpfe 디이 만쉐텐크뇌훼
보석	le bijou 르 비주	der Edelstein 데어 에델슈타인
백금	le platine 르 쁠라띤느	das Platin 다스 플라티~인
금/순금	l'or／l'or pur 로르／로르 쀠르	das Gold／das reine Gold 다스 골트／다스 라이네 골트
은	l'argent 라르장	das Silber 다스 질버

이태리어 ITALIANO	포르투칼어 PORTUGUÊS	스페인어 ESPAÑOL
l'anello 란낼로	o anel 우 아네우	el anillo 엘 아니~쵸
la collana 라 꼴라나	o colar 우 꼴라르	el collar 엘 꼬야~르
il bracciale 일 브라촬래	a pulseira 아 뿔새이라	la pulsera 라 뿔세~라
la spilla 라 스삘라	o broche 우 브로쉐	el broche 엘 브로~체
il pendente 일 뺀댄때	o pendente 우 뺀덴쩨	el pendiente 엘 뻰디엔~떼
l'orecchino 로래끼노	os brincos 우스 브링꾸스	los aretes 로스 아레~떼스
il fermacravatta 일 훼르마끄라바따	o alfinete de gravatá 우 알휘내쩨 지 그라부아따	el alfiler de corbata 엘 알휠레~르 데 고르바~따
i gemelli 이 제맬리	as abotoaduras 아즈 아보또아두라스	los gemelos 로스 헤맬로스
i gioielli 이 죠이앨리	a jóia 아 죠이아	la joya 라 호~쟈
il platino 일 쁠라띠노	a platina 아 쁠라띠나	el platino 엘 쁠라띠~노
l'oro／l'oro puro 로로／로로 뿌로	o ouro／o ouro puro 우 오우루／우 오우루 뿌루	el oro／el oro puro 엘 오~로 엘 오~로 뿌~로
l'argento 라르젠또	a prata 아 쁠라따.	la plata 라 쁠라~따

한국어　韓國語	불란서어　FRANÇAIS	독일어　DEUTSCH
손목 시계	la montre 라 몽트르	die Armbanduhr 디이 아름반트우-어
탁상 시계	la pendule (de cheminée) 라 빵뒬르(드 슈미네)	die Tischuhr 디이 팃쉬우-어
화장품점	**PARFUMERIC** 빠르퓌므리	**PARFÜMERIE** 파-르휘머리-
향 수	le parfum 르 빠르팽	das Parfüm 다스 파르휨
오데코롱	l'eau de cologne 로 드 꼴로뉴	das Kölnische Wasser 다스 쾰르니셔 봐써
립스틱	le rouge à lévres 르 루즈 아 레브르	der Lippenstift 데어 맆펜슈티프트
비누	le savon 르 싸봉	die Seife 디이 자이페
치솔	la brosse à dents 라 브로아 당	die Zahnbürste 디이 짠뷔르스테
치약	dentifrice 르 당띠프리스	die Zahnpasta 디이 짠파스타
브릴리 인티(윤내는 머리 기름의 일종)	le liquide pour cheveux 르 리뀌드 뿌르 슈브	die flüssige Haarcreme 디이 훌뤼씨게 하-르크래~앰
머리 기름	la lotion tonique capillaire 라 로씨옹 또니끄 까뻴래르	das Haartonikum 다스 하-르토니쿰
안전 면도날	la lame de rasoir de sûreté 라 람므 드 라즈와 드 쉬르떼	die Rasierklinge 디이 라지어크링에

이태리어 ITALIANO	포루투칼어 PORTUGUÊS	스페인어 ESPAÑOL
l'orologio da polso 로롤로지오 다 뽈조	o relógio de pulso 우 헬로지우 지 뿔쑤	el reloj de pulsera 엘 르레로흐 데 뿔세~라
l'orologio da tavolo 로롤로지오 다 따볼로	o relógio de mesa 우 헬로지우 지 매자	el reloj de mesa 엘 르레로흐 데 메사
NEGOZIO DI COSMETICO 네고찌오 디 꼬스매띠꼬	**PERFUMARIA** 뻬르후마리아	**TIENDA DE COSMÉTICOS** 띠엔다 데 꼬스~메띠꼬스
il profumo 일 쁘로후모	o perfume 우 뻬르후미	el perfume 엘 뻬르 후~메
l'acqua di colonia 락 꾸아 디 꼴로니아	a água de colonia 아 아구아 지 꼴로니아	el agua de colonia 엘 아구아 데 골로~니아
il rossetto 일 로쟷또	o batom 우 바똥	el lápiz de labios 엘 라삐쓰 데 라비오스
il sapone 일 싸뽀내	o sabonete 우 싸보네찌	el jabón 엘 하본~
lo spazzolino da denti 로 스바쫄리노 다 댄띠	a escova de dentes 아 이스꼬부아 지 댄쩨스	el cepillo de dientes 엘 쎄삐~요 데 디엔~떼스
il dentifricio 일 댄띠후리쵸	a pasta de dentes 아 빠스따 지 댄쩨스	la pasta dentífrica 라 빠스따 덴띠~후리까
la brillantina 라 브릴란띠나	a brilhantina 아 브릴란찌나	el liquido para el cabello 엘 리~끼도 빠라 엘 까베~요
il tonico per capelli 일 또니꼬 뻬르 까뺄리	o tônico capilar 우 도니꾸 까뻴라르	el tónico para el cabello 엘 또~니꼬 빠 라 엘 까베~이요
la lametta per rasoio 라 라매따 뻬르 라조이오	a lâmina de barbear 아 라미나 지 바르배아르	la hoja de afeitar 라 오~하 데 아훼이따~르

한국어 韓國語	불란서어 FRANÇAIS	독일어 DEUTSCH
안 타는 로션	la crème solaire 라 크렘므 쏠래르	die Sonnenschutzcreme 디이 존넨슛쯔크래-메
가구점	**MARCHAND DE MEUBLES** 마르샹 드 뫼블르	**MÖBELGESCHÄFT** 뫼벨게쉐프트
테이블	la table 라 따블르	der Tisch 데어 티쉬
책상	le bureau 르 뷔로	der Schreibtisch 데어 슈라입팃쉬
의자	la chaise 라 셰즈	der Stuhl 데어 슈투-울
안락 의자	le fauteuil 르 포푀이으	der Sessel 데어 재쎌
스탠드	la lampe de bureau 라 랑쁘 드 뷔로	die Stehlampe 디이 슈텔람페
카펫트	la moquette / le tapis 라 모께뜨 / 르 따삐	der Teppich 데어 태피히
테이블 크로스	la nappe 라 나쁘	die Tischdecke 디이 팃쉬데커
커어텐	le rideau 르 리도	der Vorhang 데어 휘-항
벽지	les papiers peints 레 빠삐에 뼁	die Tapete 디이 타패-태

이태리어 ITALIANO	포루투칼어 PORTUGUÊS	스페인어 ESPAÑOL
la crema solare protettiva 라 끄래마 쏠라래 쁘로떼띠빠.	o bronzeador 우 브론재아도르	la crema contra quemaduras del sol 라 끄레마 꼰뜨라 께마두~라스 델 솔
NEGOZIO DI MOBILI 네고쪼오 디 모빌리	**A CASA DE OS MOVEIS** 아 까자 지 우스 모붸이스	**TIENDA DE MUEBLES** 띠엔~다 데 무에~블레스
la tavola 라 따볼라	a mesa 아 매자	la mesa 라 메사
la scrivania 라 스끄리바니아	a escrivaninha 아 이스끄리부아니냐.	el escritorio / el pupitre 엘 에스끄리또-리오 엘 뿌삐~뜨레
la seggiola 라 샛쫄라	a cadeira 아 까대이라	la silla 라 시~쟈
la poltrona 라 뽈뜨로나	a poltrona 아 뿔뜨로나	el sillón 엘 시죤~
la lampada a stelo 라 람빠다 아 스땔로	o abajur 우 아바주르	la lámpara de mesa 라 람빠라 데 메사
il tappeto 일 따~뺏또	o tapete 우 따빼찌	la alfombra 라 알휨~브라
la tovaglia 라 또발리아	a toalha de mesa 아 또알랴 지 매자	el mantel 엘 만뗄~
la tenda 라 땐다	a cortina 아 꼬르찌나	la cortina 라 꼬르띠~나
la carta da tappezzeria 라 까르따 다 따뻬쩨리아	o papel de parede 우 빠뻬우 지 빠래지	el papel de entapizar 엘 빠뻴~ 데 엔따삐싸~르

쇼핑센타에서

한국어 韓國語	불란서어 FRANÇAIS	독일어 DEUTSCH
골동품점 **시 장**	**ANTIQUAIRE** 앙띠깨르 **MARCHÉ** 마르세	**ANTIQUITÄTENGESCHÄFT** 안티크뷔-태텐-게쉐프트 **MARKTPLATZ** 마르크트 플랏츠
장식물	l'objet décoratif 로브제 데꼬라띠프	der Zierat 데어 찌이-라-트
화병	le vase à fleur 르 바즈 아 플뢰르	die Vase 디이 봐-재
그림 접시	le plat décoratif 르 쁠라 데꼬라띠프	der Schmuckteller 데어 슈묵텔러
조각	la sculpture 라 스껄쀠르	die Skulptur 디이 스쿨프투르
초상화	la statue／le portrait 라 스따뛰／르 뽀르트래	die Statue／das Porträt 디이 슈타-튜어／다스 포트래-트
벽걸이	la tapisserie 라 따뻬스리	der Wandbehang 데어 봔트배항
그림	le tableau 르 따블로	das Gemälde 다스 게맬데
문방구점	**PAPETERIE** 빠쁘트리	**SCHREIBWARENGESCHÄFT** 슈라입 봐랜게쉐프트
연필	le crayon 르 크레이옹	der Bleistift 데어 블라이슈티프트
볼펜	le stylo à bille 르 스띨로 아 비이으	der Kugelschreiber 데어 쿠겔슈라이버

이태리어 ITALIANO	포루투칼어 PORTUGUÊS	스페인어 ESPAÑOL
NEGOZIO D'ANTICHITÀ 네고찌오 단띠끼따	**LOJA DE ANTIGUIDADE** 로쟈 지 안찌구이다지	**TIENDA DE ANTIGÜEDADES** 띠엔다 데 안띠구에다~데스
MERCATO 메르가또	**MERCADO** 매르까두	**MERCADO** 메르까~도
l'oggetto decorativo 로쩻또 데꼬라띠보	o objeto de decoração 우 오비제뚜 지 대꼬라싸웅	la figura decorativa 라 후이 구~라 데꼬라~바
il vaso 일 바조	o vaso 우 부아주	el florero 엘 훌로레~로
il piatto decorativo 일 삐앗또 데꼬라띠보	o prato pintado 우 쁘라뚜 삔따두	el plato pintado 엘 쁠라~또 삔따~도
la scultura 라 · 스꿀뚜라	a escultura 아 이스꿀뚜라	el grabado 엘 그라바~도
la statua 라 스따뚜아	a estátua 아 이스따뚜아	la estatua 라 에스따~뚜아
l'arazzo 라라쪼	a tapecaria 아 따뻬싸리아	el tapiz de pared 엘 따삐~쓰 데 빠렌~
il quadro 일 꾸아드로	a pintura 아 삔뚜라	la pintura 라 삔뚜~라
CARTOLERIA 까르똘래리아	**PAPELARIA** 빠뻴라리아.	**PAPELERÍA** 빠빌레리~아
la matita 라 마띠따	o lápis 우 라삐스	el lápiz 엘 라삐스
la penna a sfera 라 뺀나 아 스 훼라	a caneta esferográfica 아 까네따 이스훼로 그라휘까	el bolígrafo 엘 볼리~그라휘

쇼핑센타에서

한국어　韓國語	불란서어　FRANÇAIS	독일어　DEUTSCH
만년필	le stylo 르 스띨로	der Füller 데어 휠러
샤프	le porte-mine 르 뽀르뜨-민느	der Drehbleistift 데어 드래-블라이슈티프트
수첩	l'agenda 라장다	das Notitzbuch 다스 노티쯔부~크
편지지	le papier à lettre 르 빠삐에 아 레트르	das Briefpapier 다스 브리프파피-어르
봉투	l'enveloppe 랑블로쁘	der Umschlag 데어 움슐라크
종이 자르는 칼	le coupe-papier 르 꾸쁘-빠삐에	das Papiermesser 다스 파피-어매써
가위	les ciseaux 레 시조	die Schere 디이 쉐-러
잉크	l'encre 랑크르	die Tinte 디이 틴테
공책	le cahier 르 까이에	das Heft 다스 헤프트
지우개	la gomme 라 곰므	dar Radiergummi 데어 라-디 어구미
인형 가게	**MAGASIN DE JOUETS** 마가쟹드 주에	**DER PUPPENKRAM** 데어 푸펜크람
트럼프	les cartes à jouer 레 까르뜨 타 주에	die Spielkarten 디이 슈필카르텐

이태리어 ITALIANO	포루투칼어 PORTUGUÊS	스페인어 ESPAÑOL
la penna stilografica 라 뻰나 스띨로그라휘까	a caneta tinteiro 아 까네따 찐때이루	la pluma *estilográfica* 라 쁠루~마 에스띨로그라~휘까
la matita automatica 라 마띠나 아우또마띠까	a lapiseira 아 라삐제이라	el portaminas／el lapicer 엘 뽀르따미~나스／엘 라삐쎄~르
l'agenda 라지앤다	a agenda 아 아젠다	la agenda 라 아헨다
il foglio di carta da lettera 일 휠리오 디 가르따 다 래때라	o papel de carta 우 빠뻬우 지 까르따	el papel de cartas 엘 빠뻴~데 까~르따스
la busta 라 부스따	o envelope 우 인벨로삐	el sobre 엘 소~브레
il tagliacarte 일 딸리아까르때	a faca de papel 아 화까 지 빠뻬우	el cortapapeles 엘 꼬르따 빠뻴~레스
le forbici 래 휘르비치	a tesoura 아 때조우라	las tijeras 라스 띠헤~라스
l'inchiostro 링 끼오스뜨로	a tinta 아 찐따	la tinta 라 띤따
il quaderno 일 꾸아대르노	o caderno 우 까대르누	el cuaderno 엘 꾸아데~르노
La gomma da matita 라 곰마 다 마띠나	a borracha 아 보하샤	la goma de borrar 라고마 데 보르라~르
NEGOZIO DEI GIOCATTOLI 네고찌오 대이 죠까또리	**LOJA DE BRINQUEDOS** 로쟈 지 브링께두스	**JUGUETERÍA** 후게떼리~아
le carte da gioco 래 까르때 다 죠꼬	o baralho 우 바라울류	la baraja／la carta／el naipe 라 바라~하 라 까~르따／엘 나~이헤

쇼핑센타에서

한국어　韓國語	불란서어　FRANÇAIS	독일어　DEUTSCH
체스, 서양 장기	le jeu d'échec 르 쥬 데쎅.	der Schach 데어 슈아ㅎ흐
인형	la poupée 라 뿌뻬	die Puppe 디이 푸페
털이많은 동물	L'animal en peluche 라니말 앙 뿔뤼슈	der Stoffier 데어 슈토휘−어
나무 토막	le jeu de cubes en bois 르 쥬 드 뀌브 앙 브와	die Bauklötze 디이 바우클릿쩨
뮤직 박스	la boîte à musique 라 브와 라뮈지끄	die Musikdose 디이 무직크도−제
소형 장난감 자동차	la voiture miniature 라 봐뛰르 미니아 뛰르	das Miniaturauto 다스 미니아투어아우토
면세점	**BOUTIQUE HORS-TAXE** 부띠끄 오르−딱쓰	**ZOLLFREIGESCHAFT** 쫄−후라이게 슈아 프트
담배 가게	**BUREAU DE TABAC** 뷔로드따박	**TABAKLADEN** 타바클라−덴
식료품점	**ÉPICERIE** 에삐스리	**SPIRITUOSENHANDLUNG** 슈피리투오−젠한트룽
궐련	la cigarette 라 씨갸레드	die Zigarette 디이 찌가렛떼

이태리어 ITALIANO	포루투칼어 PORTUGUÊS	스페인어 ESPAÑOL
gli scacchi 리 쓰까끼 la bambola 라 밤볼라	o chadrez 우 샤드래스 a boneca 우 보네까	el ajedrez 엘 아헤드레~쓰 la muñeca 라 무네~까
l'animale in peluche 라니말레 인 뻴루께 i cubetti per costruzioni 이 꾸배띠 빼르 꼬스뜨~루찌오니 la cassetta di musica 라 까쌔따 디 무지까 l'auto in miniatura 라우또 인 미니아뚜라	o bicho de feltro 우 비쥬 지 휄드루 o bloco de pau 우 블로꾸 지 빠우 a caixinha de música 아 까이쉰냐 지 무지까 o carrinho 우 까힌뉴	el animal desecado 엘 아니말~데세까~도 los pequeños bloques de madera 로스 뻬께~뇨스 블로~께스 데 마데~라 la caja de música 라 까~하 데 무~시까 el coche miniatura 엘 꼬~체 미니아뚜~라
NEGOZIO ESENTE DA TASSA 네고쩌오 애쌘때 다 따싸	**LOJA ISENTA DE IMPOSTO** 로쟈 이잰따 지 잉뽀스뚜	**TIENDA LIBRE DE** 띠엔~다 리~브레 데 **IMPUESTOS** 임뿌에~스토스
TABACCA-Lia 따밧까리아 **IL NEGOZIO DEI LIQUORI** 일 네고쩌오 대이 리꾸오리	**CHARUTARIA** 샤루따리아 **TABERNA** 따배르나	**ESTANCO** 에스땅~꼬 **LA TIENDA DE VINOS Y** 라 띠엔~다 데 비~노스 이 **LICORES** 리꼬~레스
la sigaretta 라 씨가랫따	o cigarro 우 시가후	el cigarrillo 엘 씨가르리~요

한국어　韓國語	불란서어　FRANÇAIS	독일어　DEUTSCH
시가	le cigare 르 씨갸르	die Zigarre 디이 찌가레
파이프 담배	le tabac pour pipe 르 따박 뿌르 삐쁘	der Pfeifentabak 데어 파이휀타박크
파이프	la pipe 라 삐쁘	die Pfeife 디이 파이훼
라이타	le briquet 르 브리께	das Feuerzeug 다스 휘이어쪼이크
성냥	l'allumette 랄뤼메뜨	das Streichholz 다스 슈트라이흐홀쯔
재털이	le cendrier 르 쌍드리에	der Aschenbecher 데어 아슈엔백허
위스키	le whisky 르 위스키	der Whisky 데오 뷔–이스키
와인	le vin 르 뱅	der Wein 데어 봐인
브랜디	le cognac 꼬냑	der Branntwein 데어 브란트봐인
병따개	le tire-bouchon 르 띠르–부숑	der Flaschenöffner 데어 홀랏슈엔외프너
색	COULEUR 꿀뢰르 노와르	FARBEN 화아르벤
검정	noir 노 와~루	schwarz 슈바–르쯔

이태리어 ITALIANO	포루투칼어 PORTUGUÊS	스페인어 ESPAÑOL
il sigaro 일 씨가로	o charuto 우 샤루뚜	el cigarro / el puro 엘 씨가르리~요 / 엘 뿌~로
il tabacco da fumo 일 따바꼬 다 후모	o fumo de cachimbo 우 후무 지 까싱부	el tabaco para pipa 엘 따바~꼬 빠라 삐~빠
la pipa 라 삐빠	o cachimbo 우 까싱부	la pipa 라 삐~빠
l'accendino 라첸디노	o isqueiro 우 이스께이루	el encendedor 엘 엔쎈데도~르
il fiammfero 일 휘암미훼로	os fósforos 우스 휘스휘루스	el cerillo / el fósforo 엘 쎄리~요 / 엘 휘~스휘로
il portacenere 일 뽀르따체내래	o cinzeiro 우 신재이루	el cenicero 엘 쎄니쎄~로
il whisky 일 위스키	o uisque 우 위스끼	el whisky 엘 위이스끼
il vino 일 비노	o vinho 우 뷘뉴	el vino 엘 비~노
il brandy 일 브랜디	o conhaque 우 꼰냐끼	el brandy / el coñac 엘 브란~디 / 엘 꼬냑~
l'apribottiglia 라쁘리보띨리아	o abridor de garrafas 우 아브리도르 지 가하화스	*el sacacorchos* 엘 사까꼬~르쵸스
COLORI 꼴로리	**CORES** 꼬레스	**COLORES** 꼴로~레스
nero 내로	preto 쁘래뚜	negro 네~그로

289

쇼핑센타에서

한국어 韓國語	불란서어 FRANÇAIS	독일어 DEUTSCH
하얀	blanc／blanche 블랑／블랑쉬	weiβ 봐이쓰
빨강	rouge 루쥬	rot 로트
파랑	bleu／bleue 블뢰／블뢰	blau 블라우
노랑	jaune 죤느	gelb 겔프
밤색	brun／brune 브랭／브륀느	braun 브라운
회색／쥐색	gris／grise 그리／그리즈	grau／mausgrau 그라우／마우스 그라우
녹색	vert／verte 베르／베르뜨	grün 그륀—
분홍→장미	rosé／rose 로제／로즈	Hellrot／rosa 헬로트／로—자—

290

이태리어 ITALIANO	포루투칼어 PORTUGUÊS	스페인어 ESPAÑOL
biauco 비앙꼬	branco 브랑꾸	blanco 블랑~꼬
rosso 로쏘	vermelho 베르맬류	rojo 로~호
azzurro 아쮸로	azul 아주우	azul 아쑬~
giallo 쟐로	amarelo 아마랠루	amarillo 아마리~요
marrone 마로내	marrom 마홍	marrón 마르론~
grigio 그리죠	cinza 씬자	gris 그리스
verde 베르대	verde 배르지	verde 베~르데
resa 로~자	rosa 호자	rosa 르로-사

* 편지지·봉투·우표 등은 호텔 프런트에서 구할 수 있다. 상대방의 주소는 로마자나 한글로 써도되지만 어떤 경우든 영어로 KOREA라고 확실히 써야한다. 항공우편의 경우는 AIR MALL이라고 빨간색으로 써야한다.
* 발송할때는 우체국을 이용하는 것이 좋다.
* 전문은 로마자로 쓰며 단어에 따라 요금이 부과되므로 되도록 짧은 문장을 쓰는것이 좋다. 제한자수는 15자이다.
* 전화는 호텔과 상점, 백화점 등의 공중전화를 이용하면 된다. 외국에서 국내로 전화를 걸때에는 한국시간을 확인하여 걸면 좋다.

* 최근에는 객실에서 직통으로 전화할 수 있는 호텔이 늘어나는 추세이다. 사용방법은 설명서를 잘 읽어 보면 된다.

우편 · 전화

한국어　韓國語	불란서어　FRANÇAIS	독일어　DEUTSCH
우 편	POSTE 뽀스뜨	POST 포스트
우체국은 어디 입니까?	Où se trouve le bureau de poste? 우 스 트루브 르 뷔로 드 뽀스뜨	Wo ist das Postamt? 보오 이스트 다스 포스탐트
이 편지[엽서]를 항공 [배]편으로 부탁합니다.	Voulez vous envoyer cette *lettre* 불레-부 졍브와이에 쎄뜨 레트르 [carte postale]par *avion* [bateau]. [까르뜨 뽀스딸 르] 빠르 아비옹 [바또] ~	Bitte, schicken Sie *diesen* 빗테 쉬켄 지이 디이젠 *Brief* [diese Postkarte] mit 브리이프 [디이제 포스트카-르테]밋트 *Luftpost*[Seepost]. 루프트포스트(제-포스트)
이 편지가 한국에 도착하는데 며칠 걸립니까?	Dans combien de jours cette let 당 꽁비엥 드주르 쎄뜨 레트르 tre arrivera-t-elle àlacorée? 아리브라 뗄 아라꼬래	Wie lange dauert es von hier 뷔이 랑에 다우에르트 에스 폰 히어 bis nach Korea? 비스 낙흐 코레아
이 편지[소포]를 등기로 부쳐 주세요.	Je voudrais expédier *cette lettre* 쥬 부드래 젝스뻬디에 쎄뜨 레트르 [ce colis] en recommandé [스꼴리]앙 르꼬망데	Bitte schiken Sie *Diesen* 빗테 쉬켄 지이 디이젠 *Brief* [dieses Paket] einge- 브리이프 [디이제스 파켓] schrieben. 아인게슈리이벤
얼마입니까?	Combien cela fait-il? 꽁비앵 슬라 패-띨	Was kostet das? 봐스 코스테트 다스

이태리어 ITALIANO	포루투칼어 PORTUGUÊS	스페인어 ESPAÑOL
POSTA 뽀스다	**CORREIO** 꼬헤이우	**CORREO** 꼬르레~오
Dov'è l'ufficio postale? 도베 루휘쵸 뽀스딸래	Onde fica o correio? 온지 휘까 우 꼬해이우	¿Dónde está la oficina de correos 돈~데 에스따~라 오휘씨~나 데 꼬르레~오스
Per favore. spedite questa 뻬르 화보래. 스뻬디때 꿰스따 *lettera* [cartolina] per via 래떼라 [까르똘리나] 뻬르 비아 *aerea* [mare]. 아애레아 [마래]	Gostaria de mandar *esta* 고스따리아 지 만다르 애스따 *carta* [este postal] por correio aéreo. 까르따 [애스찌 뽀스따우] 뽀르 꼬해이우 [barco] 아애래우 [바르꾸]	Por favor, mande esta*carta* 뽀~르 화보~르 만데에스따까~르따 [tarjeta postal]por *avión* (따르헤~따 뽀스딸~) 뽀~르 [barco]. 아비온~ (바르꼬)
Quanto tempo ci vuole per 꾸안또 땜뽀 치 부올래 뻬르 arrivare in corea? 아리바래 인 꼬래아	Quanto tempo vai levar para 꽌뚜 땡뿌 봐이 래바르 빠르 chegar em coreia? 쉐가르 인 꼬래이아	¿Cuánto tiempse tardará en 꾸안~또 띠엠~뽀세 따르다라~엔 llegar a Corea? 이예가~르 아 꼬레아
Spedisca *questa lettera* [questo 스뻬디스까 꿰스따 래때라 pacco]*raccomandata* [raccomandato]. (꿰스또 바꼬) 라 꼬만다따 [라 꼬만다또]	Esta *carta*[pacote]é 애스따 까르따 [빠꼬지]애~ registrada, por favor. 해지스뜨라다, 뽀르 화보르	Haga el favor de enviar 이~가 엘 화보르 데 엠비아~르 *esta carta* [este paquete] 에스따 까~르따 (에~스떼 빠께~떼) por correo certificado 뽀~르 꼬르레오 쎄르띠휘까~도
Quanto costa? 꾸안또 꼬스따	Quanto é? 꽌뚜 애?	¿Cuánto cuesta? 꾸안~또 꾸에~스따

한국어 韓國語	불란서어 FRANÇAIS	독일어 DEUTSCH
전 보	TÉLÉGARMME 뗄레 그람므.	DAS TFLEGRAMM 다스 텔레그람
전보 용지를 보내 주세요	Donnez-moi une formule de télé- 돈네-므와 윈니 포르뮈르 드 뗄레- gramme. 그람므.	Bitte, geben Sie mir ein 빗테, 게벤 지이 미어 아인 Telegrammformular. 텔레그람휘르뮬라.
이 전보를 부쳐 주세요.	Je voudrais expédier ce telegramme. 쥬브드래 잭스 뻬디에 스 뗄레그람므	Bitte, geben Sie zu dem Telegramm. 빗테, 게-벤 지이 쮸 뎀 텔레그람.
그림 엽서	la carte postale 라 까르뜨 뽀스딸르	die Ansichtskarte 디이 안지힛쯔카르테
우표	le timbre-poste 르 땜부루 포스도	die Briefmarke 디이 브리이프마르케
기념 유표	le timbre commémoratif 르 땡브르 꼬메모라떠브	die Sonderbriefmarke 디이 존더브리이프마르케
봉투	l'enveloppe 랑 블로쁘.	der Umschlag 데어 움슐락
편지지	le papier a lettre 르 빠뻬에 아 레트르	das Briefpapier 다스 브리이프파피어
항공 편지	l'aérogramme 라에로그람프	der Luftpostleichtbrief 데어 루프트포스트라이히트브리이프
인쇄물	l'imprimé 램프리메	die Drucksache 디이 드룩자ㅋ헤

이태리어 ITALIANO	포루투칼어 PORTUGUÊS	스페인어 ESPAÑOL
TELEGRAMMA 땔래그람마	**TELEGRAMAS** 땔래그라마쓰	**TELEGRAMAS** 뗄레그라~마스
Mi dia un modulo per telegramma 미 디아 운 모둘로 뻬르 땔래그람마 per favore 뻬르 화보래	Uma folha de telegrama, por favor. 우마 훨랴 지 땔래그라마, 뽀르 화보르	Por favor, una hoja para 뽀르 화보~르 우나 오~하 빠라 telegrama. 뗄레그라~마
Mandi questo telegramma 만디 꿰스또 땔래그람마 per favore 뻬루 휘붜~래	Mande este telegrama, por favor. 만지 애스쩨 땔래그라마, 뽀르 favor 화보르	Por favor, envie este 뽀르 화보~르 엔비~에 에스떼 telegrama. 뗄레그라~마
la cartolina illustrata 라 까르똘리나 일루스뜨라따	o cartão postal 우 까르따웅 뽀스따우	la tarjeta postal ilustrada 라 따르헤~따 뽀스딸~ 일루스뜨라~다
il francobollo 일 후랑꼬볼로	a estampilha 아 애스땅삘랴	los sellos 로스·세~이요스
il francobollo commemorativo 일 후랑꼬볼로 꼼메모라띠보	a estamplha comemorativa 아 에스땅삘랴 꼬매모라찌봐	el sello conmemorativo 엘 세~이요 꼼메모라띠~보
la busta 라 부스따	o envelope 우 인벨로뻬	el sobre 엘 소~브레
foglio di carta da lettera 휠리오 디 까르따 다 래때라	o papel de carta 우 빠뻬우 지 까르따	el papel de carta 엘 빠뻴~ 데 까~르따
l'aerogramma 라에로그람마	o aerograma 우 아애래오그라마	el aerograma 엘 아에로그라~마
stampato 스땀바또	o impresso 우 잉쁘래쑤	el impreso 엘 임쁘레~소

한국어　韓國語	불란서어　FRANÇAIS	독일어　DEUTSCH
속달	l'exprès／le pneumatique 렉스프레~르 쁘노마떠끄.	die Eilpost 디이 아일포스트
우체통	la boîte aux letters 라 브왓뜨오레트르	der Briefkasten 데어 브리프카스텐
보통 전보	le télégramme 르 뗄레그람므.	das gewöhnliche Telegramm 다스 게뷘리헤 텔레그람
지급 전보	le télégramme en urgence 르 뗄레그람 앙 위르정스	das Expreβtelegramm 다스 엑스프레쓰텔레그람
수신인 주소	l'adresse 라드래쓰	die Adresse 디이 아드레쎄
발신인	l'expéditeur, 랙스뻬디뙤르.	der Absender 데어 압젠더
수신인	le destinataire 르 데스띠나뙤르	der Empfänger 데어 엠프행어
전　　화	TÉLÉPHONE 뗄레폰느	DAS TELEFON 다스 텔레폰
이 번호에 전화 거는 방법을 가르쳐 주세요.	Dites-moi comment on doit app- 디뜨 므와 꼬망 꽁 드와 아쁠레 eler ce numéro, s'il vous plait. 스 뉴메로 씰브 쁠래	Bitte sagen Sie mir, wie ich 빗테자~겐 지이 미어, 뷔이 이히 diese Nummer anrufen kann. 디제 누머 안루훽 칸
여보세요. ~씨 입니까?	Allô! Est-ce *Monsieur* [Madame, 알로! 에스뮤슈[마담. Mademoiselle]~? 마드 므와젤]	Hallo! Spreche ich mit *Herrn* 할로! 슈프레헤 이히 밋 [Fran, Fräulein]~? 헤른(후라우, 후로일라인)~?

이태리어 ITALIANO	포루투칼어 PORTUGUÊS	스페인어 ESPAÑOL
espresso 애스쁘랫소	expresso 이스쁘래쑤	el correo urgente 엘 꼬르레~오 우르헨떼
la buca per lettere 라 부까 뻬르 래때래	a caixa postal 아 까이샤 뽀스따우	la entrega inmediata el buzón 라 엔뜨레~가 임메디아~따 엘 부쏜~
il telegramma ordinario 일 땔래그람마 오르디나리오	o telegrama comum 우 땔레그라마 꼬뭉	el telegrama ordinario 엘 뗄레그라~마 오르디나~리오
il telegramma urgete 일 땔래그람마 우르잰때	o telegrama urgente 우 땔래그라마 우르젠찌	el telegrama urgente 엘 뗄레그라~마 우르헨떼
l'indirizzo 린다릿쪼	o endereço do destinatário 우 잉대래쑤 두 대스띠나따리우	la dirección 라 디렉씨온~
il mittente 일 미땐때	o remetente 우 해매땐찌	el remitente 엘 레미맨~떼
il destinatario 일 대스띠나따리오	o destinatário 우 대스떠나따리우	el destinatario 엘 데스띠나따~리오
TELEFONO 땔래~휘노	**TELEFONE** 땔래휘니	**TELÉFONO** 땔래~휘노
Mi dica come chiamare questo 미 디까 꼬메 끼아마래 꿰스또 numero. 누매로.	Como posso chamar este 꼬무 뽀쑤 샤마르 애스찌 número? 누매루?	Por favor, indíqueme cómo 뽀~르 화보~르 인디이께메 꼬모 llamar a este número. 쟈마~르 아에~스떼 누~메로
Pronto, parlo con *Sig.* 쁘론또, 빠를로 꼰 [Sig, ra. Sig. na] 씨뇨래[씨뇨라, 시노리나]	Alô! É *o senhor*[a senhora, 알로 '애 우 씨뇨르[아 쌔뇨라, a senhorita]. 아 쌔뇨리따].	Oigame, ¿ Estoy hablando con el 오~이가메, 에스또~이 아블란~도 꼰 엘 *señor* [la señora, la señorita]? 세뇨~르[라 세뇨~라, 라 세뇨리~따]

한국어　韓國語	불란서어　FRANÇAIS	독일어　DEUTSCH
저는 ~입니다.	C'est (Monsieur)~qui vous parle. 쎄(무슈)~끼 부 파를르	Hier spricht~. 히-어 슈프리히트~
~씨를 바꿔 주세요.	Je voudrais parler avec *Monsi-* 쥬 브드래 빠를래 아 베끄 뭇슈 *eur* 〔Madame Mademoiselle〕~. 〔마담, 마드모아젤〕	Ich möchte mit *Herrn*〔Frau, 이히 뫼흐테 밋 헤른 (후라우, Fräulen)~ sprechen. 후라이 라인) 슈프레헨
영어로 얘기해도 좋습니까?	Puis-je parler en anglais? 뷰쥬 빠를래 엉 낭 글래.	Darf ich auf English sprechen? 다루후 이이 아웃후 엥리쉬 슈프레헨?
좀더 천천히 말해 주세요.	Parlez plus lentement, s'il vous plaît. 빠를래 쁠리 랑뜨망 썰브쁠래	Sprechen Sie bitte noch langsamer. 슈프렉헨 지 빗테 녹호 랑자머,
한국어〔영어〕를 얘기할 수 있는 사람을 불러 주세요.	Pouvez-vous me passer quelqu'un 뿌~베 부 므 빠쎄 껠 껑 qui parle Coréen〔anglais〕 끼 빠를르 꼬래앵〔앙글래〕	Ich möchte mit jemandem 이히 뫼흐테 밋 에만뎀 Sprechen, der Koreanisch 슈프렉헨, 데어 코레아니쉬 〔English〕 spricht. (엥리쉬) 슈프리히트.
나중에 다시 전화 하겠어요.	Je *le*〔la〕 rappelerai plus tard. 쥬 르〔라〕 라뿔르 래 쁠리 따르.	Ich werde später noch 이히 베르데 슈패터 녹호 einmal anrufen. 아인말 안루휀

이태리어 ITALIANO	포루투칼어 PORTUGUÊS	스페인어 ESPAÑOL
Qui parla~. 뀌 빠를라	Aqui é~. 아끼 애~	Aquí habla~. 아끼이~아~블라
Vorri parlare con *Sig.* 보래이 빠를라래 꼰 씨뇨래 [Sig. ra, Sig. na]~. (씨뇨라 씨뇨리나)	Quero falar com *o senhor* 깨루 화라르 꽁 우 씨뇨르 [a senhora, a senhorita]~. [아 쎄뇨라, 아 쎄뇨리따]~.	Quisiera hablar con *el señor* 끼시에라 아블라~르 꼰 엘 쎄뇨~르 [la señora, la señorita]~. [라 쎄뇨~라, 라 쎄뇨리~따]
Posso parlare in inglese ? 뽀쏘 빠를라래 인 인글래제	Posso falar em ingles ? 뽀쑤 활라~르 잉 잉글래스	Podrís hablar en inglés ? 뽀드리~아 아블라~르 엔 잉글레~스
Parli piú lentamente. 빠를리 쀼 랜따맨때. Qualcuno che parli Coreana 꾸알꾸노 께 빠를리 꼬래아노 [ingleses], per favore. (잉글래재) 빼르 화보래.	Pode falar mais devagar, por fovor ? 뽀지 활라~ 마이스 대봐가르, 뽀르 화보르 Posso falar com alguém que 뽀쑤 활라~르 꽁 알겡 fale *coreano* [inglês] ? 화래 (꼬래아누) [잉글래스]	Por favor, hable más despacio. 뽀르 화보~르 아~블레 마스 데스- 빠~씨오 Quisiera hablar con alguien 끼시에라 아블라~르 꼰 알기 엔 que hable *Coreano* [inglés] 께 아~블레 꼬레아~노 [잉글레~스]
Le chiamo più tardi 래 끼아모 쀼 따르디.	Telefonarei mais tarde. 땔래휘나래이 마이스 따르지.	Volveré a llamarle más tarde 볼베레~ 아 이야마~를레 무이 따르데

301

한국어　韓國語	불란서어　FRANÇAIS	독일어　DEUTSCH
저에게 전화하도록 전해 주세요.	Voulez-vous lui dire qu'il [qu'elle] 불레 부 뤼 디르 낄 [껠] me rappelle, s'il vous plaît. 므라뺄르, 씰부 쁠레	Sagen Sie ihm [ihr] bitte, 자아겐 지이 임(이어) 빗테, er [sie] möge mich anrufen. 에어(지이)뫼게 미히 안루우펜
~에서 전화가 왔다고 전해 주세요.	Voulez-vous lui dire qu'il y a eu 불레-브 뤼 디르 낄리아으 un coup de téléphone de la part de~. 엉 꿉드 뗄레뽄느 드 라 빠르 드	Sagen Sie ihm [ihr] bitte, 자아겐 지이 임(이어) 빗테, daβ~angerufen hat. 다쓰~안게루펜 핱
미안합니다. 잘못 걸렸습니다.	Excusez-moi Je me suis trompé 엑스큐제-므와 쥬 므 쉬 트로뻬 de numéro 드 뉴 메로	Entschudigen Sie bitte. Ich 엔트슐디겐 지이 비테. 이히 habe mich verwählt 하아베 미히 훼어밸트
시외 전화를 부탁합니다.	Je voudrais téléphoner à l'exté-쥬브드레 뗄레뽀네 아 렉스떼리 rieur de la ville. 웨르 드 라 빌르	Ich möchte ein Ferngespräch 이히 뫼흐테 아인 훼른 게슈프래흐 anmelden. 안멜덴
한국으로 전화하고 싶어요.	Je voudrais téléphoner à la corée 쥬 브드래 뗄레뽀네 아 라 꼬래	Ich möche nach Korea 이히 뫼흐테 나흐하 코레아 telefonieren. 텔레포니어렌

이태리어 ITALIANO	포루투칼어 PORTUGUÊS	스페인어 ESPAÑOL
Gli dica di chiamarmi, per favore. 리 디까 디 끼아마르미, 뻬르 화보래	Por favor, diga-lhe gue me telefone. 뽀르 화보르 지가-레 끼 미 뗄레휘니	Por favor, dígale que me telefonee. 뽀르 화보~르 디어갈레 께 메 뗄레휘네~에
Gli dica che c'era una chimata da~. 리 디까 께 체라 우나 끼아마따 다~	Diga que o ~chamou, por faovr. 지가 끼 우 ~샤모우, 뽀르 화보르	Por favor, dígale que le he llamado. 뽀르 화아보~르 디갈레 께 레 에 이야마도
Mi scusi, Ho sbagliato. 미 스꾸지, 오 즈발리아또	Desculpe. Chamei errado. 디스꿀뻬 샤매이 애하 두	Perdón equivocado. 뻬르돈~ 에끼보까도
Una chiamata interurbana per favore. 우나 끼아마따 인떼루르바나 뻬르 화보래	Uma chamada interurbana, por favor. 우마 샤마다 잉때루르바나, 뽀르 화보르	Por favor, una conferencia interubana. 뽀르 화보~르 우나 꼰훼렌~씨아 인떼르 우르바~나
Vorrei chiamare il Corea 보래이 끼아마래 일 꼬래아	Quero telefonar para a Coreia 깨루 뗄래휘나르 빠라 아 꼬래이아	Quisiera una conferencia telefónica con Corea 끼시에라 우나 꼰훼렌~씨아 뗄레휘~니까 꼰 꼬레아

303

한국어　韓國語	불란서어　FRANÇAIS	독일어　DEUTSCH
시간은 얼마 정도 걸립니까?	Combien de temps faut-il pour 꽁비엥드 땅 포띨 뿌르 avoir la communication? 아브와르 라 꽁뮤니까씨옹	Wie lange wird es dauern, bis 뷔이 랑에 뷔르트 에스 다우어른, 비스 die Verbindung hergestellt ist? 디이 훼어빈둥 헤어게슈텔트 이스트
요금은 상대방 지불로 해 주세요.	Faites cet appel en P. C. V. ,s'il 페드 세따뻴 앙 뻬. 쎄. 베 vous pláit. 셀 뿌 쁠레	Bitte, machen Sie dieses Gespräch zu 빗테, 막헨 지 디제스 게슈프래흐 쭈 Lasten des Teilnehmers. 라스텐 데스 타일네머스.
요금은 제가 지불하겠습니다.	C'est moi qui paie la communication. 쎄 므와 끼 뻬이 라 꽁뮤니까씨옹.	Dieses Gespräch bezahle ich. 디제스 게슈프래흐 베짤레 이히
긴급입니다.	C'est un appel urgent. 쎄 뗑 아뻴 위르정.	Dieser Anruf ist *dringend* 디이저 안루프 이스트 드링엔트 [ein Notanruf]. (아인 노트안루프)
그대로 끊지 말고 기다려 주세요.	Ne quittez pas. 느 끼떼 빠.	Bleiben Sie bitte am Apparat. 블라이벤 지이 빗테 암 아파랕
일단 끊고 기다려 주세요.	Raccrochez et attendez s'il vous plait. 라크로셰 에 아땅데 셀 뿌 쁠레	Legen Sie den Hörer auf und 레겐 지이 덴 훠러 아웃후 운트 warten Sie bitte. 바르텐 지이 빗테

이태리어 ITALIANO	포루투칼어 PORTUGUÊS	스페인어 ESPAÑOL
Quanto tempo ci voule ? 꾸안또 땜뽀 치 부올래	Quanto tempo vai levar ? 꽌뚜 땜뿌 봐이 래봐르	Cuánto tiempo se tardará 꾸안또 띠엠뽀 세 따르다라~ en comunicarme ? 엔 꼬무니까~르메
Faccia questa telefonata a 화챠 꿰스따 땔래포나따 아 pagamento del destinatarion. 빠가맨또 댈 데스띠나따리온	Por favor, faça este telefone 뽀르 화보르, 화사 에스쩨 땔래휘니 a pagamento de destinatário. 아 빠가맨뚜 지 다스찌나따리우.	Por favor, cobre esta 뽀르 화보~르 꼬브레 에스따 llamada del destinatario. 이야마~다 델 데스띠나따~리오
Feccio io il pagamento. 홧챠 이오 일 빠가맨또.	Vou pagar a conta. 뷔우 빠가르 아 꼰따.	Pagaré yo la tarifa. 빠라레 요 라 따리~화
É una chiamata urgente. 애 우나 끼아마따 우르젠때	É uma chamada urgente. 애 우마 샤마다 우르젠찌.	Esta es una llamada urgente. 에스따 에스 우나 이야마~다 우르헨떼
Attenda senza chiudere. 아땐다 쎈자 끼우대래	Um momento, não desligue. 웅 모맨뚜, 나웅 대스리기.	Por favor, espere sin colgar. 뽀르 화보~르 에스뻬~레 신 꼴가~르
Chiuda e attenda. 끼우다애 아땐다.	Desligue e espere, por favor. 대스리기 이 이스뻬리, 뽀르 화~보르.	Por favor, cuelgue y espere. 뽀르 화보~르 꾸엘게 이 에스뻬~레

한국어　韓國語	불란서어　FRANÇAIS	독일어　DEUTSCH
통화 중 입니다.	la ligne est occupée 라 리뉴 에 또뀌뻬.	Die Linie ist besetzt. 디이 리니에 이스트 베제쯔트
외출 중 입니다.	il[Elle] n'est pas là. 일[엘]네 빠라	Er[Sie] ist gerade nicht da. 에어(지이)이스트 게라데 니히트 다
전화 번호책	l'annuaire téléphonique 라뉴에르 뗄레포니끄.	das Telefonbuch 다스 텔레폰부－흐
전화 박스	la cabine téléphonique 라 까빈느 뗄레포니끄	die Telefonzelle 디이 텔레폰 쩨
수화기	l'écouteur 레꾸뙤르.	der Hörer 데어 회에러
다이알	le cadran 르 까드랑	die Wählscheibe 디이 배엘슈아이베
교환	le poste 르 뽀스트.	der Nebenanschluß? 데어 네벤안슐루쓰
요금 수신인 지불 통화	P.C.V. paiement contre vérification 오, 베, 쎄 뻬이망 꽁트로 베리피까시옹	das R-Gespräch 다스 에르－게슈프래흐
지명 통화	Avis d'appel/la conversation 아비 다뻴/라 꽁베르싸시옹	das Person-zu-Person-Gespräch 다스 페르존－쭈－페르존－게슈프래흐
보통 통화	de personne à personne 드 뻬르쏜느 아 뻬르쏜느	
	la communication normale 라 꼼뮤니까시옹 노르말.	das gewöhnliche Gespräch 다스 게뵈엔리헤 게슈프래흐

이태리어 ITALIANO	포루투칼어 PORTUGUÊS	스페인어 ESPAÑOL
La linea è occupata. 라 리네아 애 오꾸빠따	Está ocupado. 이스따 오꾸빠~ 두.	Está ocupado. 에스따~ 오꾸빠~도
È fuori di casa. 애 후오리 디 까자	Não esta agora. 나웅 이스따 아고라	Está fuera 에스따~후에~라
l'elenco telefonico 랠랜꼬 뗄래포니꼬	a list dos telefones 아 리스따 두쓰 뗄래 휘니쓰	la guia telefónica 라 기이아 뗄레휘~니까
la cabina di telefono 라 까비나 디 뗄래포노	a cabine a telefonica 아 까비나 뗄래휘니까	la cabina del teléfono 라 까비~나 델 뗄레~휘노
il ricevitore 일 리체비또래	o receptor 우 해쎕또르	el aparato receptor 엘 아빠라~또 르레쎕또~르
il disco combinatore interno 일 디스꼬 꼼비나 또래 인때르노	o disco 우 지스꾸	el disco 엘 디이스꼬
la chiamata a pagamento 라 끼아마따 아 빠가맨또	a extensã 우 이스땐싸웅	la extensión 라 에스땐시온~
del destinatario 댈 데스띠나따리오	chamada à cobrar 샤마다 아 꼬브라르	la llamada a cobrar 라 이야마다 아 꼬브라~르
la chiamata personale 라 끼아마따 빼르쏘날레	a chamada pessoal 아 샤마다 빼쏘아우	la conferencia de persona a persona 라 꼰훼렌~씨아 데 뻬르소~나 아 빠르소~나
la chiamata ordinaria 라 끼아마따 오르디나리아	a chamada comum 아 샤마다 꼬뭉	la conferencia ordinaria 라 꼰훼렌~씨아 오르디나~리아

	한국어　韓國語	불란서어　FRANÇAIS	독일어　DEUTSCH
우편·전화	시내 통화	l communication téléphonique à l'intérieur de la ville 라 꽁뮤니까씨옹 뗄레포니끄 아 랭때리외르 드 라 빌.	das Ortsgesparäch 다스 오릇쯔게슈프래흐.
	지역 번호	l'indicatif téléphonique régional et 랭디 까떼프 뗄레 포니끄 레지오랄,	die Vorwählnummer 디이 휘밸누머
	교환 번호	l'indicatif téléphonique des lignes directes 랭디까떼프 뗄레포니끄 대 리뉴 디렉트.	die Vorwählziffer 디이 휘밸찝휘
	국가 번호	l'indicatif téléphonique des pays étrangers 랭디까떼프 뗄레포니끄 대 뻬이.	die Landeskennziffer 디이 란데스켄찝휘

이태리어 ITALIANO	포루투칼어 PORTUGUÊS	스페인어 ESPAÑOL
la chiamata urbana 라 끼아마따 우르바나	a chamada urbana 아 샤마다 우르바나	la conferencia urbana 라 꼰휀렌-씨아 우르바~나
il prefisso 일 쁘래휘쏘	o código da área 우 꼬지구 다 아래아	el indicativo teleónico interurbano 엘 인디까떠이~보 뗄레휘~니꼬 인떼르 우르바~노
il numero peravere la linea 일 누매로 빼라베래 라 리내아	o número de conexão 우 누매루 지 꼬네시웅.	el número de conexión con la linea exterior 엘 누~메로 데 꼬넥시온~ 꼰 라 라이~네아 에스떼리오르
il prefisso del paese 일 쁘래휘쏘 댈 빠애제	o código do país 우 꼬지구 두 바이쓰.	el número del país. 엘 누~메로 델 빠이~스

* 여행할때는 항상 분실 또는 도난의 우려가 있으므로 여권은 항상휴대하고 귀중품은 프런트에 맡기는 것이 좋다.
* 여권을 분실한 경우에는 한국대사관이나 영사관에 신고하고 재발급 신청서를 기입하여 제출하면 된다. 재발급은 보통 1~2주정도 걸린다.
* 여행자 수표를 분실했을 경우에는 발행은행에신고하고 재발행 받는다.
* 도난의 경우에는 프런트나 경찰에게 알린다. 보험에 가입한 경우에는 도난증명서가 필요하다.
* 여행을 하다보면 꽉짜여진 일정 때문에 피곤이 겹쳐 자칫 건강을 해칠수 있으므로 건강관리에 신경을 써야한다.
* 여행중에는 과음·과식을 삼가하고 충분한 수면을 취하는 것이 좋다.
* 비상약은 출발전에 미리 구입하는 것이 좋다.
* 여행중 병이났을 때는 호텔의 프런트에 연락하여 호텔전속의사의 처방에 따라 약국에 가서 약을 조제해 달라고 하면 된다.

분실 · 병원

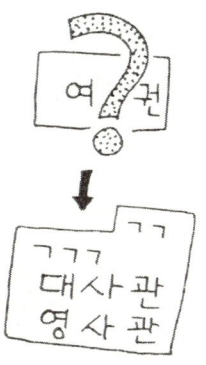

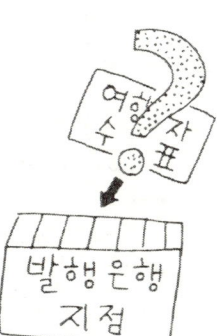

한국어　韓國語	불란서어　FRANÇAIS	독일어　DEUTSCH
분실, 도난	PERTE, VOL 뻬르뜨 볼	DER DIEBSTAHL DER VERLUST 데어 디입슈탈데어 훼어루스트
급해요!	C'est urgent ! 쎄 뛰르 정	Dringend ! 드링엔트
도와줘요!	Au secours ! 오~스 꾸르	Hilfe ! 힐훼
따라 와!	Venez avec moi ! 브네 아베끄 므와	Mitkommen ! 밋콤멘
열어!	Ouvrez ! 우브레	Aufmachen ! 아우프마흔헨
나가!	Allez-vous en ! 알레부정	Raus ! 라우스
~을 잃어 버렸어요.	J'ai perdu~ 줴 뻬르듀	Ich habe~ verloren. 이히 하~배~훼어로-랜
~을 훔쳐 갔어요.	On m'a volé~. 옹 마 볼레	Man hat mir ~ gestohlen. 만 핱미어~게슈톨렌
(택시에) ~을 두고 내렸어요.	J'ai oublié~(dans un taxi). 줴우블리에 당정딱씨	Ich habe~(im Taxi) liegenlassen. 이히 하~배~〔임 탁씨〕리겐라쎈.
누구한테 알리는게 좋습니까?	A qui dois-je m'adresser ? 아끼 드와 쥐 마드레 쎄	Wem muβ ich es melden ? 벰 무쓰 이히 에스 멜덴
분실물계는 어디 있습니까?	Où se trouve le bureau des objets trouvés ? 우스 트르브 르 뷔로 데조브제 트르베.	Wo ist das Fundbüro ? 보-이스트 다스 훈트뷔로

이태리어 ITALIANO	포루투칼어 PORTUGUÊS	스페인어 ESPAÑOL
FURTO, PERDITA 후르또 뻬르디따	**PERDA, ROUADD** 뻬르다. 호우바두	**PERDIDA, ROBO** 뻬~르디 다 로~보
Urgente ! 우르잰때	É urgente ! 애 우르잰찌	¡ Es de urgencia ! 에스 데 우르헨~씨아
Aiuto ! 아이우또	Socorro ! 쏘꼬후	¡ Socorro ! 소꼬~르로
Vieni con me ! 비에니 꼰 매	Vem comigo ! 뱅 꼬미구	¡ Que venga conmigo ! 께 벵가 꼼미고
Aprite ! 아쁘리때	Abra ! 아브라	¡ Abra, por favor ! 아브라 뽀르 화보~르
Fuori ! /Vattene ! 후오리/바때내	Fora ! 휘라	¡ Afuera ! 아후에~라
Ho perduto~. 오 뻬르두또	Eu perdi~. 에우 뻬르지~.	He perdido~ 에 뻬르디~도
Mi ha rubato~. 미 아 루바또	Minha ~foi roubada. 미냐 ~휘이 호우바다.	Me han robado~. 메 안 로바도
Ho lasciato ~(in tassi) 오 라샤또~(인 따씨)	Eu esqueci ~(no taxi). 애우 이스께씨~(누 딱씨).	Dejé (en el taxi) ~. 데헤~(엔 엘 딱시)
Chi devo avvisare ? 끼 대보 아비싸래 ?	Com quem devo falar ? 꽁 껭 대부 활라르	¿ A quién tengo que comunicar ? 아 끼엔~땡고 께 꼬무니까~르
Dov'è l'ufficio smarrimento ? 도베 루휫쵸 즈마리맨또 ?	Onde está seção de achados 온지 이스따 새싸웅 지 아샤 두쓰 e perdidos, por favor ? 이 뻬르지두쓰. 뽀르 화보르	¿ Donde está la oficina de 돈데 애스따~라 오후이쎄~나 데 objetos perdidos ? 오브헤~또스 뻬르디~도스

한국어 韓國語	불란서어 FRANÇAIS	독일어 DEUTSCH
여행 수표를 잃어 버렸어요.	J'ai perdu mes chèques de voyage. 줴 뻬르뒤 메 쉐끄 드 브와 야지	Ich habe meine Reiseschecks 이히 하아베 마이네 라이제슈엑스 verloren. 훼어로렌.
재발행해 주시겠습니까?	Pourriez-vous m'en faire refair? 뿌리에부 망 페르르페르	Kann ich neue Schecks haben? 칸 이히 노이에 슈엑스 하아벤
사고 증명서를 주세요.	Donnez-moi l'attestation d'accident. 돈데-므와 라떼스 따씨옹 닥씨팅 단	Geben Sie mir bitte eine 게밴 지 미어 빗테 아이네 Unfallbescheinigung? 운활베슈아이니궁
도난 증명서를 만들어 주세요.	Donnez-moi le certificat de 돈네-므와르 쎄르 띠피까 드 décaration de vol. 데끌라 라씨옹 드 볼.	Stellen Sie mir bitte eine 슈텔렌 지이 미어 빗테 아이네 Bescheinigung über den 베슈아이니궁 위버 덴 Diebstahl aus. 디입슈타알 아우스.
경찰 경찰관 파출소	le commissariat de police 르 꼬미 싸리아 드 뽈리스. l'agent de police 라 정드 뽈리스. le poste de ploice 르 뽀스뜨 드 뽈리스.	die Polizei 디이 폴리짜이 der Polizist 데어 폴리찌스트 die Polizeiwache 디이 폴리짜이 봐흐헤

이태리어　ITALIANO	포루투칼어　PORTUGUÊS	스페인어　ESPAÑOL
Ho perduto i miei travellers cheques. 요 뻬르두또 이 미애이 트래벨레르스 께쀄스	Perdi meus cheques de viagem. 뻬르지 매우스 쉐끼쓰 지 뷔아젱	He perdido los cheques de viajero. 에 뻬르디~도 로스 체께스 데 비아헤~로
Può rilasciarmeli di nuovo ? 뿌오 릴라샤르메리 디 누오브 ?	Poderia emitir de novo ? 뽀대리아 에미띠르 지 노부 ?	¿ Podria emitirlos de nuevo ? 뽀드리~아 에미띠르~로스 데 누에보
Mi dia un certificato dell'incidente. 미 디아 운 체르띠휘까또 댈린치댄때.	Poderia me dar uma certificado ocorrência ? 뽀대리아 미 다르 우마 쎄르찌휘까두 오꼬헨씨아 ?	Por favor, déme el certificado de accidente. 뽀르 화보~르 데메 엘 쎄르띠후이까~도 데 악씨덴~떼
Mi può fare un certificato di furto ? 미 뿌오 화레 운 체르띠휘까또 디 후르또	Poderia me dar um certificado de roubado, por favor ? 뽀대리아 미 다르 웅 쎄르찌휘까두 지 호우바두, 뽀르화보르 ?	Por favor, hágame el certificado de robado. 뽀르 화보~르 아가메 엘 쎄르띠후이까~도 데 로바~도
la polizia 라 뽈리찌아 il poliziotto 일 뽈리찌오또 il commissiariato di polizia 일 꼼미씨아리아또 디 뽈리찌아	a polícia 아 뽈리씨아 o policial 우 뽈리씨아우 a delegacia de polícia 아 댈래가씨아 지 뽈리씨아	la policía 라 뽈리씨~아 el agente de policía 엘 아헨떼 데 뽈리씨~아 el puesto de policía 엘 뿌에스또 데 뽈리씨~아

한국어　韓國語	불란서어　FRANÇAIS	독일어　DEUTSCH
순찰차	la voiture de police 라 봐뛰르 드 뽈리스	der Streifenwagen 데어 슈트라이휀바아겐
한국 대사관	l'Ambassade de la corée. 랑 바싸드 드 라 꼬래.	die koreanische Botschaft 디 코레아니쉐 보트슈아프트
한국 영사관	le consulat de la Corée 르 꽁쉴라 드 라 꼬래	das koreanische Konsulat 다스 코레아니쉐 콘줄랕
현금	l'argent liquide 라 장 리키드	das Bargeld 다스 바아겔트
귀금속	les métaux précieux 래 매또 프레씨으	die Edelmetalle 디 에델메탈레
패스포드	le passeport 르 빠스포르	der Reisepaβ 데어 라이제파쓰
지갑	le portefeuille 르 뽀르뜨피으	die Geldtasche 디 겔트타슈에
병	**MALADIE** 말라디	**DIE KRANKHEIT** 디이 크랑크하이트
병원에 데려다 주세요.	Conduisez-moi à l'hôpital, s'il vous plaît. 꽁뒤제-므와 아 로 삐딸 썰브 쁠래.	Bitte, bringen Sie mich 빗테, 브링엔 지이 미히 zum Krankenhaus. 쯤 크랑켄하우스
의사를 불러 주세요.	Veuillez appeler un médecin. 뵈이에 아 쁠래 엉 매드쌩	Rufen Sie bitte einen Arzt. 루우펜 지이 빗테 아이넨 아르쯔트
기분이 나빠요.	Je me sens mal. 쥬 므 썽 말	Ich fühle mich nicht wohl. 이히 휘일레 미히 니히트 보올

이태리어 ITALIANO	포루투칼어 PORTUGUÊS	스페인어 ESPAÑOL
la macchina della pattuglia 라 마끼나 댈라 빠뚤리아	o carro de patrulha 우 까후 지 빠뜨룰랴	el coche patrullera de pollicía 엘 꼬체 빠뜨루에~라 데 뽈리씨~아
l'ambasciata del Corea 람바샤따 댈 꼬래아	a Embaixada d'a Coreia 아 잉바하~다 다 꼬래이아	la Embajada de Corea 라 엠바하~다 데 꼬레~아
il consolato del Corea 일 꼰쏠라또 댈 꼬래아	o Consulado da Coreia 우 꼰술라두 다 꼬래이아	el Consulado de Corea 엘 꼰술라~도 데 꼬레~아
il denaro contante 일 대나로 꼰딴떼	o dinheiro em caixa 우 지네이루 잉 까이샤	el efectivo 엘 에후엑띠~보
Metalli preziosi 메딸리 쁘래찌오지	os metais preciosos 우스 메따이스 쁘레이오쥬스	los metales preciosos 로스 메딸레스 쁘레씨오~소스
il passaporto 일 빠싸뽀르또	o passaporte 우 빠싸뽀르찌	el pasaporte 엘 빠사뽀~르떼
il portafogli 일 뽀르따휠리	a carteira 아 까르때이라	la bolsa 라 볼사

MALATTLA 말라띠아	ENFERMIDADE 잉훼르미다지	ENFERMEDADES 엔후에르메다~데스
Mi porti all'ospedale. 미 뽀르띠 알로스뻬달래	Me leve a um hospital. por 미 래뷔 아 웅 오스삐따우. favor. 뽀르 화보르.	Ll'eveme al hospital, por 이에~베메 알 오스삐딸~ 뽀르 favor. 화보~르
Mi chiami un dottore 미 끼아미 운 도또래	Chame um médico, por favor. 샤미 웅 매지꾸, 뽀르 화보르.	Llame a un médico, por favor. 이야메 아 움 메~디꼬, 뽀르 화보~르
Mi sento male. 미 쎈또 말래	Me sinto mal. 미 씬누 마우.	Me siento mal 메 시엔또 말

한국어 韓國語	불란서어 FRANÇAIS	독일어 DEUTSCH
열이 있어요.	J'ai de la fièvre. 줴드라 피에브르	Ich habe Fieber. 이히 하-베 휘버
머리〔위, 이〕가 아파요.	J'ai mal *à la tête*〔à l'éstomac, 줴 말 아라 떼뜨〔아 래스또마, 오 당〕 aux dents〕	Ich habe *Koprschmerzen*〔Leib- 이히 하-베 코프슈메르첸 schmerzen, Zahnschmerzen〕. 〔라이프슈메르첸, 짠슈메르첸〕
현기증이 나요.	La tête me tourne. 라 떼뜨 므 뜨-른	Ich fühle mich schwindelig. 이히 휠레 미히 슈빈델리히
여기가 아파요.	J'ai une douleur ici. 줴윈느 둘뢰르 이씨	Es schmerzt hier. 애스 슈메르쯔트 히어
오한이 나요.	J'ai le frisson 줴 르 프리쏭	Ich habe Schüttelfrost 이히 하-베 슈잇텔후로스트
설사를 했어요.	J'ai la diarrhée. 줴 라 디아레	Ich habe Durchfall. 이히 하-베 두르히활
감기에 걸렸어요.	J'ai un rhume. 줴 엉 륌	Ich habe mich erkältet. 이히 하-베 미히 에어캘텟.
제 혈액형은 ~입니다.	Je suis du groupe sanguin~ 쥬 쉬 뒤 그룹 쌍갱	Ich bin Bluttruppe~. 이히 빈 블룻트룹페~.
저는 알레르기 체질입니다.	J'ai une tendance à l'allergie 줴 윈느 떵당스 아 랄레르지	Ich habe eine Allergie gegen~. 이히 하-베 아이네 알레르기 게-겐
입원하지 않으면 안됩니까?	Dois-je entrer à l'hôpital? 드와 쥬 앙트레 아 로 삐딸	Muβ ich ins Krankenlaus gehen? 무쓰 이히 인스 크랑켄하우스 게-헨

이태리어 ITALIANO	포루투칼어 PORTUGUÊS	스페인어 ESPAÑOL
Ho febbre. 오·햇쁘래	Tenho febre. 때뉴 풰브리.	Tengo fiebre 뗑고 후이에브레
Ho mal di *testa*[stomaco denti]. 오 말 디 때스따 (스또마꼬, 땐떠)	Tenho dor de *cabeça*[estômago, dente]. 때 뉴 도르 지 깨배싸(이스또마구, 댄찌).	Tengo dolor de *cabeza*. 뗑고 돌로르 데 까베싸 [estómago, muelas]. [에스또~마고, 무엘라스]
Ho le vertigini. 오래 베르떠지니	Tenho vertigem. 때뉴 붸르쩨쩽.	Siento vértigo. 시엔또 베~르떠고
Mi fa male qui. 미 화 말래 뀌	Me dói aqui. 미 도이 아끼.	Me duele aquí· 메 두엘레 아끼~
Ho freddo. 오 후래또	Tenho calafrios. 때뉴 깔라후리우쓰.	Siento escalofríos· 시엔또 에스깔로후리~오스
Ho la diarrea. 오 라 디아레아	Tenho diarréia 때뉴 지아해이아.	Tengo diarrea. 뗑고 디아르레~아
Sono raffredato. 소노 랏후레다또	Estou resfriado. 이스또우 해스후리아두.	Estoy *resfriado*[resfriada·] 에스또~이 르레스후리아~도 [르레스후리아~다]
Il mio gruppo sangrigno è~. 일 미오 그루쁘 쌍그리뇨 애~	Meu sangue é tipo~. 매우 쌍기 애 찌뿌~.	Mi grupo sanguíneo es~. 미 구루~쁘 상기~네오 에스
Sono allergico. 소노 알레르지꼬	Tenho predisposição 때뉴 쁘레지스뽀지싸웅	Tengo predisposición alérgica. 뗑고 쁘레디스쁘씨온~알레~르히까
Dovvei entrare all'ospeda le? 도배이 앤뜨라래 알로스 뻬달래	Preciso ficar hospitalizado? 쁘래시주 휘까르 오스삐딸리자두	¿Tengo que hospitalizarme 뗑고 께 오스삐딸리싸~르메

319

한국어　韓國語	불란서어　FRANÇAIS	독일어　DEUTSCH
여행을 계속해도 됩니까?	Puis-je continuer mon voyage? 쀠쥐 꽁띠뉴에 몽 부와야지.	Kann ich meine Reise fortsetzen? 칸 이히 마이네 라이제 호어르트젯쩬
몇 일 정도 안정이 필요합니까?	Combien de jours faut-il garder le lit? 꽁비앵 드 쥬르 포띨 가르데 르리.	Wie lange muβ ich mich 뷔이 랑에 무쓰 이히 미히 ruhig verhalten? 루우이히 훼어할텐
몇 일 정도면 완쾌하겠습니까?	Combien de temps faut-il garder le lit? 꽁비앵드 땅 포띨 가르데 르리. pour me rétablir? 뿌르 므 레따 블리르	Wie lange wird es dauern, 뷔이 랑에 뷔르트 에스 다우어른, bis ich wieder hergestellt bin? 비스 이히 비더 헤어게슈텔트 빈
여전히 좋지 않아요	Je ne me sens toujours pas mieux. 쥰-느 므쌍 뚜즈르 빠미유	Ich fühle mich noch nicht wohl. 이히 휘일레 미히 녹흐 니히트 보올.
조금 (상당히) 좋아졌어요.	Je me sens *un peu* (beaucoup) mieux 쥬 므쌍 엉 쀠(보꾸) 미유	Ich fühle mich *etwas* (viel) besser. 이히 휘일레 미히 엣바스(휘일)베써.
약은 몇 번 먹나요?	Combien de fois dois-je prendre 꽁비앵 드 포와 드와 쥬 프랑드르 레 les médicaments? 메디까망	Wie oft muβ ich diese 뷔이 오르트 무쓰 이히 디이제 Medizin nehmen? 메디찐 네에멘
영수증 진단서	le reçu 르 르쉬~ le certificat médical 르 쎄르디피까 메디깔	die Quittung 디이 크빗퉁 die schriftliche Diagnose 디이 슈리프틀리헤 디아그노제

이태리어 ITALIANO	포루투칼어 PORTUGUÊS	스페인어 ESPAÑOL
Posso continuare il viaggio ? 뽀쏘 꼰띠누아래 일 비아꼬	Posso continuar minha viagem ? 뽀쑤 꼰찌누아르 미냐 뷔아쟁	¿ Puedo continuar mi viaje ? 뿌에도 꼰띠누아~르 미 비아~헤
Per quanto tempo devo 뻬르 꾸안또 뗌뽀 대보 stare fermo ? 스따래 훼르모	Quanto tempo terei que ficar 꽌뚜 땡뿌 때래이 끼 휘까르 de repouso ? 지 해뽀오주	¿ Cuánto tiempo tengo que 꾸안또 띠엠뽀 뗑꼬 께 guardar reposo ? 구아르다~르 르레뽀~소
Quanto tempo mi ci voule 꾸안또 뗌뽀 미 치 부올래 per guarire completamente 뻬르 구아리래 꼼쁠래따맨때	Em quanto tempo estarei 잉 꽌뚜 땡뿌 이스따래이 curado ? 꾸라두	¿ Cuánto tardará en curarme ? 꾸안또 따르다라~ 엔 꾸라~르메
Non mi sento ancora bene. 논 미 샌또 앙꼬라 배네	Ainda não me sinto bem. 아인다 나웅 미 신뚜 뱅.	No me encuentro todavía bien. 노 메 엔꾸엔뜨로 또다비~아 비엔~
Mi sento *un po* [molto] meglio. 미 샌또 운 뽀 (몰또) 멜리오	Estou *um pouco* [muito] melhor. 이스또우 웅 뽀우꾸 (무이뚜) 맬료르.	Me encuentro *un poco* [mucho] mejor. 메 엔꾸엔뜨로 움 뽀꼬[무 쵸] 메호~르
Quante volte devo prendere 꾸안때 볼때 대보 쁘랜대래 la medicina ? 라 메디치나	Quantas vezes devo tomar o 꽌따스 붸지스 대부 또마르 우 remédio ? 해매지우	¿ Cuántas veces tengo que 꾸안따스 베쎄스 뗑고 께 tomar la medicina ? 또마~르 라 메디씨~나
la ricevuta 라 리체부따 il certificato diagnostico 일 체르띠휘까또 디아뇨스띠꼬	a receita 아 해쎄이따 o certificado médico 우 쎄르찌휘까두 매지꾸.	el recibo 엘 르레씨~보 el certificado del médico 엘 쎄르띠후이까~도 델 메디꼬

분실 · 병원

한국어 韓國語	불란서어 FRANÇAIS	독일어 DEUTSCH
구급차	l'ambulance 랑 빌랑스	der Krankenwagen 데어 크랑켄바아겐
의사	le médecin 르 메드쌩	der Arzt 데어 아르쯔트
내과 의사	le médecin des maladies internes 르 메드쌩 대 말라디 쟁 떼른느	der Internist 데어 인테르니스트
외과 의사	le chirurgien 르 쉬뤼르지앵	der Chirurg 데어 히루르크
안과 의사	l'oculiste 로뀔리스트	der Augenarzt 데어 아우겐아르쯔트
치과 의사	le dentiste 르 당티스트	der Zahnarzt 데어 짠아르쯔트
산부인과 의사	le gynécologue 르 지네 꼴로그	der Frauenarzt 데어 후라우엔아르쯔트
간호원	l'infirmière 랭피르미에르	die Krankenschwester 디이 크랑켄슈베스터
주사	la piqûre 라 삐뀌르	die Injektion 디이 인엑찌온
약	le médicament 르 메디까망	die Medizin 디이 매딧찌인
처방전	l'ordonnance 로르도낭스	das Rezept 다스 레쩹트
식중독	l'intoxication alimentaire 랭똑씨까씨용 알리망떼르	die Lebensmittelvergiftung 디이 레벤스밋텔훼어기프통

이태리어 ITALIANO	포루투칼어 PORTUGUÊS	스페인어 ESPAÑOL
l'ambulanza 람불란싸	a ambulâcia 아 앙불라시아	la ambulancia 라 암불란~씨아
il dottore/il medico 일 도또레/일 메디꼬	o médico/a médica 우 매지꾸/아 매지까	el médico 엘 메디꼬
l'internista 린 때르니스따	o especialista/a especialista 우 이스뻬시알리스따/아 이스 뻬시알리스따	el[la]internista 엘 [라] 인메르니~스따
il chirurgo 일 끼루르고	o cirugião/a cirurgiã 우 시루르지아웅/아 시루르지앙	el cirujano/la cirujana 엘 씨루하~노 라 시루하~나
l'oculista 로 꿀리스따	o oftalmologista/a oftalmologista 우 옾딸모로지스따/아 옾딸모로지스따	el[la]oculista 엘[라] 오꿀리~스따
il dentista 일 덴띠스따	o dentista/a dentista 우 댄찌스따/아 댄찌스따	el[la]dentista 엘[라] 덴띠~스따
il ginecologo 일 지네꼴로고	o ginecologista/a ginecologista 우 지네꼴로지스따/아 지네꼴로지스따	el ginecólolgo/la ginecóloga 엘 히네꼴~로고/라 히네꼴~로가
l'infermiera 린훼르미에라	a enfermeira 아 잉훼르메이라	la enfermera 라 엔훼르메라
l'iniezione 리니에찌오네	a injeção 아 인재싸웅	la inyeceión 라 인옉씨온~
la medicina 라 메디치나	o remédio 우 해매지우	la medicina 라 메디씨~나
la ricetta 라 리체따	a receita 아 해쎄이따	la prescripción/la receta 라 쁘레스끄립씨온~/라 ㄹ레쎄따
l'intossicazione alimentare 린또씨까찌오네 알리맨따래	a intoxicacao 아 인또씨까싸웅	la intoxicación por la comida 라 인똑씨까씨온~뽀르 라 꼬미~다

한국어 韓國語	불란서어 FRANÇAIS	독일어 DEUTSCH
폐렴	la pneumonie 라 쁘노모니.	die Lungenentzündung 디이 룽엔엔트쮠둥
맹장염	l'appendicite 라 빵디씨뜨	die Blinddarmentzündung 디이 블린트다름엔트쮠둥
수술	l'opération 로뻬라씨옹	die Operation 디이 오페라찌온
두드러기	l'urticaire 뤼르띠께르.	der Nesselausschlag 데어 네셀아우스슐락
신경통	la névralgie 라 네브랄지.	der Nervenschmerz 데어 네르번슈메르쯔
심장/간장	le coeur/le foie 르꿰르/르프와	das Herz/die Leber 다스 헤르쯔/디이 레버
입/목	la bouche/la gorge 라부슈/라고르즈	der Mund/die Kehle 데어 문트/디이 켈레
코/귀	le nez/l'oreille 르네/로레이유	die Nase/das Ohr 디이 나-저/다스 오-르
머리	la tête 라 떼뜨. 도	der Kopf 데어 콥후
손/팔	la main/le bras 라맹/라브라	die Hand/der Arm 디이 한트/데어 아름
발/다리	le pied/la jambe 르삐에/라장브	der Fuß/das Bein 데어 후-쓰/다스 바인
등	le dos 르도	der Rücken 데어 뤽켄

이태리어 ITALIANO	포루투칼어 PORTUGUÊS	스페인어 ESPAÑOL
la polmone 라 뽈모네 l'appendicite 라뻰디치때 l'operazione 로뻬라찌오네	a pulmonia 아 뿔모니아. a apendicite 아 아뺀지씨찌. a operação 아 오뻬라싸웅	la pulmonía 라 뿔모니~아 la apendicitis 라 아뻰디씨~떠스 la operación 라 오뻬라씨온~
l'urticaria 루르띠까리아 la nevralgia 라 네브랄지아 il coure/il fegato 일 꾸오래/일 훼가또	a urticária 아우르찌까리아. a nevralgia 아 네부랄지아 o coração/o fígado 우 꼬라싸웅/우 휘가두	la urticaria 라 우르따까~리아 la neuralgia 라 네우랄~히아 el corazón/el hígado 엘 꼬라쏜~/엘 이이~가도
la bocca/la gola 라 보까/라 골라 il naso/l'orecchio 일 나조/로래끼오 la testa 라 떼스따	a boca/a garanta 아 보까/아 가란따 o nariz/o ouvido 우 나리스/우 오우뷔두 a cabeça 아 까배싸	le boca/la garganta 라 보~까 라 가르간~따 la nariz/las orejas 라 나리~쓰/라스 오레~하스 la cabeza 라 까베~싸
la mano/il braccio 라 마노/일 브랏쵸 il piede/la gamba 일 삐애대/라 감바 la schiena 라 스끼에나	a mão/o braço 아 마웅/우 브라쑤 o pé/a perna 우 빼/아 뻬르나 as costas 아스 꼬스따스	la mano/el brazo 라 마~노 엘 브라~쏘 el pie/la pierna 엘 삐에 라 삐에르나 la espalda 라 에스빨다

325

한국어　　韓國語	불란서어　FRANÇAIS	독일어　DEUTSCH
허리	la hanche 라 앙쉬	die Hüfte 디이 휘프테
가슴	lapoitrine 라 쁘와뜨린느	die Brust 디이 부루스트
혈압	la tension artérielle 라땅씨옹 아르 뗄리엘	der Blutdruck 데어블룻드룩
맥박	le pouls 르 뿌	der Puls 데어 풀스
체온	la température du corps 라땅뻬라뛰르 뒤꼬르	die Temperatur 디이 템페라투어
약 국	**PHARMACIE** 파르마시	**DIE APOTHEKE** 디이 아포테케
이 처방전으로 약을 주세요.	Vaulez-vous me donner les mé 블래부 므 돈내 레 매디까망 dicaments de cette ordonnance 드 쎄또르 도낭스	Bitte, geben Sie mir dieses 빗테, 게벤 지 미어 디제스 Rezept. 레쩹트
감기[위장] 약을 주세요. 처방전은 없습니다	Puis-je me procurer des médica- 퓌쥐 므 프로뀨레 대 메디까망 ments *contre le rhume*[pour 꽁트르 르 륌]〔쁘르 랭떼스땡〕 l'intestin]sans ordonnance? 쌍 오르 도낭스	Ein Mittel gegen *Erkältung* 아인 밋텔 게겐 에어캘퉁 [Bauchschmerzen] bitte. Ich 바우흐슈메르쩬 빗테. 이히 habe kein Rezept. 하-배 카인 레쩹트

이태리어　ITALIANO	포루투칼어　PORTUGUÊS	스페인어　ESPAÑOL
il fianco 일 휘앙꼬	a cintura 아 신뚜라	la cintura 라 씬뚜~라
il petto 일 뻬또	o peito 우 뻬이뚜	el pecho 엘 뻬쵸
la pressione sanguigna 라 쁘래씨오내 쌍귀냐	a pressão sanguínea 아 쁘래사웅 상기네아	la presión arterial 라 쁘레씨온~아르메리알~
il polso 일 뽈쏘	o pulso 우 뿔수	el pulso 엘 뿔소
la temperatura 라 뗌뻬라뚜라	a temperatura de corpo 아 땜뻬라뚜라 지 꼬르뿌	la temperatura del cuerpo 라 뗌베라뚜~라 델 꾸에르뽀
FARMACIA 화루마챠	**FARMÁCIA** 화르마시아	**FARMACIA** 화르마~씨아
Mi da una medicina con 미 다 우나 매디치나 꼰 questa ricetta ? 꿰스따 리챗따	Pode aviar esta receita, por 뽀지 아뷔아르 애스따 헤세이따, 뽀르 favor ? 화보르	Por favor, déme la medicina 뽀르 화보~르 데메 라 메디 씨나 de esta receta. 데 에스따 르레쎄~따
Mi dia una medicana a *contro* 미 디아 우나 매디치나 아 꼰뜨로 [la diarrea], benchè non ho (라 디아아리), 밴께 논 오 ricetta. 리체따	Um remédio para *o resfriado* 웅 해메지우 빠라 우 헤스후리아두 [estômago]. Nãa tenho receita. (이스또마구). 나웅 땐뉴 헤세이따	De me la medicina para el 데 메 라 메디씨~나 빠라 엘 resfriado[intestnos]. Aunque 르레스후리아~도[인떼스띠~노스]아웅께 no tengo receta. 노 뗑고 르레쎄~따

327

한국어　韓國語	불란서어　FRANÇAIS	독일어　DEUTSCH
탈지면	le coton hydrophile 르 꼬똥 이드로필르	die Watte 디이 브앗터
반창고	le sparadrap 르 스빠라드라	das Leukoplast 다스 로이코플라스트
붕대	le pansement/la gaze 르 빵스망/라 가즈	die Binde/die Gaze 디이 빈더/디이 가-제
옥도정기	la teinture d'iode 라 땡뛰르 디오드	die Jodtinktur 디이 욘팅크투어
연고	la pommade 라 뽀마드	die Salbe 디이 잘버
아스피린	l'aspirine 라스피린	das Aspirin 다스 아스피린
감기약	le médicament contre le rhume 르 메디까망 꽁뜨르 르 륌	die Medizin gegen Erkältung 디이 메디쩐 게겐 에어캘퉁
수면제	le somnifère 르 쏨니페르	das Schlafmittel 다스 슐랖밋텔
진통제	le calmant 르 깔망	die schmerzstillende Medizin 디이 슈메르쯔스틸렌데 메디쩐
안약	les gouttes pour les yeux 레구뜨 쁘르 레쥐	das Augenwasser 다스 아우겐봐써.
위장약	le médicament pour l'estomac et 르 매디까망 쁘르 레스또마애 les intestins 레 쟁때스땡	die Medizin für Magen 디이 메디쩐 휘어 마겐 und Darm 운트 다름

이태리어 ITALIANO	포루투칼어 PORTUGUÊS	스페인어 ESPAÑOL
il cotone 일 꼬또내	o algodão hidrófilo 우 알고다웅 이드로휠루.	el algodón absorbente 엘 알고돈~압소르벤~떼
il cerotto 일 체로또	o esparadrapo 우 이스빠라드라뿌.	el esparadrapo 엘 에스빠라드라~뽀
la fascia/la garza 라 화씨아/라 가르짜	o banda/gaze 우 반다/가지	la venda/la gasa 라 벤다 라 가~사
la tintura d'iodio 라 띤뚜라 디오디오	a tintura de iôdo 아 띤뚜라 지 이오두	la tintura de yodo 라 띤뚜~라 데 요~도
l'unguento 룽구엔또	a pomada 아 뽀마다	la pomada 라·뽀마~다
l'aspirina 라스삐리나	a aspirina 아 아스삐리나	la aspirina 라 아스삐리~나
la medicina contro il raffreddore 라 매디치나 꼰뜨로 일 라후랫또래	o remédio para o resfriado 우 해매지우 빠라 우 해스후리아두	la medicina contra el resfriado 라 메디씨~나 꼰뜨라 엘 르레스후리아~도
il sonnifero 일 쏜니훼로	o comprimido para dormir 우 꽁쁘리미두 빠라 도르미르	las pastillas para dormir 라스 빠스띠~이야스 빠라 도르미~르
il tranquillante 일 뜨랑낄란때	o calmante 우 깔만쩨	el calmante 엘 깔만~떼
il collirio per occhi 일 꼴리리오 빼르 오끼	o colírio 우 꼴리리우	la loció para los ojos 라 로씨온~빠라 로스 오~호스
la medicina per lo stomaco e 라 매디치나 빼르 로 스또마꼬 애	remédio para o estômago 해매지우 빼라 우 이스또마구	la medicina para el estómago 라 메디씨~나 빠라 엘 에스또~마고 이
l'intestino 린떼스띠노		y el intestino 엘 인떼스띠~노

여행필수 **6개국어 회화**

초판 5쇄 발행··2008년 04월 10일
편저자··외국어학보급회
발행인··서덕일
발행처··도서출판 문예림
출판등록··1962년 7월 12일 제2-110호
주소··서울 광진구 군자동 1-13호 문예하우스 101호
전화··(02) 499-1281~2 팩스··(02) 499-1283
http://www.bookmoon.co.kr Email:book1281@hanmail.net
ISBN··89-7482-044-7 10790

잘못된 책은 구입하신 서점에서 교환하여 드립니다.